ro
ro
ro

Warum ist Norwegen das Saudi-Arabien des Nordens? Was passiert, wenn deutsche Kurtaxe auf französisches Savoir-vivre trifft? Oder in Zypern Döner gegen Gyros kämpft? Warum werden Estland, Lettland und Litauen immer nur in einem Atemzug genannt? Und liegt England überhaupt noch in Europa? Europa wächst zusammen, und das schneller, als es vielen recht ist – dabei wissen die meisten von uns eher wenig über ihre Nachbarn. Sebastian Schnoy erklärt unterhaltsam und temporeich die Geschichte und Macken der europäischen Völker und ihr ganz spezielles Verhältnis zu Deutschland.

Sebastian Schnoy, Jahrgang 1969, lebt in Hamburg. Nach dem Studium der Geschichte wurde er Kabarettist und gibt heute rund 150 Vorstellungen pro Jahr in ganz Deutschland. 2006 erschien sein Debütroman «Rampenfieber». Mit seinem Bühnenprogramm «Hauptsache Europa» bringt er als erster Künstler Geschichte unterhaltsam auf die Bühne. Mehr über Sebastian Schnoy unter: www.schnoy.de

Sebastian Schnoy

SMØRREBRØD IN NAPOLI

Ein vergnüglicher Streifzug durch Europa

ROWOHLT TASCHENBUCH VERLAG

ORIGINALAUSGABE * VERÖFFENTLICHT IM ROWOHLT TASCHENBUCH VERLAG, REINBEK BEI HAMBURG, JANUAR 2009 * * UMSCHLAGGESTALTUNG GRAFIKPERLE, ELISA WOLTER * (AUTORENFOTOS: MARCEL SCHAAR) * KARTEN PETER PALM, BERLIN * INNENGESTALTUNG DANIEL SAUTHOFF (SCHNOYMARKEN: DANIEL SAUTHOFF/ CHRISTIAN STELLING) * SATZ ADOBE GARAMOND UND NEUE HELVETICA POSTSCRIPT (INDESIGN) BEI PINKUIN SATZ UND DATENTECHNIK, BERLIN * DRUCK UND BINDUNG CPI – CLAUSEN & BOSSE, LECK * PRINTED IN GERMANY * **ISBN 978 3 499 62449 0**

6. AUFLAGE AUGUST 2009

Inhalt

Deutschland
DIE ELTERN
Frankreich
Finnland
Irland
Schweden
DIE SCHWESTERN
Dänemark
Niederlande
Belgien
Luxemburg
Italien
DER ONKEL
Norwegen

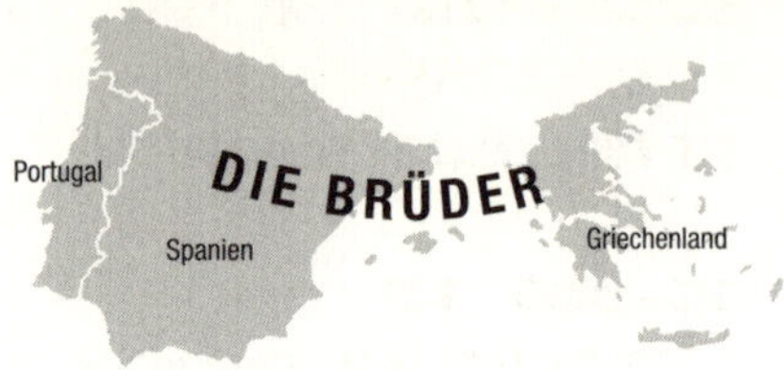
Portugal
DIE BRÜDER
Spanien
Griechenland

DIE SCHWÄGERIN
Schweiz

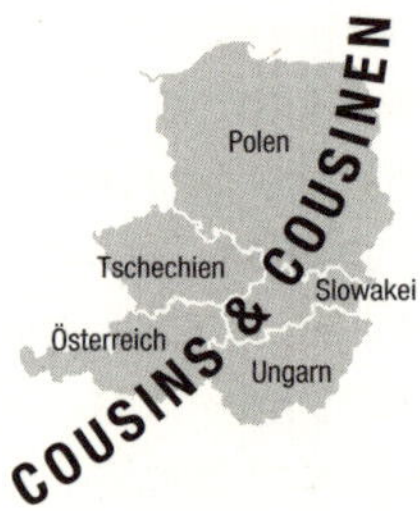
COUSINS & COUSINEN
Polen
Tschechien
Slowakei
Österreich
Ungarn

NEFFEN & NICHTEN
Estland
Lettland
Litauen
Malta
Zypern

Die Einigung Europas gleicht dem Versuch, ein Omelette zu backen, ohne Eier zu zerschlagen.

Paul Lacroix

EUROPA IST EINE LIEBE WERT

Wenn aus dem Auspuff eines Autos so wenig herauskäme wie aus dem EU-Ministerrat, wäre die Welt in Ordnung.

Siegbert Alber

Kein Wunder, dass die Briten besonders europaskeptisch sind: Angeblich hat das Europäische Parlament 1980 versucht, in Großbritannien den Rechtsverkehr durchzusetzen, zunächst nur für LKW. Diese Geschichte wird in den Pubs zwischen Bristol und Glasgow immer wieder hervorgekramt, wenn es noch eines weiteren Beweises bedarf, um zu zeigen, wie verrückt die Bürokraten in Brüssel sind.

Im Kosovo, dem ärmsten Land Europas, forderten Politiker, man solle komplett die deutschen Gesetze übernehmen, um den Weg in die EU zu ebnen. Damit hätte das Land zwar wie Deutschland kein Tempolimit auf Autobahnen – es hat allerdings auch keine Autobahnen.

Je größer die EU wird, desto unheimlicher scheint sie den meisten Menschen zu sein. Bis heute entstehen immer neue europäische Kleinstaaten wie zuletzt Montenegro oder eben der Kosovo, bei dem man noch nicht mal weiß, ob es *der* oder *das* Kosovo werden soll. Nur mit Mühe konnte bis zur überhasteten Staatsgründung eine Flagge genäht werden.

Schon jetzt ist es unmöglich, alle europäischen Sprachen zu lernen, aber ein Wort hat sich Politikern in Brüssel in 27 Varianten eingeprägt, denn so viele Mitgliedsstaaten hat Europa: «Nein». Jeder Landesvertreter protestiert erst einmal lautstark, wenn es um Leistungen geht, die zur Abwechslung mal das eigene Land erbringen muss.

Dass eine europäische Einigung ohne tausend Ausnahmen, Rotationsprinzipien und Rücksicht auf Wünsche von Regionalfürsten dennoch möglich ist, zeigt hingegen ein Blick in die Wirtschaft. Ikea, Zara und Tchibo, Autokonzerne und Industriefirmen haben den Einheitsstaat schon längst geschaffen. Und tatsächlich gibt es viele Gemeinsamkeiten zwischen den EU-Völkern: Alle leben in weitgehender Unkenntnis über die Kultur der Nachbarn, alle sind mehr oder weniger zu faul, eine Fremdsprache zu lernen, und alle pflegen leidenschaftlich die Vorurteile über die Nachbarländer. Einig ist man sich mit seinen Nachbarn nur über eines: An dem, was einen wirklich aufregt – Mautgebühren, Spritpreise, Rauchverbot oder das Wetter –, sind die in Brüssel schuld!

Dabei ist die europäische Einigung eine absolute Erfolgsstory, nicht nur für die Wirtschaft, sondern auch für die Menschen, die hier leben. Nur bekommt da niemand etwas von mit – oder will es auch lieber gar nicht so genau wissen. Zählt man nämlich die realen Erfolge zusammen, klingt das so utopisch, als erzähle man ein Märchen: Die fast 500 Millionen Menschen der EU-Länder erleben die längste Friedensphase, die es in Europa jemals gegeben hat, und das nach Jahrhunderten voller Kriege mit unzählbaren Opfern. Die Wirtschaftskraft des Binnenmarktes ist die mit Abstand stärkste der ganzen Welt. Länder wie Spanien und Italien waren vor Eintritt in die damals noch EG genannte EU so bettelarm, dass viele Familien auf der Suche nach Arbeit in den Norden, unter anderem nach Deutschland, zogen.

In Irland ist noch vor 150 Jahren jeder fünfte Mensch verhungert, als die Kartoffelernte misslang. Bis Ende der 1980er Jahre blieb es ein armes, wenn auch wunderschönes Land, dessen Bevölkerung sich hauptsächlich von Marmeladenbroten und Tee ernährte und jeden Beutel zweimal aufbrühte. Seit Irland zur EU gehört, ist dort ein wahres Wunder geschehen. Die Wirtschaftsleistung der Iren pro Kopf ist inzwischen höher als die der Deutschen. Aber auch die reicheren EU-Länder haben, trotz Transferzahlungen, sehr von den offenen Grenzen des Binnenmarktes profitiert, vor allem Deutschland, das genau in der Mitte dieser starken Region liegt. Zuletzt wurde der Euro als Gemeinschaftswährung eingeführt, eine der härtesten Währungen der Welt. Er überrundete sogleich den Dollar.

Niemals zuvor gab es in Europa so viel Frieden, Wohlstand und Freiheit. Und deswegen könnten sich die Einwohner unglaublich glücklich schätzen, Mitglied der Europäischen Union zu sein. Zwischen Nordkap und Sizilien, Tallin und Porto gäbe es also wahrlich genug Anlass, Korken knallen zu lassen, aber genau das passiert nicht. Der durchschnittliche Europäer findet die EU vor allem eines, nämlich doof. Sie ist riesig und unübersichtlich und schreibt uns vor, wie groß die Äpfel im Supermarkt sein müssen und welcher Krümmungsgrad bei Gurken zulässig ist. Alles, was aus Brüssel kommt, wird mit größter Skepsis betrachtet. Als der Euro eingeführt wurde, war fast jeder dagegen; sogar Parteien mit dem Ziel, die Gemeinschaftswährung zu verhindern, wurden gegründet, und trotz überragenden Erfolges des Euros wollen die meisten Deutschen bis heute ihre gute alte Mark zurück.

Klein ist gemütlich, groß befremdlich. Im Restaurant setzt man sich am liebsten in eine mit Zierwänden eingefasste Nische, aus der man geschützt in die Runde schauen kann. Männer ziehen sich gerne für längere Zeit auf die Toilette zurück, weil der abgeschlossene Toilettenraum für sie ein zwar kleines, aber kontrollierbares Reich darstellt. Schon das Haus des nächsten Nachbarn ist jedoch eine etwas suspekte Blackbox – wie soll es da erst mit den Nachbarländern aussehen? Über Polen gibt es zum Beispiel zahlreiche Vorurteile, dabei ist das Land von vielen Deutschen noch nie bereist worden. Die Türkei hingegen, obwohl viel bereist, wirkt dennoch auf zahlreiche Menschen bedrohlich.

Würde man heute die EU zur Disposition stellen, die Einwohner entscheiden lassen, ob alles rückgängig gemacht werden solle, es wäre von jetzt auf gleich aus mit der EU. Das zeigte nicht zuletzt das Desaster, als man versuchte, die Bürger über eine Verfassung abstimmen zu lassen: Denn wann immer die Bevölkerung um ihre Zustimmung für eine Weiterentwicklung der EU gebeten wird, hört man ein entschlossenes «No», «Non», «Nö», «Ne», «Na», «Nem», «Nie», «Nje!», «Não», «Nee», «Ochi» oder bei den wortreichen Italienern ein kurzes «Neanche per sogno. Per niente al mondo. Neanche a crepare!» – was so viel heißt wie: «Kommt gar nicht in die Tüte, um keinen Preis der Welt, nicht ums Verrecken!» Vielleicht sollte man die Menschen nicht fragen, ob sie für die EU-Verfassung sind, sondern die Frage etwas kniffliger stellen. Vielleicht so: Sind Sie auch nicht gegen eine Verzögerung der Ablehnung der EU-Verfassung? Da sähe das Ergebnis bestimmt etwas anders aus.

Dabei ist eine gemeinsame europäische Verfassung notwendiger denn je, sah sie doch einen gewählten Präsidenten und einen Außenminister vor, Ämter, die es zurzeit nicht gibt. Momentan darf jeder mal ans Ruder. Aber würden Sie ein Kreuzfahrtschiff besteigen, bei dem jeder steuern darf? Wohl kaum. Trotzdem wird die EU genau so gelenkt. Jedes der Mitgliedsländer kann für ein halbes Jahr Kapitän spielen. Da dies zu keinem klaren Kurs führt, sondern geradezu gefährlich ist, wurde das Problem wie folgt gelöst: Tatsächlich darf jedes Mitglied nur Kapitän *spielen*, wirklich etwas zu sagen hat es nicht. Das Ruder ist reine Zierde, gut für einen Fototermin, bleibt aber ohne Wirkung auf Maschine oder Kurs. Dieser wird auf noch abenteuerlichere Weise festgelegt: Jedes der 27 Crewmitglieder darf eine oder auch beide Hände ans Steuer legen und daran herumreißen, soviel es will. Auf einen Steuermann, auch Außenminister genannt, wird bewusst verzichtet, weil jedes Crewmitglied den Kurs mitbestimmen soll. So fährt der Dampfer weiter mit lauter Anfängern auf der Brücke in die Zukunft – glücklicherweise gibt es dank der Klimaerwärmung nicht mehr viele Eisberge, denen man entschlossen ausweichen müsste.

In der Kombüse des EU-Dampfers wiederholt sich das Drama. Was passiert, wenn 27 Köche – aus jedem Euroland einer – versuchen, eine

Suppe zu kochen? Richtig: Man kann sie wegschütten. Die deutsche Wurst wird vom Feuer ungarischer Paprikas übertönt, Italiener schmeißen Farfalle hinein, Schweden Köttbullar, Finnen ein Handy. Das Ganze wird englisch lauwarm serviert, und zum Schluss machen die Spanier aus Villa Riba und Villa Bajo die Pfanne wieder sauber – aber essen will das Zeug niemand. Es ist leichter, Hip Hopper, Volksmusikanten und Heavy-Metal-Fans einen gemeinsamen Lieblingssong wählen zu lassen, als Gemeinsamkeiten innerhalb der EU zu finden. Das Europa der zwei Geschwindigkeiten entstand. Und so bewegt es sich auch, wie ein Auto, dessen Vorderräder schneller angetrieben werden als die Hinterräder. Eine Technik, die sich im Fahrzeugbau zu Recht nicht durchgesetzt hat.

Aber trotz des Knirschens im europäischen Gebälk gibt es nichts Schöneres, als unterwegs zu sein, andere Länder und Kulturen zu entdecken und dem Fernweh nachzugeben. Schon früh hat es mich gepackt. Schuld war eine Flaschenpost, die meine Mutter mit mir bastelte, als ich sieben war. Auf einen Zettel schrieb sie: «Guten Tag, wenn Sie diese Flaschenpost gefunden haben, antworten Sie mir bitte. Ich heiße Sebastian Schnoy und wohne im Dudenweg 6, 2000 Hamburg 74 in Deutschland.» Diesen Text übersetzte sie noch ins Englische, und nachdem ich mit einem wichtigen Krickelkrackel unterschrieben hatte, rollte sie den Zettel zusammen und steckte ihn in eine gespülte Weinflasche. Den verkorkten Kopf tauchten wir in rotes Wachs und machten uns zu den Landungsbrücken in St. Pauli auf, wo ich die Flasche in hohem Bogen in die Elbe warf.

Für mich begann nun eine Zeit, in der ich täglich auf Post wartete. Mit dem Finger rutschte ich im Diercke-Atlas, den damals jedes Kind in der Schule benutzte, die Elbe hinunter und fand mit den Niederlanden, Belgien und Großbritannien drei potenzielle Länder, aus denen ich einen Brief bekommen könnte. Vielleicht schaffte es die Flasche ja sogar bis Frankreich oder Spanien!

Als meine Mutter bemerkte, dass ich selbst nach einem halben Jahr noch jeden Tag einen Schemel an den Briefkasten rückte und in den Schlitz spähte, versuchte sie, mir den Wind aus den Segeln zu nehmen, indem sie erklärte, was einer Flasche im Meer alles zustoßen konnte. Ich dagegen rechnete inzwischen mit Post aus Amerika oder Afrika und hätte die Geschichte sicher längst vergessen, wäre nach sieben Monaten nicht doch noch eine Postkarte angekommen. «Lieber Sebastian», stand darauf, «ich habe deine Flaschenpost bekommen und mich sehr gefreut! Ich sende dir herzliche Grüße, Dieter.» Der Absender lautete «Fischimbiss auf den Landungsbrücken». Die verdammte Flasche war die ganze Zeit immer nur an den Ponton gespült worden, wo sie der Fischmann schließlich herausgefischt hatte!

In ähnlichen Zügen bewegt sich oft das eigene Leben, vor allem beim Reisen: Eigentlich will man irgendwohin und wird doch immer wieder zu seinen Wurzeln zurückgespült. So ging es mir jedenfalls in den letzten Jahren. Ich bin viel durch Europa gereist, war fast in jedem EU-Land außer dem Vatikanstaat – aber der gehört auch weniger nach Europa als ins Mittelalter.

Mal bin ich durch Großbritannien bis nach Schottland getrampt, mal über die Pyrenäen bis ins spanische Pamplona gewandert. Die meisten Länder habe ich tatsächlich erwandert, eine Art der Fortbewegung, die seit neuestem wieder große Anziehungskraft entfaltet, ja geradezu religiöse Erbauung verspricht. Aber es stimmt: Auf keine andere Weise taucht man so tief in ein fremdes Land ein. Vielen absurden Situationen und interessanten Menschen begegnet man nur beim Wandern – außerdem ist das Gehen, das Voranschreiten auf den eigenen Füßen, die urtümlichste Art des Reisens überhaupt. Wobei ich nicht unerwähnt lassen möchte, dass das Lesen von Berichten über Wanderungen nicht so anstrengend ist wie das Wandern selbst. Blasen bleiben Blasen und Rucksäcke Rucksäcke, die einem brutal aufs Kreuz drücken. Aber der wichtigste Grund für das Wandern liefert doch das Portemonnaie, es ist einfach die günstigste, wenn nicht sogar völlig kostenlose Art, ein Ziel zu erreichen. Denn auch wenn ich die vielen großartigen Erlebnisse in den Bergen und auf Landstraßen und in Hütten nicht missen möchte, der Grund meiner Wanderungen war schlichtweg das fehlende Geld für anständige Verkehrsmittel. Erst später durchquerte ich Jugoslawien mit dem letzten Linienbus, der noch jugoslawisch war, umgab mich mit der stilvollen Gemütlichkeit eines alten Schlafwagenabteils von Budapest nach Berlin und scheute mich auch nicht, Nordeuropa vom Deck eines Kreuzfahrtschiffes zu erkunden. Sie sehen, ich bin, was das Wandern betrifft, kein Überzeugungstäter. Wales, die Provence und die Toskana lassen sich auch wunderbar mit einem alten Alfa Spider Cabrio erkunden.

Doch gleichgültig, ob man Europa erwandert, erfliegt, erfährt, ertrampt, erradelt oder mit dem Dreirad bereist, eines merkt man als Reisender schnell: Die Innenstädte von Bochum und Lyon, von Leipzig und Triest unterscheiden sich auf den ersten Blick kaum noch, zumindest was das Shoppen betrifft. Kürzlich war ich in Wien mit seinen schönen Kaffeehäusern, aber eine vorzügliche Melange erhält man dort ebenso am Westbahnhof bei Starbucks. In Paris, der göttlichen Modestadt, erstand ich im letzten Sommer ein Sakko bei H&M («Asch et Em»), und in München findet man in der Leopoldstraße den besten Irish Pub mit einem einmaligen Forsters vom Fass. Man sieht: Die europäische Wirtschaft nutzt Synergieeffekte, und so können wir bald auch in Italien Schuhe bei Deichmann kaufen.

Auf der einen Seite ist es ausgesprochen praktisch, wenn man ein Parfüm bei Douglas in Barcelona als Präsent für die Freundin mit nach Hause bringt und sie den Flakon bei Nichtgefallen einfach in der örtlichen Douglas-Filiale in Deutschland wieder umtauschen kann. Außerdem lässt sich durch die Austauschbarkeit europäischer Innenstädte eine Menge CO_2 einsparen. Warum überhaupt noch nach Italien fahren, wenn es schon in jeder deutschen Kleinstadt ein Eiscafé Venezia gibt mit Originalbesetzung aus Sizilien, wenn man Pech hat – wie schon in Duisburg geschehen –, sogar inklusive Schießerei? Das italienische Restaurant La Famiglia in Kassel mit Fischernetzen und Plastikseesternen unterscheidet sich nicht wesentlich von vergleichbaren Kaschemmen an der Adria, wo man ebenfalls unter Fischernetzen voller Plastikseesternen Platz nimmt. Der Loup de Mer schmeckt zum süßen Gesang von Eros Ramazotti, der aus klebrigen Boxen quillt, in Kassel genauso lecker wie am Lago Maggiore, schließlich stammt er ja vom selben Lieferanten, der die Ware aus dem Nordatlantik weltweit vertreibt. Warum also überhaupt noch wegfahren? Und dann auch noch innerhalb Europas? Das, was es an Souvenirs und Kunsthandwerk nur in der Toskana gibt, wird eh in China hergestellt.

Zum einen, weil eine Einigung nicht auf Kosten der Unverwechselbarkeit jeder Region gehen muss. Zum anderen, weil ich, egal, ob ich im Osten der Türkei in Trabzon auf einem wackeligen Hocker in einem Café einen Tee schlürfte und Zeuge eines infernalischen Hupkonzertes wurde, weil der Fußballverein *Trabzonspor* irgendein Spiel gewonnen hatte, oder auf dem Balkan von Gebirgsbauern in deren Hütte mit Schafskäse und Fladenbrot bewirtet wurde; egal, ob ich in einem Pub in Galway Guinness trank und beobachtete, wie erwachsene Männer einen Fernseher anschrien, weil ihre Pferdewette zu platzen drohte, oder ob ich in Griechenland auf dem Olymp von einem Mönch eingeladen wurde, einen grauenhaften Schnaps zu trinken (die Griechen haben nur grauenhafte Getränke) – ich kam immer mehr zur Erkenntnis, dass Europa nicht nur viele Reisen wert ist, es ist, mit all seinen unterschiedlichen Menschen, ihren Schrullen und Spezialitäten, ihrem jeweils völlig anderen Charme und ihren Träumen, die sich letztlich kaum unterscheiden, sogar eine Liebe wert.

Manchmal muss man sich aber erst näher kennen, um die Vorzüge des anderen zu schätzen. Und natürlich ist eine Großfamilie etwas unübersichtlich. Die europäische ist größer als die Waltons und die

Ewings aus Dallas zusammen, und das Familienleben kann manchmal ganz schön nervtötend sein, vor allem wenn Pubertierende Stress machen. Aber letztlich können alle viel voneinander lernen.

DIE EUROPÄISCHE FAMILIE

FINNLAND
Helsinki
Tallinn
Stockholm
ESTLAND
RUSSLAND
Wolga
Moskau
LETTLAND
SCHWEDEN
Riga
Ostsee
LITAUEN
Kopenhagen
Vilnius
RUSSLAND
Minsk
WEISSRUSSLAND
Weichsel
Berlin
POLEN
Warschau
Kiew
Oder
Dnjepr
UKRAINE
Prag
Dnjestr
TSCHECHISCHE REP.
SLOWAKEI
MOLDAU
Chisinau
Wien
Bratislava
Budapest
ÖSTERREICH
UNGARN
RUMÄNIEN
Ljubljana
Schwarzes Meer
SLOWENIEN
Zagreb
KROATIEN
Bukarest
Belgrad
Donau
BOSNIEN-HERZEGOWINA
SERBIEN
BULGARIEN
Sarajevo
KOSOVO
Sofia
MONTE-NEGRO
Priština
Adria
Skopje
Ankara
Rom
MAZEDONIEN
Tirana
ITALIEN
ALBANIEN
TÜRKEI
GRIECHENLAND
Athen
Lefkosia
Sizilien
ZYPERN
Mittelmeer

DIE ELTERN

Jeder Mensch von Kultur hat zwei Vaterländer,
das seine – und Frankreich.

Thomas Jefferson

DEUTSCHLAND & FRANKREICH
KURTAXE TRIFFT SAVOIR VIVRE

Wir hatten ein Zimmer in der Rue de Savoie mitten in Paris, genauer gesagt, ein abgeschlossenes Apartment mit WC, Dusche und Küche. Obwohl, das ist etwas übertrieben: Zunächst musste man zu Fuß sechs Etagen emporsteigen, und erst ganz oben, wo sich in anderen Städten muffige Dachböden voller staubiger Kartons befinden, erreichte man hier in Haus Nr. 8 etwas staubige, niedrige Mikroapartments für Studenten. Ich war mit Tim hier. Der Vater seines Freundes Stephan hatte dieses Apartment im Quartier Latin schon als Student gemietet und seitdem behalten, weil es nichts Feineres gibt, als mitten in Paris, nur wenige hundert Meter von der Seine entfernt, ein kleines Versteck zu haben. Die Bude war vor allem winzig, weshalb die wenigen Möbel alle geklappt werden konnten: zwei Klappstühle, ein Tisch zum An-die-Wand-Klappen sowie ein Bett, das für einen komfortabel, für zwei etwas eng war und das tagsüber ebenfalls an der Wand hochgezogen wurde. Tim und ich passten höllisch auf, dass wir am Morgen nicht aus Versehen Arm in Arm aufwachten, waren wir doch noch in einem Alter, in dem man panischen Wert darauf legt, nicht in den Verdacht zu geraten, schwul zu sein.

Frankreich hatte viel Glück und erst recht Paris, keine einzige Bombe zerstörte das Meer der alten Häuser. Einem chaotischen Künstler gleich, stolperte die Stadt durch den Zweiten Weltkrieg und blieb immer nur sich selbst treu – bis heute. Wer sich von ihr gefangen nehmen lässt, weiß bald nicht mehr, ob es außer Paris noch einen anderen relevanten Ort auf der Welt gibt.

Nach dem Frühstück am späten Vormittag schlenderten wir mit

Mappen unterm Arm durch die Universität in der Rue Sorbonne, lächelten Studentinnen an und taten so, als wären wir wie sie auf dem Weg zu einer Vorlesung. Unser Französisch reichte zwar kaum, um im Restaurant korrekt eine Bestellung aufzugeben, dafür war unsere Phantasie, oder sagen wir besser, unser Realitätsverlust, umso größer. Und so stellten wir uns vor, wir seien Künstler, *Bohémiens,* die den Rest ihres Lebens nur so lange in einer fremden Stadt lebten, bis einem diese vertraut würde. Wir trugen schwarze Oberhemden und Sakkos mit Lederflicken an den Ellenbogen, kurz: Wir sahen so aus, wie man sich in Deutschland Künstler vorstellt. Eigentlich wollten wir Chansons schreiben (schließlich konnte Tim drei Griffe auf der Gitarre) und hingen den ganzen Tag im *Café de Flore* auf dem Boulevard Saint-Germain ab, um uns inspirieren zu lassen. Stundenlang nuckelten wir an einer Tasse Kaffee – umfangreichere Bestellungen waren finanziell nicht drin –, sprachen und schwiegen und starrten in einen leeren Notizblock, der sich nicht füllen wollte. Aber das war Tims Problem, ich wollte schließlich nicht Chansonnier, sondern Schriftsteller werden und hatte deshalb im Nachtzug nach Paris extra eine alte Olivetti mitgeschleppt. Nur das Geklapper einer mechanischen Schreibmaschine, die jede vollendete Zeile mit einem zufriedenen «Bing» kommentierte, schien mir die angemessene Art, einen Roman zu schreiben. Ein Notebook, das jeden Gedankenfluss mit Pop-ups unterbricht, um einem verfügbare Netzwerke in unmittelbarer Umgebung zu melden oder Downloads für den Upgrade einer nervigen Virensoftware anzumahnen, war für mich absolut stillos. Unser künstlerischer Ansatz war ebenso oberflächlich wie die Idee, wir könnten in der Rue Sorbonne Frauen kennenlernen, indem wir so taten, als seien wir Studenten. Aber es klappte. Sie hieß Petra und sprach uns im Studentencafé an, in dem wir die kostenlose Milch austranken. Es war überhaupt kein Problem, sich mit ihr zu verständigen, schließlich war sie Austauschstudentin aus Münster. Trotzdem begann für Tim und mich ein Crashkurs in französischer Kultur, denn Petra stellte uns ihre Kommilitoninnen Isabelle und Valérie vor, die uns zwar bald bescheinigten, wir seien echte Idioten, die uns aber offenbar trotzdem mochten. Sie fanden uns wohl irgendwie *très drôle*, sehr lustig, trotz oder gerade wegen unseres rudimentären Sprachschatzes. Beide weigerten sich nämlich – wie alle Franzosen –, auch nur ein einziges Wort Englisch zu sprechen, obwohl sie diese Sprache viele Jahre am Lycée, dem Gymnasium, gelernt hatten und Isabelle sogar englische Literatur studierte. Aber für Franzosen ist Sprache Hochkultur: Es kann sie nur in Perfektion geben, vergleichbar mit dem Gesang einer Oper. Ihn überlässt man schließlich auch lieber ausgebildeten Tenören und Sopranistinnen, viel zu peinlich wäre ein gestümperter Vortrag. Dieser war Tim und mir vorbehalten. In einer meiner zahllosen mit Händen und Füßen gehaltenen Reden schwärmte ich für das *Café de Flore*, doch mit einer kühlen Handbewegung wischte Valérie meine Begeisterung hinweg. Alle Cafés im Stadtteil Saint Germain seien für Touristen und *pas cool*, nicht cool. Sie sprach also doch ein bisschen Englisch, zumindest die Wörter, die ihren Weg ins Französische gefunden hatten. Zwar betreiben die Franzosen einen hohen Aufwand, um ihre Sprache vor Anglizismen zu schützen, haben sogar Gesetze, die den Radiostationen vorschreiben, mindestens 40 % einheimische Interpreten zu spielen, und gründeten die *Académie Française* zur Pflege der gallischen Sprache, die es fertigbrachte, mit *l'ordinateur* eine französische Bezeichnung für PC zu erfinden. Trotzdem gibt es ausgerechnet für «Wochenende» keinen französischen Ausdruck. Bei Japanern würde man sich nicht darüber wundern, sind sie doch so fleißig, dass sie eh keine Zeit haben, an Wochenenden zu denken. Doch die durchaus auf ihre Freizeit bedachten Franzosen? Sie müssen sich wohl oder übel mit dem englischen *weekend* behelfen. Valerié schlug vor, sich am weekend zu sehen, sie könnte kochen. *C'est okay,* dachte ich.

Die Wohnung ihrer Eltern war groß. Nicht Valérie, sondern ihre Mutter Madeleine stand in der Küche, und zwar mit großer Begeisterung. Es ist kein Vorurteil, dass Franzosen gesteigerten Wert auf exzellente Küche legen. Sie geben rund ein Drittel mehr Geld für Lebensmittel als wir aus, sind die Erfinder des *Coq au vin* (junger Hahn in Burgundersoße), der *Bouillabaisse* (Suppe mit Edelfischen) und der *Crème brûlée* (Vanillecreme mit flambierter Karamellkruste). Die Deutschen sind zwar die Erfinder von gutem Bier und deftiger Wurst, aber sie sind auch – so bitter es klingt – die Erfinder von Aldi und Lidl. Dabei würden deren schmucklose Filialen, schickte man einen Franzosen hinein, auf diesen nicht mal wie ein Supermarkt wirken, sondern eher wie ein staatliches Lebensmittellager für den Katastrophenfall. Spätestens wenn er die kleine Ecke mit Weinkartons entdeckte und aus einem eine Flasche Chardonnay aus Kalifornien oder Südafrika zöge, wäre für ihn völlig klar: Hier lagert Proviant für den Notfall.

Als ich einmal die gewaltige Weinabteilung eines Carrefour Supermarché in Avignon inspiziert habe, konnte ich keinen einzigen Tropfen aus Chile, Südafrika oder den USA finden, Julio Gallo ist dort völlig unbekannt. So was gluckern die Deutschen; Hauptsache, der Liter bleibt unter drei Euro. Kein Einzelhandelsmarkt der Welt ist so hart umkämpft wie der unsrige. Selbst der brutale Wal Mart aus Amerika hat seinen Kampf in Deutschland aufgegeben, war einfach chancenlos gegen die Albrecht-Brüder und die Einzelhandels-Stasi von Lidl. Für Franzosen indes gehören zu einem Supermarkt Eisberge voller Meeresfrüchte, alles muss frisch und darf keinesfalls abgepackt oder gar eingeschweißt sein. So lautet ein korsisches Sprichwort, und Korsika gehört zumindest politisch noch zu Frankreich: «Eine Wurst ist nur dann frisch, wenn man den Esel noch schreien hört.» Dagegen besagt ein deutsches Sprichwort: «Lieber den Magen verrenken als dem Wirt was schenken.» Sicher gibt es auch bei uns Gourmets und Spitzenköche, doch die Masse der Deutschen ist beim Essen knauserig. Und das gilt selbst für Gutbetuchte: So geben deutsche Manager für ihre Dienstwagen genauso viel aus wie ihre französischen Kollegen für Restaurantbesuche. Das Auto darf bei ihnen etwas bescheidener ausfallen und auch ein Peugeot sein, die Pfeffermühle im eigenen Heim hingegen *muss* von Peugeot stammen, denn sie bauen die besten weltweit, und natürlich hat man von ihnen gleich zwei, eine für schwarzen und eine für weißen Pfeffer (meine Pfeffermühle ist wahrscheinlich von Kia, ich habe noch nicht nachgeschaut).

Auch für Fisch gibt der Franzose gerne größere Beträge aus. Aus den Eisbergen wählt er einen Loup de Mer, Steinbeißerfilet oder gar Seeteufel. Seien Sie ehrlich, was kommt bei Ihnen freitags auf den Tisch? Fischstäbchen? Schlemmerfilet? Bei Letzterem steht immerhin *à la bordelaise* auf dem Karton, klingt doch auch französisch, mögen Sie denken. Dabei ist das Unheimliche an diesem Fertigprodukt die Schlemmersoße, jene unglaublich würzige Paste, dieses schmackhafte Geschmackssurrogat mit dem besten aus E110 bis E412. Und der Eisblock darunter, ist das überhaupt Fisch? Ich habe mal einen Versuch gemacht: Sie können die Schlemmersoße vom Schlemmerfilet abkratzen und auch auf einem Stück Styropor aus dem Fernseherkarton servieren, schmeckt ebenso gut. Als ich diesen etwas anderen Fisch meiner Oma servierte, kommentierte sie entsprechend: «Oh, die haben die Rezeptur verbessert!»

Was man isst, ist Geschmackssache, könnte man einwenden, doch in Frankreich genießt man Speisen auch mit einer zeitlichen Hingabe, die diesseits des Rheins undenkbar wäre. Mit Valérie und ihrer Familie saß ich eine halbe Ewigkeit an der Tafel. Erst nach vielen Stunden und genauso vielen leichten Gängen knabberten wir zum Finale auf Baguette mit Ziegenkäse aus der Normandie. Dieses Genießen ohne höheren Sinn ist dem Deutschen suspekt, er verfolgt mit dem Essen einen Zweck, will satt werden oder dabei Geld sparen, auf keinen Fall jedoch Zeit verschwenden. Schließlich möchte er nach dem Mittagessen noch einen Zaun streichen, die Zeitung durcharbeiten oder bei einem Spaziergang das Revier abstecken. Zu viel Genuss ist ihm unangenehm, denn von ihm aus ist es nur ein kleiner Schritt zum Faulenzen. Deshalb strengt sich der Deutsche beim Essen auch gerne an und erfand das Vollkornbrot. Während alle europäischen Nachbarn Weißbrot essen, die Italiener duftendes Ciabatta, die Türken weiches Fladenbrot, Franzosen bekanntes Baguette und Iren und Briten einen schneeweißen Toast namens *Mother's Pride*, das zwar in großen Paketen gekauft, aber dank eines Luftanteils von 99 % selbst in die kleinste Damenhandtasche gestaucht werden kann, gilt in Deutschland: Essen ist Arbeit, kauen muss wehtun! Aufgrund einer Medienverschwörung, die von der Frankfurter Allgemeinen Zeitung bis hin zur Apothekenrundschau reicht, glauben wir, Kasten- und Vollkornbrote seien gesund. Und was gesund ist, darf nicht schmecken. Hart wie Kruppstahl und zäh wie Leder ist mancher Roggen-Dinkel-Körner-Ziegel, am besten selbstgeschrotet mit der handbetriebenen Mühle. Komischerweise sterben alle unsere Nachbarn, die beim bekömmlichen Weizen bleiben, auch nicht früher. Abgesehen davon ist Vollkornbrot völlig ungeeignet, den Geschmack eines Ziegenkäses aus der Normandie oder einer Paprikasalami aus Ungarn zu unterstreichen. Es schmeckt immer nur nach Brot, selbst wenn man die Schlemmersoße vom Schlemmerfilet draufstreicht.

Wie kulinarisch die Franzosen veranlagt sind, zeigte auch ihre Revolution 1789. Sie war unter anderem auch ein Hungeraufstand: Die hungrigen Proleten stürmten die Paläste und schrien ihren Hunger zu den Balkonen hinauf. Wie abgehoben, abgeschottet von den normalen Menschen der Adel damals gelebt haben muss, zeigt vielleicht auch eine oft zitierte Äußerung von Marie Antoinette, der Frau des letzten französischen Königs Louis XVI. Die Protestrufe drangen von der Straße in den Palast, die Bevölkerung skandierte: «Wir haben Hunger, wir haben kein Brot!» Marie Antoinette soll daraufhin angeblich gesagt haben: «Wenn sie kein Brot haben, dann sollen sie eben Kuchen essen», also *Brioche*. Inzwischen gehen Historiker allerdings davon aus, dass ihr diese Äußerung vom Revolutionär Jean-Jacques Rousseau in den Mund gelegt worden war, um daran die Dekadenz des Adels zu zeigen. Und das verfehlte seine Wirkung nicht, denn das Volk stürmte, nun noch erzürnter, in Schlösser und Paläste – das Ende für viele Adlige. Am 16. Oktober 1793 war auch Marie Antoinette dran. Übrigens wurde bei diesen massenhaften Exekutionen nicht geschossen oder gar ein Strick verwendet, nein, die Franzosen entwickelten, wiederum Zeichen ihrer kulinarischen Raffinesse, extra ein neues Küchengerät: eine Art Gurkenhobel für Grobmotoriker. Mit dieser praktischen Guillotine konnte man, sofern gerade kein Baron oder Graf zum Köpfen vorbeikam, noch einen schönen Salat zubereiten.

Da der eigene Adel damals im großen Stil eliminiert wurde, müssen sich heute die französischen Illustrierten *Voici*, *Femme Actuelle* und *Point de Vue* vermehrt mit den persönlichen Geschichten von Sportlern, Schauspielern oder Adel aus Monaco und anderen Ländern aushelfen.

Der deutsche Adel hatte im Gegensatz dazu Glück, der Kaiser musste lediglich abdanken und durfte in Ruhe in die Niederlande abreisen, das war's. So können sich hiesige Hausfrauenblätter über Geschichten und Ungeschicktheiten adliger Nachfahren freuen, wie die von der Gräfin Gloria von Thurn und Taxis, die schon mal so glorreiche Statements von sich gab wie jenes, dass es in Afrika nur deshalb so viele Aidskranke gebe, «weil der Neger halt gerne schnackselt», oder die über den ebenso vornehmen Prinzen August von Hannover, der vor allem dadurch auffiel, dass er vor einigen Jahren einen Fotografen mit dem Regenschirm attackierte und während der Weltausstellung in Hannover an die Wand des türkischen Pavillons urinierte.

So was bleibt den stilorientierten Franzosen aufgrund ihrer Geschichte erspart – mal abgesehen davon, dass ihre Guillotine sicher auch einen Regenschirm kleingekriegt hätte.

Die kulturellen Unterschiede zwischen Deutschen und Franzosen sind groß, hier gründliches Handwerk, dort eleganter Schlendrian, hier ein großer Respekt vor Vorschriften, dort Improvisationstalent. Aber denken Sie nicht, ich zweifle am Sinn der deutsch-französischen Freundschaft, denke gar, es wäre besser, sich wieder zu trennen. Ganz im Gegenteil: Ich gehöre zu den wenigen, die ihr ganzes Leben der deutsch-französischen Annäherung widmen, lebe ich doch heute mit Valérie unter einem Dach in Hamburg. Deshalb weiß ich, dass sich der Einsatz lohnt, es nichts Schöneres gibt als diese Völkerfreundschaft im privaten Rahmen. Gleichzeitig weiß ich aber auch, welch unterschiedliche Welten bei so einem Unternehmen aufeinanderprallen, selbst im Alltag. Nehmen wir doch mal das Beispiel Altpapier. Wenn man in Deutschland Altpapier an die Straße stellt – so klärte ich Valérie auf –, dann sollte sich dieses in einem geordneten Zustand befinden, einem rechtwinkligen Quader mit Paketband fixiert. Sie müsse die Zeitungen vorher nicht bügeln, sagte ich ihr, aber schön wäre es schon. Doch diese sanften Erziehungsmaßnahmen fruchteten nicht. Gefährlich wurde es, als der erste Tag nahte, an dem alle Nachbarn ihre Mülltonnen an die Straße rollten. Unsere war voll, aber in die Tonne des Nachbarn, fand Valérie schnell heraus, passte noch ein Sack hinein. Sie wusste nicht, dass die Deutschen laut Umfragen die Todesstrafe für einige Vergehen wieder einführen würden. Neben dem unerlaubten Nehmen der Vorfahrt kam in dieser Liste gleich auf Rang zwei das Kapitalverbrechen des in eine fremde Tonne gesteckten Müllsacks. «Aber bei unserem Nachbarn ist doch noch Platz, und er braucht ihn nicht», argumentierte Valérie bestechend. Unser Kompromiss lautete schließlich dahingehend, dass ich ihr gestattete, unseren Sack um Mitternacht, wenn der Nachbar schläft, in die Tonne zu stecken. Am nächsten Morgen, so hoffte ich, würde die Müllabfuhr früh kommen und unser Verbrechen vertuschen. Leider vergaß ich den letzten Rundgang, den der Nachbar mit seinem Jagdterrier stets kurz nach Mitternacht erledigte. Hierbei musste er anscheinend einen letzten Kontrollblick in seine Tonne geworfen haben. Ich konnte sein Fluchen durch die Haustür hindurch hören. Bei der Spurensicherung öffnete der Nachbar den Sack und fand zu unserem Pech einen Briefumschlag, auf dem unsere Adresse stand. Am nächsten Morgen klingelte er zu Gestapozeiten Sturm und prangerte unser Verhalten an. Nur Valéries französische Art, so zu tun, als wisse sie von nichts, verbunden mit einem charmanten in der Provence geborenen Dauerlächeln, rettete uns vor einer Klage.

Die kulturellen Gräben zwischen Frankreich und Deutschland finden sich somit nicht nur im Kühlschrank und auf der Tafel. «Vorfahrt» ist zum Beispiel bei uns ein einklagbares Grundrecht. Während vor allem in südeuropäischen Ländern derjenige Vorfahrt hat, der schneller ist oder als Letzter bremst, gehört bei uns die Regel «rechts vor links» zu den tragenden Säulen unserer Gesellschaft. Sie funktioniert nur, wenn sich alle an diese Vorschriften halten. Eine Einbahnstraße ist nicht nur so lange eine Einbahnstraße, bis es praktischer wäre, in entgegengesetzter Richtung zu fahren, so wie es in Frankreich der Fall ist. Verkehrsregeln sind bei uns kein Serviervorschlag. Diese Erfahrung machte ich mit Valérie, als ich mit ihr in unserem Renault in einem Wohngebiet unterwegs war. Sie saß am Steuer, wir hatten es nicht eilig, und als wir an eine Kreuzung heranrollten und links ein silbergrauer Opel Vectra mit einem älteren Ehepaar abwartete, bremste Valérie kurzerhand ab und gewährte, mit einer generösen Geste, Vorfahrt. Allein, das Ehepaar ging nicht auf ihr Angebot ein, schaute vielmehr verstört, ja beinahe empört über das Lenkrad. Valérie wiederholte ihr Zeichen, aber was sollten die armen Deutschen denn machen? Sie konnten doch nicht einfach losfahren, sie hatten schließlich keine Vorfahrt! Was, dachten sie wahrscheinlich, wenn wir, also Valérie und ich, zu einer Kosovo-Bande gehörten, die ahnungslosen Rentnern Vorfahrt gewährte, um im letzten Moment vorzupreschen, um einen kostspieligen Versicherungsfall zu erzwingen? Nein, der Opel rührte sich nicht, sein Fahrer umklammerte das Lenkrad, schimpfte etwas Unhörbares, bis Valérie endlich ihr Grundrecht auf Vorfahrt wahrnahm.

Beim Autofahren scheiden sich also die deutsch-französischen Geister. Deshalb war es auch so schwer, Valérie zu erklären, dass das deutsche Wort Stoßstange nicht vom Verb *stoßen* abgeleitet werden kann. Schließlich bevorzugt man hierzulande eine Stoßstange, die in Wagenfarbe lackiert ist. Sicher, früher waren Stoßstangen noch aus Metall oder grauem Plastik, heute gehören sie zum empfindlichsten Teil des Autos überhaupt. Umso schlimmer, dass Valérie beim Einparken ausgerechnet den Mercedes unseres Nachbarn streifte, der uns gerade erst die Kaperung seiner Mülltonne verziehen hatte. Es war wirklich nur eine klitzekleine Berührung, sie hatte die Stoßstange allenfalls touchiert, und das kommt schließlich vom französischen Wort *toucher*, was «leicht berühren» heißt. Tatsächlich war fast nichts zu sehen, nur ein kleiner Punkt, der farblich an unseren roten Renault erinnerte. So klein, dass man ihn nur mit der Lupe sehen konnte. Unser Nachbar besaß selbstverständlich eine, und was wir gemacht hätten, so schäumte er am nächsten Tag, sei Fahrerflucht, also eine Straftat. Und dann sagte er einen der deutschesten Sätze überhaupt. Kaum gaben wir unsere Schuld zu, maß er den Schaden mit einem zusammengekniffenen Auge und stellte nach einem langen Zischen fest: «Wahrscheinlich ist das Fahrgestell verzogen!» – «Ein Wochenende in Paris, und er wäre geheilt», schnaubte Valérie in mein Ohr. Dort gehört es zum guten Ton, nach dem Einparken die Handbremse gelockert zu lassen und keinen Gang einzulegen, damit die nachfolgenden Parkplatzsucher einen noch ein bisschen schieben können, mit einem freundlichen Touchieren. Nur so kann der rare Platz zum Parken optimal genutzt werden. *Savoir vivre* sagt der Franzose, «gewusst wie». Kein Wunder, dass Valérie mit dieser Haltung in Deutschland immer wieder aneckt.

Ich merke selbst, wie ich unbewusst von einem Ordnungschip in meinem Kopf gesteuert werde. Auch wenn ich rein rational die Freiheit und kreative Unordnung predige, versuche ich doch, wenn ich in eine Parklücke fahre, parallel zwischen den Linien zu stehen oder parallel zum Bordstein. Sie kennen das, man fährt in die Lücke, öffnet dann die Fahrertür und korrigiert die Position zentimetergenau. Niemals würde ich es wagen, im Parkhaus auf einem Behindertenparkplatz zu parken oder auf welchen für Frauen, Frauen mit Kind, alleinerziehenden Mann mit behindertem Kind oder umgekehrt. Für jede Eventualität gibt es bei uns einen Plan. Valérie stellt sich hingegen, ohne zu zögern, auf den Behindertenparkplatz, schließlich sind sechs vorhanden, alle praktisch breit und leer. Es ist schließlich höchst unwahrscheinlich, dass während des halbstündigen Einkaufs sechs Behinderte gleichzeitig auftauchen. Und sollte doch jemand erscheinen, der sich beschwert, gar ein Polizist, dann humpelt Valérie halt die letzten Meter bis zum Wagen. Ja, empören Sie sich ruhig, ich habe dafür auch kein Verständnis. Schließlich ist es verboten, dort zu parken. Vorschrift ist Vorschrift, und die halte ich ein.

Wie sehr Vorschriften zum deutschen Alltag gehören, erkennt man, wenn man im Sommer an die See fährt. In Dänemark gibt es für den Strand kaum Verbote, in Deutschland unzählige. Wer auf Sylt in Strandnähe kommt, passiert Dutzende von Schildern, auf denen irgendetwas verboten wird: Zelten, Wohnmobile abstellen, Feuer machen, sich in Strandkörbe setzen, ohne diese vorab zu mieten, Hunde ohne Leine laufen lassen, die Dünen betreten. Und dabei gilt Sylt noch als Insel ausschweifenden Lebens, zu Recht, denn an der deutschen Ostseeküste geht es noch strenger zu. So ist in Grömitz neben allen Verboten, die auch auf Sylt gelten, zusätzlich das Mitbringen von angeleinten Hunden gänzlich verboten, sowie – und dies ist kein Witz – das Aufstellen von Strandmuscheln, jener harmlosen kleinen Zelte, die vor Sonne schützen sollen; außerdem darf man keine Drachen steigen lassen und – allen Ernstes – nicht Ball spielen. Zum Glück gibt es an Meeren keinen Beckenrand, von dem man das Runterspringen verbieten könnte.

An französischen Stränden ist die an Nord- und Ostsee bestehende Kurtaxe völlig unbekannt. Anstatt die für die Unterhaltung der Strandanlagen und der Promenaden nötigen Beträge einfach bei Hoteliers und Gaststätten einzutreiben, muss jeder, der den deutschen Strand betritt, an einem Wächterhäuschen vorbei und eine Karte lösen, was sich ungefähr so offiziell anfühlt, als wolle man mit mehreren aufblasbaren Strandtieren im Gepäck nach Jordanien einreisen. Wem es trotzdem gelingt, sich illegal an den Dünenwächtern vorbeizuschmuggeln, wird meist von Kontrolleuren gestellt, abkassiert oder abgeschoben. Und ich will ehrlich sein: Als Deutscher kann ich am Strand ohne Kurkarte in der Tasche nicht entspannen, ich fühle mich wie ein Verbrecher, der früher oder später auffliegen und seiner gerechten Strafe zugeführt werden wird. Nur um nicht als Feigling zu gelten und Ziel von Valéries Spott zu werden, ließ ich mich von ihr eines Tages überreden, auf einem Schleichweg den Grömitzer Strand zu kapern und einen verwaisten Strandkorb zu besetzen. Valérie las entspannt die *Vogue* und fand es eine prima Idee, das gesparte Geld am Abend in ein Glas Merlot zu investieren. Sie schien völlig unbekümmert, während ich den schlimmsten Strandtag meines Lebens hinter mich brachte, mich mit erhöhtem Puls hinter meiner Zeitung versteckte und immer wieder nervös meinen Blick schweifen ließ. Jeder Spaziergänger oder Walker konnte sich als Kontrolleur erweisen, und wir wären geliefert.

Natürlich kam er. Keine Kurtaxe, keine Mietung des Strandkorbes und keine Reue, das hatte er lange nicht mehr erlebt. Auch sein Puls schien zu steigen. Valérie weigerte sich, ihn zu verstehen, und deckte ihn, im Gegenteil, mit langen französischen Beschimpfungen ein. Passanten mussten denken, er habe sie sexuell belästigt. So energisch er auch seine Hand voll Belege wedelte, mehr als halbe Sätze, mehr als ein «Sie sind verpflichtet, vorher...» konnte er dem französischen Sperrfeuer nicht entgegensetzen. Zwar gingen wir, eine schimpfende Valérie und ihr peinlich berührter wortloser Taschenträger – bezahlt haben wir aber nicht. Umso triumphierender fiel ihr Lächeln aus, als wir am Abend im *Café Seemöwe* («Draußen nur Kännchen!») unseren Rotwein tranken. Natürlich hatte ich ein schlechtes Gewissen, und jetzt, wo ich dieses Vergehen in einem Buch öffentlich mache und damit einer nachträglichen Strafverfolgung Tür und Tor eröffne, habe ich die Gebühren für Strand- und Korbbenutzung an die Gemeinde Grömitz überwiesen. Sagen Sie Valérie nichts davon.

Als wir zum 50. Geburtstag von Valéries Vater wieder in Paris waren, fragte ich ihn, seine Familie und Freunde, was für sie Deutsche auszeichnet. Es fielen schnell Adjektive wie obrigkeitshörig, gewissenhaft und ordentlich. Sind sie ein Klischee, die deutschen Tugenden, die unsere europäischen Nachbarn mit uns in Verbindung bringen? Ich denke nicht. So ist «Mülltrennung» ein Wort, das Franzosen auch auf Deutsch verstehen, denn sie finden es symptomatisch für ihre teutonischen Nachbarn. Kein anderes Volk auf diesem Planeten trennt seinen Müll so manisch und ausdauernd wie wir. Als in meiner Heimatstadt Hamburg für Haushalte neben der schwarzen, der grünen und der gelben Tonne auch eine blaue für Altpapier angeboten wurde, brach die Hotline der Stadtreinigung wegen der großen Nachfrage zusammen.

Am größten ist allerdings der Sortieraufwand für den gelben Sack. Jede Verpackung muss geleert werden. Es soll sogar Rentner geben, die die verbrauchten Margarinebecher in der Spülmaschine spülen. Und trotz eines Gerüchts, dass die Säcke sowieso alle in ein und demselben Verbrennungsofen landen, wird weitersortiert, was mitunter merkwürdige Blüten treibt: Nur bei uns findet man ein Produkt wie den «Deostein für die Mülltonne». Wenn Sie mir nicht glauben, fragen Sie in der nächstgelegenen Drogerie nach. Er ist in den Duftnoten Tannenwald und Meeresbrise erhältlich – fehlt nur noch die Duftnote Schlemmerfilet.

Das Putzen muss uns Deutschen in den Genen liegen. Als der ehemalige sowjetische Präsident Leonid Breschnew einst den Kanzler a. D. Helmut Schmidt in seinem Reihenhaus in Hamburg-Langenhorn besuchte, unternahmen beide eine Ausfahrt nach Schleswig-Holstein. Breschnew überschlug sich mit Lob für die aufgeräumten und rausgeputzten Dörfer. Selbst wenn die beiden Politiker spontan die Route änderten, durchquerten sie einen blankgewienerten Ort nach dem nächsten. Im sozialistischen Ostblock wurde bei Staatsbesuchen zu jener Zeit nur die Protokollstrecke frisch gestrichen und aufgeräumt. Breschnew ahnte nicht, dass die Deutschen auch ohne Staatsbesuch die Hecken und Rasen picobello halten.

Zwischen Flensburg und München wird nicht nur der Besen geschwungen, bis er qualmt, es sind sogar schon Hausfrauen mit dem Staubsauger auf dem Gehsteig erwischt worden. Eine Asylbewerberin aus dem Sudan, die in Baden-Württemberg lebt, berichtete einem Journalisten von ihrem Versuch, sich den Gepflogenheiten der Nachbarn anzupassen, indem sie alle vierzehn Tage ihre Mülltonne von innen schrubbte. Und meine Mutter hat vor wenigen Jahren wegen der Vogelgrippe überlegt, ob es nicht besser wäre, die Terrakottagänse von der Auffahrt in den Keller zu räumen, nur zur Vorsicht.

Wer Europa verstehen will, muss wissen, wie uns unsere Nachbarn sehen, und denen ist unsere übertriebene Ordnung genauso suspekt wie der sprichwörtliche deutsche Fleiß. Jetzt könnten Sie entgegnen, dass spätestens in diesem Punkt doch nichts mehr ist wie früher. Zum einen haben die Deutschen viel mehr Urlaub als Franzosen oder Italiener, und zum anderen gibt es schließlich auch Deutsche wie Florida-Rolf. Das stimmt. Franzosen haben weniger Urlaub und sind länger am Arbeitsplatz als wir, aber wie viel in Bürozeiten gearbeitet wird, steht auf einem ganz anderen Blatt. Umgekehrt ist die Anzahl deutscher Urlaubstage kein Hinweis auf eine neue Lässigkeit, denn was machen wir denn in unserer Freizeit? Kein anderes Land in Europa hat eine so hohe Baumarktdichte wie Deutschland, und wer die Tempel des Eigenbaus betritt, kann nur mit Arbeit wieder herauskommen. Wir strengen uns einfach gerne an. Selbst wenn man den Fernseher anstellt, wird dort renoviert, entrümpelt und gebaut. Rentner in Frankreich sitzen die letzten dreißig Jahre ihres Lebens in Cafés und spielen im Park gemütlich Pétanque, türkische Männer sitzen fast ihr ganzes Leben im Teehaus und spielen Backgammon, deutsche Rentner können sich gar nicht erst verabreden, weil sie einfach keine Zeit haben. Montags Computerkurs, dienstags Rückenschule, mittwochs Nordic Walking. Nur Beamte haben die Möglichkeit, sich in ihrem Berufsleben so zu schonen, dass sie diese anstrengende Seniorenzeit länger überleben.

Wir Deutschen stehen bis heute im Verdacht, einfach alles gründlich zu machen, ob Demokratie, Faschismus oder Mülltrennung. Selbst in den vierzig Jahren DDR-Sozialismus nervten die Ostdeutschen den ganzen Warschauer Pakt mit ihrem streberhaften Perfektionismus. Wenn die russischen Funktionäre nach dem Parteitag ausgelassen feiern wollten, mit viel zu viel Wodka, traurigen Liedern und wilden Tänzen, zogen es die deutschen Sozialisten vor, schon mal den nächsten Fünfjahresplan zu erarbeiten. Dabei hatte der Hang zu Protokollen und gründlicher Verwaltung gerade für deutsche Kommunisten und Sozialdemokraten schon einmal fatale Folgen. Nach der Machtübertragung an die Nazis im Dritten Reich konnten die Schergen der neuen Herrscher einfach in die Parteizentralen von SPD und KPD marschieren und die Mitgliedslisten beschlagnahmen. Damit waren sie im Besitz sämtlicher Namen und Adressen der politischen Gegner, was die großen Verhaftungswellen erst möglich machte. Ich glaube, wenn Al Qaida eine deutsche Terrororganisation wäre, müsste der Innenminister nur die Zentrale durchsuchen lassen und fände im Handumdrehen die Daten von Mitglied Nr. 000001 namens Osama Bin Laden und damit die langgesuchte Anschrift seines ersten Wohnsitzes: 2436 Islamabad, Klostergasse 5 (bitte bei Mladic klingeln).

Kein Wunder also, dass die Deutschen bis heute als obrigkeitshörig, etwas verbissen und fleißig gelten. Und ebenfalls kein Wunder, dass bei der deutschen Wiedervereinigung, die die Zustimmung der ehemaligen Alliierten voraussetzte, erneut die Frage aufkam, ob sich Deutschland in den letzten sechzig Jahren wirklich zu einem verlässlichen, demokratischen Partner entwickelt hat. Würde ein größeres Deutschland in der Mitte Europas nicht wieder gefährlich werden können? Sind die Deutschen endlich geheilt von jedwedem totalitären Gedankengut? Diese Furcht, wir könnten wieder etwas anstellen, Europa nochmal in den Abgrund führen wie in den beiden Weltkriegen, ist auch der Ursprung der deutsch-französischen Freundschaft. Sie ist aus der Not geboren. Früher hieß es auf deutscher Seite noch: Jeder Schuss ein Russ, jeder Stoß ein Franzos (mit dem Bajonett).

Nach dem Leid des Zweiten Weltkriegs sagte sich die französische Regierung: Bevor die Deutschen ein drittes Mal einmarschieren, freunden wir uns lieber an. Und das Adenauer-Deutschland atmete auf und schlug ein. Dabei spielte natürlich auch die neue Furcht vor Russland eine Rolle, das als Sowjetunion unter Stalin damit begann, alle zunächst befreiten Länder Osteuropas, also Polen, Ungarn, die Tschechoslowakei, Rumänien und Bulgarien, aber auch Ostdeutschland zwangsweise in kommunistische Länder umzuwandeln. Eine erschreckende Perspektive, die auch Westdeutschland und Frankreich in Aussicht stand. Hätten sich Amerikaner und Briten im Sommer 1944 nach langem Zaudern nicht endlich aufgerafft, mit Bodentruppen auf den europäischen Kontinent vorzurücken, wären die russischen Armeen ganz sicher bis Paris, Amsterdam und Oslo vorgerückt. Auch wegen der neuen, nun bis zur Elbe reichenden Dominanz der Sowjetunion in Europa wurden bestimmte Nachkriegsstrategien für Westdeutschland, wie die Schaffung eines Agrarstaates, schnell wieder verworfen. Es galt, einen neuen, demokratischen Staat zu bilden, der zum Westen gehörte.

Es waren also höhere Beweggründe, jenseits der Frage, ob Franzosen einen Grund hatten, Deutschland die Freundschaft anzubieten – denn diesen hatten sie ganz sicher nicht –, der die Franzosen nach allem, was geschehen war, veranlasste, Deutschland die Hand zu reichen. Und trotzdem konnte aus dieser Vernunftehe der berühmte Motor der europäischen Einigung erwachsen, der 1951 mit Deutschland, Frankreich, Belgien, den Niederlanden, Luxemburg und Italien zur Gründung der Europäischen Gemeinschaft führte.

Trotz allem Bemühen, eine vernünftige Ehe zu führen – emotional passen Deutschland und Frankreich bis heute nicht zueinander. Deutsche und Franzosen, die einen mit einem Hang zur Gründlichkeit, die anderen mit dem Vertrauen ins *Savoir vivre*, hier gutes Handwerk, dort Schlendrian, hier Verbissenheit, dort Eleganz, scheinen bis heute zwei Enden einer Fahnenstange zu sein. Die Unterschiedlichkeit lässt einen rätseln, wie es beide Nationen im ESA-Konzern überhaupt schaffen, gemeinsam Flugzeuge zu bauen. Zugegebenermaßen sieht es von Zeit zu Zeit auch so aus, als wenn genau das ziemlich schwierig ist. Deutsche Manager werfen französischen vor, dass sie planlos seien, französische werfen wiederum deutschen vor, dass sie an einem Plan festhalten, selbst wenn sich zeigt, dass dieser unzureichend ist. Auch beim Klimaschutz sind die Rollen wie gewohnt verteilt: Hier Deutschland, das mal wieder Musterknabe sein will und die gestellte Aufgabe, «weniger CO_2 zu emittieren», gründlicher umsetzt als andere – mit erneuerbaren Energien, viel technischem Know-how und haufenweise neuen Gesetzen, die unter anderem Restaurants das Aufstellen von Gasheizpilzen verbieten. Dort die Franzosen, die einfach mehr Atomkraftwerke bauen – so kommt man schließlich auch ans gesteckte Ziel. Und wird die Klimaerwärmung mal extrem spürbar wie im heißen Sommer 2003, in dem in Frankreich Tausende von Krankenhaus- und Altenheimpatienten ob der Hitze starben, ist es möglich, dass ein Politiker namens Nikolas Sarkozy, damals noch Innenminister, unbekümmert sagt: «Jeder heiße Sommer entlastet unsere Rentenkasse». Kaum vorstellbar, dass sich ein deutscher Minister traute, so etwas von sich zu geben.

Nicht erst seit Sarkozy wird das Auftreten französischer Politiker anderswo manchmal als arrogant empfunden. Vor allem den Amerikanern begegnen Franzosen mit einer wenig höflichen Geringschätzung, die angesichts der gemeinsamen Geschichte nicht nachvollziehbar ist. Denn es waren die USA, die den Franzosen im Zweiten Weltkrieg die Freiheit wiedergegeben haben, erst ihr Engagement sorgte dafür, dass die Alliierten die Nazis besiegen konnten. Hitlers Marsch bis Paris hatte nur zwei Wochen gedauert. Viel schneller wäre es damals auch nicht mit dem Zug gegangen, so schwach war die französische Abwehr. Erst der Eintritt der Amerikaner in den Krieg, der in der Normandie vom ersten Tag an französischen Boden befreite, vertrieb die Wehrmacht aus Frankreich und brachte schließlich auch die Wende im Weltkrieg. Auch Frankreichs Status als alliierte Siegermacht nach dem Krieg ist nur auf das Wohlwollen von Briten und Amerikanern zurückzuführen. Genauso gut hätte man die Polen zu den Alliierten zählen können, auch sie haben vergeblich Widerstand geleistet. Nach der Eroberung Polens emigrierten Zehntausende nach Großbritannien, kämpften in der dortigen Armee und rückten gemeinsam mit den Alliierten gegen Deutschland vor. Viel mehr konnte Frankreich auch nicht leisten. Trotzdem sagt Paris bis heute gerne zu allem «Non», was aus Washington kommt.

Tja, wer ob seiner Schönheit überall vergöttert wird, kann leicht etwas eingebildet und zickig werden, das gilt nicht nur für große blonde Teenagermädchen, sondern auch für Frankreich, denn abgesehen von den Engländern finden die meisten Menschen auf diesem Planeten Frankreich vor allem eines, einfach wunderbar: dieser Charme und dieser Stolz, die melodiöse Sprache – fast wie Musik! –, die Kunst, l'amour und immer wieder Paris, Paris, Paris!

Wie sehr Paris Projektionsfläche aller Sehnsüchte nach Erhabenheit ist, sieht man überall auf der Welt. Budapest bezeichnet sich gerne als «Paris des Ostens», wobei Prag natürlich auch eine Art Paris des Ostens ist. Dazu gibt es noch Stockholm, das «Paris des Nordens», Venedig, das überflutete «Paris des Südens», und selbst in Rostock überlegte man einen Moment, ob man in einer Broschüre die Stadt nicht kurzerhand mit dem Titel «das Paris Mecklenburg-Vorpommerns» bewerben sollte – kurz, wer sich in der restlichen Welt als besonders schön empfindet, vergleicht sich gerne mit Paris. Ein Franzose würde hingegen niemals auf die Idee kommen, Paris als das Budapest Frankreichs zu bezeichnen. Rostock ist dagegen eher das Bukarest Mecklenburg-Vorpommerns. Fast bescheiden übt sich dagegen Dresden mit der Titulierung Elb-Florenz. Wenn sich die Jahrhunderthochwasser allerdings weiterhin so gut entwickeln wie in den letzten vier Jahren, wird Dresden vielleicht bald das Elb-Bangladesch.

Franzosen sind Vergleiche mit anderen Regionen völlig fremd. Sie brauchen eigentlich nichts mehr als Frankreich. Sie haben Paris, sie haben die Pyrenäen und Skiparadiese in den Alpen, sie haben eigene Küsten an Mittelmeer und Atlantik – wozu noch verreisen? Tatsächlich ist der Anteil der Franzosen an Touristenströmen in ferne Länder relativ gering. Auch die Lust, fremde Kulturen kennenzulernen, ist unter Franzosen nicht sehr ausgeprägt, weiß man doch, dass es keine höhere Veredelung der Zivilisation gibt als Frankreich selbst und die Welt voller Barbaren ist, die nicht in der Lage sind, eine französische Konversation zu halten.

Die deutschen Reisenden, sofern sie Lehrer, Intellektuelle, Abonnenten der «Zeit» oder alles zusammen sind, haben hingegen zu Recht ein schlechtes Gewissen, was die eigene Vergangenheit betrifft, und sind deshalb ausgesprochen nette Reisende, als wollten sie sich in den ehemals besetzen Ländern durch gutes Benehmen wieder etwas beliebter machen. Der Franzose hat das Problem nicht. Die napoleonischen Kriege sind längst verjährt, die damals besetzten deutschen Kleinstaaten existieren heute nicht mehr, insofern können sie auch nicht mehr böse sein.

Auch die jüngere Geschichte, die Frankreich und Deutschland

einst zu Erbfeinden machte, verblasst mit jedem Jahrzehnt ein wenig mehr. Über sechzig Jahre sind die Deutschen schon ganz brav, und die alte Achse Paris–Bonn wurde zur ebenso engagierten Achse Paris–Berlin. Das «Ja» zur Wiedervereinigung kam vom französischen Präsidenten François Mitterrand schneller als von anderen. Das Vertrauen ist gewachsen, der gemeinsame Motor läuft und läuft und gibt bis heute den Schub für das Europa von morgen. In diesem Sinne: Auf die Freundschaft!

Finnland
Irland
Schweden
Dänemark
Niederlande
Belgien
Luxemburg
Italien
DIE SCHWESTERN

Die Justiz ist ein Krebsgeschwür des Rechtsstaates, das wir ausrotten müssen.

Silvio Berlusconi

ITALIEN
DER JESUS CHRISTUS DER POLITIK

Ein altes, angestaubtes Sprichwort sagt, die drei dünnsten Bücher der Welt seien «Britische Küche», «Deutscher Humor» und «Italienische Helden». Natürlich gibt es inzwischen Jamie Oliver, den dynamischen Szenekoch aus Manchester, und in Deutschland beklagen Journalisten seit Erfindung des Privatfernsehens Mitte der achtziger Jahre die Wucht einer Comedywelle, die sicher bald wieder abebbe, sich aber so hartnäckig hält, dass es eher scheint, als gehöre Humor heute auch in Deutschland zum Leben dazu. Auch wenn das unsere Nachbarn nicht wahrhaben wollen. Für Italiener, Franzosen und Briten ist und bleibt der Karneval die Inkarnation teutonischen Humors, mit Marschmusik und Bumsfallera. Wenn Deutsche lachen – so scheint es ihnen –, muss dies eine Blaskapelle mit einem Tusch kennzeichnen. Als das Rheinland nach dem Ersten Weltkrieg entmilitarisierte Zone wurde, wäre es nur konsequent gewesen, auch den Karneval zu verbieten. Die Franzosen konnten sich schließlich nicht sicher sein, ob der Karnevalszug nicht doch mal spontan nach rechts abbiegt und den Weg nach Paris einschlägt. Aber was hat es mit den italienischen Helden auf sich? Es gibt keine, würde der deutsche Fußballfan sagen und achselzuckend auf das Halbfinale der WM 2006 in Deutschland verweisen. Die kleinen gegelten Italiener haben doch eine Schwalbe nach der anderen auf den Rasen gelegt, bei deren Wiederholung in Zeitlupe man ganz deutlich sehen konnte, dass nicht mal Körperkontakt mit dem deutschen Spieler bestanden hatte. Helden? Wohl eher Schauspieler einer Schmierenkomödie. Nun gut, zumindest ihre beiden Tore haben sie wirklich geschossen und wurden noch Weltmeister, was für eine Schmach.

Aber werfen wir einen genaueren Blick auf die deutsch-italienische Geschichte: Als Italien faschistisch war, forderte Hitler Mussolini auf, gemeinsam Frankreich anzugreifen. Doch der italienische Diktator zögerte lange, und erst als die Deutschen Frankreich unterwarfen, erklärte auch Italien den Franzosen den Krieg. Wenige Jahre später wollten alliierte Truppen, Briten und Amerikaner, den Weltkrieg mit ihrer Übermacht beenden und landeten in Sizilien an, also dem südlichsten Zipfel Italiens. Es dauerte nur Momente, bis sich Italien ergab. Warum noch sinnlos kämpfen, wenn die Sache eh schon gelaufen war? Mussolini wurde dabei nicht gefragt: Kurzerhand abgesetzt, floh er nach Norditalien, wo er noch geraume Zeit einen kleinen deutschen Vasallenstaat namens *Republik von Salo* anführte.

Zu kämpfen, nur weil es einen Befehl gibt, überzeugt einen Italiener nicht. Die Quote der Deserteure war in Italien immer sehr viel höher als bei den deutschen Truppen; doch wer das wenig heldenhaft findet, übersieht, dass Italiener sehr wohl mutig sind, wenn sie an etwas glauben.

Italien war zwar faschistisch, aber Italiener sind zu allererst Italiener: nicht ganz so genau. Dort kommen nicht nur oft die Handwerker zu spät, sondern auch die Geheimpolizei. Außerdem gab es nicht so viele gefährliche Mitläufer wie in Deutschland, Befehlsempfänger, die das Getriebe des Terrorregimes am Laufen hielten. Ein Italiener war entweder glühender Nazi oder schloss sich gleich dem Widerstand an. Nach Ausbruch des Faschismus in Italien kämpften sage und schreibe eine viertel Million Menschen im Widerstand. Ähnlich wie bei der Résistance in Frankreich handelte es sich auch hier um eine gutorganisierte Guerillaarmee, die Brücken in die Luft jagte, Nachschubtransporte angriff und Patrouillen erledigte. Übrigens sind in diesen Kreisen auch die ersten Rufe nach einem geeinten Europa laut geworden. Eine viertel Million Männer und Frauen, die mit der Waffe in der Hand gegen den Faschismus kämpfen, hat es in Deutschland nicht gegeben. Der Widerstand in Deutschland war klein, so klein, dass man ihn mit der Lupe suchen muss. Mit den Studenten der Weißen Rose, die in München Flugblätter verteilten, und der Gruppe um Oberst Stauffenberg, der versuchte, Hitler in der Wolfsschanze, seinem ostpreußischen Hauptquartier, umzubringen, ist er fast gänzlich aufgezählt. Und bei Stauffenberg und seinen Mitverschwörern weiß man bis heute nicht, welches System sie bei einem geglückten Attentat eingeführt hätten.

Warum nur war das Grauen bei uns so viel gründlicher als anderswo? Wenn es am Strand neben Ballspielen und Zelten auch verboten wurde, sich dort als Jude aufzuhalten, war das nur eine Vorschrift mehr neben vielen anderen? Warum machte es für einen deutschen Lokführer offensichtlich keinen Unterschied, ob der Zug nach München oder Treblinka fuhr?

Damals wie heute kann man einen Italiener nicht dafür einplanen, etwas zu tun, an das er nicht glaubt. Italiener brauchen keinen Hitler oder Mussolini, um auf die Barrikaden zu gehen; sobald ihnen etwas nicht passt, heißt es «basta!» Eine sinnlose Aufgabe bis zum bitteren Ende durchzuziehen ist ihr Ding nicht. So hat die italienische Republik, die nur wenig älter ist als die Bundrepublik, bis heute fast fünfzig Regierungen verschlissen. Damit der Nachschub an Präsidenten nicht abreißt, dürfen manche auch wiederholen, wie jüngst der Berufsdemagoge Silvio Berlusconi. Warum die Italiener erneut den Mann gewählt haben, der schon bei seiner ersten Präsidentschaft wenig erfolgreich war und zudem sehr korrupt sein und einen kreativen Umgang mit der Wahrheit haben soll («Ob ich treu bin? Ich würde sagen, ich war oft treu»), beantworteten in Umfragen viele damit, dass sie den Glauben in Politiker eh komplett verloren haben. Der Vorteil einer solchen Einstellung: Die Italiener können von Politikern nicht enttäuscht werden. Berlusconi den Vorzug vor seinem Mitbewerber Walter Veltroni zu geben – bis dahin Bürgermeister von Rom – wurde damit begründet, dass dieser zumindest unterhaltsamer sei. Wenn den Italienern die neue Regierung nicht gefällt, wird sie halt per Generalstreik wieder abserviert.

Italiener lieben den Streik. Vor vier Jahren wurde mir am Flughafen von Palermo mit Schulterzucken mitgeteilt, mein Flug nach Hamburg falle aus, da gerade die Piloten, die Stewardessen und die Lotsen streikten. So, so, dachte ich, also alle auf einmal. Dabei war dies schon die kundenfreundliche Art eines italienischen Streiks, denn im Jahr zuvor, teilte mir der Mann am Schalter mit, hätten zunächst nur die Piloten gestreikt, eine Woche später die Stewardessen, und erst als auch diese ihre Lohnforderungen durchgesetzt hatten, fiel den Fluglotsen ein, dass sie ebenfalls unterbezahlt waren. Die zerschundenen Wartebänke des Flughafens von Palermo sahen genauso aus, als wenn auf ihnen Reisende einen größeren Teil eines verzweifelten Lebens verbringen mussten. Mir konnte das egal sein, ich buchte mir einen Leihwagen, einen Fiat Uno – auch wenn der mich nur bis nach München brachte, dann streikte der Motor.

Italienisches Autofahren will eh gelernt sein. Als Deutscher muss man sich vor allem auf eine völlig andere Hupkultur einstellen. Italiener hupen oft und gerne, aber nie mit böser Absicht. Sie hupen zum Grüßen, zum Flirten, zum Abschied, beim Ankommen oder auch zur Warnung, etwa beim Überholen, und sinnloserweise sogar im Stau. Deutsche hupen nur beim Angriff, zum Beispiel wenn ihnen die Vorfahrt genommen wurde. Da fällt die Umstellung aufs italienische Hupkonzert wirklich schwer. Und selbst wenn sie es schaffen, die kurzen, fröhlichen Schläge auf die Hupe zu lernen, werden sie anschließend in Deutschland Probleme bekommen, denn auch eine grüßende Hupe wird hier mitunter als Aufforderung zur Schlägerei gewertet.

Doch zurück zur Lieblingsbeschäftigung der Italiener – neben barocker Gestik, Lamentieren und seiner höchsten Kunstform, dem Schwalbenbau auf dem WM-Rasen, versteht sich. Italiens ausufernde

Streiks legen oftmals die gesamte Wirtschaft lahm. Neapel versank vor kurzem in meterhohen Müllbergen, während bei uns noch der letzte Margarinebecher dem Recycling zugeführt wird. Für Italiener gehören Streiks einfach zur Kultur dazu, sie streiken gerne und ausdauernd, immer bereit, sich mit anderen zu solidarisieren und den Generalstreik auszurufen. Umso schwerer ist es, einem Italiener zu erklären, was ein Warnstreik ist, denn den kennt man nur bei uns in Deutschland. Wenn zum Beispiel die Belegschaft einer Siemens-Fabrik streiken will, gibt es zunächst mal einen vorsichtigen Warnstreik, eine der wenigen deutschen Erfindungen, die nicht zum Exportschlager wurden. Vielleicht liegt es daran, dass er stets eine recht kümmerliche Veranstaltung ist, die irgendwann morgens von sieben bis Viertel nach sieben stattfindet. In diesen wenigen Minuten stehen schüchterne Arbeiter in Streiktüten gehüllt vor dem Werkstor und pusten kraftlos in Trillerpfeifen. Dabei halten sie verschämt ein paar Transparente hoch. Wenige Momente später läuft alles wieder so, wie wir es am besten können: planmäßig.

In keinem anderen Land der Welt wird so wenig gestreikt wie bei uns. Denn das widerspricht gleich zwei deutschen Grundbedürfnissen: erstens zu arbeiten und zweitens nicht aufmüpfig zu sein. Ja, wir sind gerne brav, mal abgesehen vielleicht von den Studenten Ende der sechziger Jahre. Da die Studentenrevolte sowohl in Frankreich als auch bei uns stattfand, lässt sich an ihr der kulturelle Unterschied gut ablesen. Als in Paris 1968 die Studenten auf die Straße gingen, schlossen sich die Arbeiter und Angestellten an, es kam zu einem Generalstreik. Als in Berlin die Studenten zur selben Zeit auf die Straße gingen, hat sich ihnen nicht ein einziger Arbeiter angeschlossen. Im Gegenteil, sie riefen den Demonstranten einen grunddeutschen Satz zu, der vielleicht noch deutscher ist als der Satz «Wahrscheinlich ist das Fahrgestell verzogen». Sie ahnen es: «Geht erst mal arbeiten!»

Schon die nächste deutsche Jugend, die der achtziger Jahre, war wieder lieb, verstand sich nachgewiesenermaßen sogar mit den eigenen

Eltern. Nein, zu streiken widerspricht dem deutschen Gemüt, es ist uns zu rebellisch, so wie die Nutzung eines Strandkorbs, ohne dafür Kurtaxe zu bezahlen, selbst wenn in heutigen Zeiten in Deutschland Berufsgruppen streiken, die man in Gruppen bisher weniger auf der Straße als auf dem Golfplatz gesehen hat, wie die Ärzte. Sie hatten das besondere Problem, dass Ärzte nicht umsonst im Ruf stehen, eine schlechte Handschrift zu haben. So konnte bei einer Demonstration des ersten Ärztestreiks in Berlin niemand die Forderungen auf den selbstgemalten Transparenten entziffern. Aber ganz egal, wer in Deutschland streikt, es geht gesittet zu. Selbst beim Streik der Lokführer, den wir vor einiger Zeit erleben durften, einer der härtesten in der deutschen Geschichte, fuhren noch mindestens 50 % Prozent aller Züge weiter. Dabei versicherte der Chef der neugegründeten Lokführergewerkschaft GDL, die Bevölkerung könne ganz beruhigt sein, der Streik werde nicht die großen Messen, den Ferienbeginn oder die Fußball-EM behindern. Italiener denken komplett diametral. Sie würden fragen: Wann ist der Ferienbeginn, die große Messe und die Fußball-EM? Genau an dem Tag wird gestreikt! Und selbstverständlich würde man verhindern, dass die andere Hälfte der Züge weiter verkehren kann – mehr fahren ja selbst ohne Streik nicht –, indem man gleich als Erstes einen Haufen Mist, Sand oder Kies auf die Gleise schüttet, am besten im Hauptbahnhof von Rom, und schon geht nichts mehr.

Es gibt jedoch auch Entwicklungen, die das Klischee vom unordentlichen, chaosliebenden Italien ad absurdum führen. Die größte Unordnung am Flughafen herrschte zuletzt ausgerechnet bei den besonders zivilisierten Briten. Am frischeröffneten Terminal 5 am Monsterflughafen Heathrow liefen alle Koffer tagelang auf einem einzigen riesigen, unsortierten Haufen auf, wo sie liegen blieben. Auch die Louis-Vuitton-Taschen und Köfferchen von Naomi Campbell waren darunter. Das als aggressiv geltende Topmodel geriet trotz gerade absolviertem Antiaggressionstraining derart außer Fassung, dass sie den erstbesten

Uniformierten schlug und deswegen eine Nacht in Haft genommen wurde.

Weil der Kofferberg immer größer wurde, suchte der Flughafenbetreiber nach Hilfe und fand schließlich in Mailand eine Firma, die jeden Koffer nach Zielort und Adresse des Besitzers sortieren konnte. Wenn ausgerechnet Italiener in Europa für Ordnungsaufgaben herangezogen werden, dann ist das mindestens so überraschend wie die Wahlhilfe, die einst Russland den Amerikanern anbot, als deren Präsidentschaftswahl aufgrund von defekten Lochkarten in Florida zu scheitern drohte.

Nach einem ebenso alten wie gehässigen Sprichwort lebt der Deutsche, um zu arbeiten, während der Franzose arbeitet, um zu leben, und der Italiener so tut, als wenn er arbeitet, um noch mehr Zeit fürs Leben zu haben.

Mit großen Augen verfolgten Italiener das deutsche Wirtschaftswunder der fünfziger Jahre, zehn Jahre später setzte die große Bevölkerungswanderung der sogenannten Gastarbeiter ein – welch ein höfliches und zugleich diskriminierendes Wort, sagt es doch nichts anderes aus, als dass man hofft, dass ein Gast auch wieder geht.

Die Deutschen nutzten zeitgleich die andere Seite der Autobahn, um nach Italien in die Ferien zu gelangen, auf Campingplätze mit galaktischen Ausmaßen. Auf diesen deutschen Zeltplätzen am Gardasee entwickelte ich schon als Kind eine ausgeprägte Abneigung gegen das Campen, ich möchte fast sagen, eine Allergie gegen weiße Wohnwagenwände und deren muffigen Inhalt. Schon die endlose Anreise im Fond eines Ford Taunus, so tief und weich, dass es für mich, Lichtjahre vor der Erfindung des Kindersitzes, während der gesamten Fahrt nicht möglich war, aus dem Fenster zu schauen, gehört zu den traumatischen Erfahrungen meiner Kindheit. Der Geruch von heißen Polstern und weichem Plastik eines Autos ohne Klimaanlage, auf das während eines Staus auf der Autobahn die Sonne brennt, ruft in mir noch heute spontane Übelkeit hervor. Damals, 1973 bis 1977, als es meine Eltern fast jeden Sommer nach Italien zog, gab es kaum PKWs mit vier Türen, wir jedenfalls hatten keinen. Dafür wurde ich alle paar Stunden hinter der umgeklappten Lehne des Beifahrersitzes hervorgeholt, um mich auf kleinen Rastplätzen entlang der A7 an einen Tisch aus Beton zu setzen. Meine Mutter legte zwei Küchenhandtücher als Tischdecke unter, dann gab es Wurstbrote, die sieben Stunden zuvor geschmiert worden waren, harte Eier und gesüßten Hagebuttentee. Meine Mutter trank lauwarmen Kaffee aus einer Thermosflasche, die in den siebziger Jahren zwar schön bunt, aber wenig effektiv war, und mein Vater eine warme Dose Bier aus einer ebenfalls bunten und ineffektiven Kühltasche, deren Kühlelemente schon kurz nach Hamburg aufgetaut waren. Am Ende der Pause hielt mich mein Vater zum Pinkeln in die Büsche, während meine Mutter die Krümel von den Handtüchern schüttelte und vor dem gelben Ford einige Rumpfbeugen andeutete, die in der ADAC-Zeitschrift für lange Fahrten empfohlen worden waren. Dann ging es zurück auf den Rücksitz.

Auf dem Weg nach Italien musste man zunächst ein Gebirge mit dem schwachen Motor überwinden: die Kasseler Berge. Erst wenn dort das Kühlwasser nicht überkochte, konnte man sich auf den Brennerpass in den Alpen freuen. Vielleicht war es das Deutsche, was mich an Italien zunächst abschreckte: Gartenzwerge vor Wohnwagen, dicke Männer aus Castrop-Rauxel, die ihre Parzelle mit Rollzaun abgesteckt hatten und mich von ihrem Rasen verscheuchten.

Die Anlage war riesig. Einmal leisteten wir uns den Luxus, in einem Restaurant zu essen, allein der Weg bis zum Schlagbaum war schon so weit, dass es uns ins Restaurant des Campingplatzdirektors verschlug, der lange und laut auf mich einredete, bis alle am Tisch lachten. Natürlich gab es Pizza, und der Genuss einer Pizza Funghi löste damals noch ein exotisches Gefühl aus, schließlich waren wir ganz weit weg von zu Hause.

Erst viel später konnte ich Italien für mich erobern; weit abseits von von Deutschen okkupierten Campingplätzen wanderte ich im Januar durch die Toskana, in deren Tälern feine Wolken hängen, auf die man schon von den bescheidenen Bergen hinabschauen kann, als blickte man von einem Alpengipfel hinab auf das Wetter. In jedem Dorf erwarteten mich Cafés, in denen ich stundenlang das Leben auf Plätzen und in Gassen auf mich wirken lassen konnte. Hier teilten sich alle Generationen dieselbe Lokalität. Die Alten saßen drinnen, spielten Schach, schauten Fernsehen, und ihr Palaver hallte von den glatten Wänden wider, die Jungen machten mit ihren Mofas vor dem Eingang Lärm, starteten sie mit großer Geste, um schon nach wenigen Minuten mit großer Geste vor dem Café wieder abzusteigen. Geduld war ihre Sache nicht, wollte einer den anderen zum Aufbruch bringen, tat er dies immer wieder, alle zwei Minuten mit demselben Satz und einer Handbewegung, die «Komm schon» bedeutete. Gab einer eine Bestellung auf, erinnerte er den Kellner gerne im gleichen Minutentakt an das gewünschte Getränk. Kaum zu glauben, dass sich Italiener mit etwas abfinden würden, was ihnen eigentlich nicht passt, zum Beispiel kaltes, mieses Wetter auf Dauer. Ein Typ wie Jörg Kachelmann wäre bei ihnen sofort unten durch. Nicht so bei den Deutschen. Obwohl dieser im Fernsehen fast jeden Abend schlechtes Wetter ansagt, verehren sie ihn, halten ihm die Freundschaft. Diese Geduld ist Italienern absolut fremd. Angeblich mussten im alten Rom Meteorologen das Wetter im Circus vorhersagen, und wessen Prognose nur Regen und Kälte androhte, wurde kurzerhand den Löwen zum Fraß vorgeworfen. Vielleicht hat Italien deshalb bis heute ein sonniges Klima.

Italiener machen nur das, was sie nachvollziehen können und wollen, und selbst dabei sind sie wenig geduldig. Völlig entgegengesetzt steht dazu die deutsche Tugend oder auch Untugend, eine sinnlose Aufgabe bis zum bitteren Ende durchzuziehen: So verlangen Firmen bei Stellenausschreibungen manchmal ein abgeschlossenes Hochschulstudium, egal, um welches Fach es sich dabei handelt. Es werden Leute gesucht, die ein Studium beendet haben, dessen Sinn ihnen abhandengekommen ist, die einen einmal eingeschlagenen Weg bis zum Ende gegangen sind, auch wenn sie wussten, dass dieser Weg sie zu nichts führt. Und das ist eine Tugend, die auch in der deutschen Wirtschaft und Politik gefragt ist.

Befiehlt ein deutscher General einem deutschen Rekruten, Wache zu stehen, bis er wiederkommt, dann wird dieser so lange Wache stehen, bis der General zurückkehrt, Tag für Tag im Regen, bei Sturm, Woche für Woche, ja, wenn es sein muss, ewig.

Befiehlt dagegen ein italienischer General einem Rekruten, an einem bestimmten Platz Wache zu stehen, bis er wiederkommt, so wird der Soldat zunächst salutieren und dann Wache stehen, vielleicht einen Tag. Spätestens wenn es regnet, sucht er aber einen Unterstand auf. Wird es ihm zu blöd und taucht der General nicht mehr auf, verdünnisiert er sich nach einer gewissen Zeit. Wozu noch dortbleiben, wenn es keinen Sinn mehr macht?

Als ich stundenlang im Café hockte, etwas deplatziert mit meinen groben Wanderschuhen und meiner geschundenen Outdoorjacke, fiel mir ein, dass auch Galileo Galilei zuallererst Italiener und erst dann Astronom war. Galileo hatte Ansichten von Kopernikus vertreten, nach denen die Sonne im Zentrum der Welt stand und nicht die Erde, so wie es die Kirche nach dem ptolemäischen Weltbild annahm. Kurzerhand zitierte man Galilei nach Rom zum Papst, der ihn fragte, ob er sich bei seiner Forschung ganz sicher sei. Natürlich war sich der Wissenschaftler sicher, doch als die frommen Kirchenleute ihm zu verstehen gaben, dass dies nun gar nicht mit ihrem Weltbild zusammenpasste, und ihm schon mal die Folterinstrumente zeigten, als Appetithappen, um anzudeuten, was ihm noch alles bevorstünde, wenn er nicht widerrufen würde, dachte Galileo nochmal scharf nach. Er erinnerte sich weiterer, viel wichtigerer Entdeckungen der Menschheit, so des Rotweins, der Schönheit der Frauen und natürlich der Musik, und widerrief vor einem Inquisitionsgericht, gab zu, sich wohl geirrt zu haben, selbstverständlich drehte sich die Sonne um die Erde und nicht umgekehrt, keine Frage. Es war angesichts der Drohungen der Kirche sinnlos, das eigene Leben zu riskieren für ein paar Thesen. Der Wissenschaftler zog ganz pragmatisch das Leben im Hausarrest dem Tod in den Folterkellern der Kirche vor. Ein wenig überfällig schien die Rehabilitierung Galileo Galileis durch Papst Johannes Paul den II. im Jahre 1992. Über 350 Jahre nachdem der Wissenschaftler vor dem Kirchengericht klein beigegeben hatte. Immerhin akzeptiert die katholische Kirche damit seit 1992, dass die Erde um die Sonne kreist.

Italien kommt in vielerlei Hinsicht nicht aus dem Quark. Die wirtschaftliche Lage ist schlecht und die Korruption so dramatisch wie heutzutage nur noch bei neuen EU-Mitgliedern wie Bulgarien und Rumänien, und das, obwohl Italien Gründungsmitglied der EU, damals noch EG, ist. Außerdem schrumpft die Bevölkerung. Die Annahme, die Straßen von Neapel, Rom und Mailand seien mit Horden spielender Kinder gefüllt, stimmt heute nicht mehr. Italiener ohne Bambini? Eigentlich unvorstellbar. Aber die Geburtenrate liegt inzwischen sogar unter der von Deutschland. Langsam wird es still im Gewirr der italienischen Gassen.

Im Moment kreist das Land um den wiedergewählten Silvio Berlusconi, der sich in aller Bescheidenheit schon mal als «Jesus Christus der Politik» bezeichnet hat. Eins ist sicher: Auch nach seiner zweiten Präsidentschaft wird zumindest er reicher sein als vorher. Und Italien?

NIEDERLANDE, BELGIEN UND LUXEMBURG
DIE DREI AUS BENELUX

Die große Zeit der Nationen ist vorbei.
Man sollte nicht mehr nach Italienern,
Franzosen und Deutschen unterscheiden,
schließlich sind wir alle nur Menschen.
Und der Rest sind Holländer.

Horst Fyrguth

Jeder weiß, wer Holland sagt, meint eigentlich die Niederlande. Die beiden Bezeichnungen verhalten sich zueinander wie England zu Großbritannien: Das eine ist die berühmteste Provinz, das andere das Ganze. Auch die Niederlande waren einst eine stolze Seefahrernation, unterwarfen eine ganze Reihe von unbewaffneten Völkern. Als ich mit einem Leihfahrrad durch Amsterdam radelte, bekam ich schnell einen Begriff von seinem ehemaligen Reichtum. Ein schmuckes Bürgerhaus reiht sich an das nächste; könnte man ins 17. Jahrhundert zurückradeln, befände man sich in der reichsten Stadt Europas. Noch heute gehören Saba, Aruba und die niederländischen Antillen zum niederländischen Reich, Letztere eine Kette von zauberhaften karibischen Inseln. Die Deutschen tauschten einmal mit Großbritannien ihre einzige Sonneninsel Sansibar im indischen Ozean in einem Akt geistiger Umnachtung gegen das winzige, sturmumtoste Helgoland ein. Wie bescheuert muss man sein? Ein Felsbrocken in der Nordsee, zu klein, um ihn mit einem Handtuch zu reservieren.

Mein Leihfahrrad hatte einen kleinen Nachteil: Es war über und über mit schriller Werbung beklebt und schrie somit in die Umgebung:

«Der Typ auf meinem Sattel ist ein Tourist!» Besser geflirtet hätte es sich sicherlich in der Gruppe der bis zu fünfzig Radler, die gleichzeitig an einer Ampel warten mussten, wenn ich im Besitz eines dieser schönen schwarzen Hollandfahrräder gewesen wäre.

Immerhin konnte ich problemlos an jeder Ecke ein neongelb lackiertes Fahrrad leihen. Sie standen in Stationen und konnten einfach entnommen werden, die erste halbe Stunde war sogar umsonst, sodass ich einfach öfter das Rad abgab und mir dann ein neues holte – sie waren aber alle gleich hässlich. Ohne Kreditkarte und Handy kommt man auch nicht schnell an sie ran. Ich musste mich zunächst registrieren lassen, meine Kreditkartennummer verraten, einloggen, Kundennummer sagen, Fahrradnummer sagen, ausloggen, wieder Kunden- und Fahrradnummer, kurz: In dieser Zeit kann man einen guten Kilometer auch zu Fuß gehen. Doch Amsterdam hat derart majestätische Radwege – das Wort «Weg» ist viel zu bescheiden –, dass man sie einfach nutzen muss: Auf Bahnen gleitet man in einem Meer von Radlern dahin, die selbst in Peking den Verkehr lahmlegen könnten. Besonders lieblich sind jene Velorouten, die die Stadt durch Parks angelegt hat, kleine Straßen ohne Autos, die nur vom feinen Gebimmel der Fahrradglocken erfüllt sind, wenn mal wieder ein Kiffer in die Speichen geraten ist. Radfahren ist in den Niederlanden natürlich auch deshalb so entspannend, weil einen nirgendwo eine Steigung überrascht, die einem den Schweiß auf die Stirn treiben könnte. Das gesamte Land ist flach. Dieser Zustand schien vor allem komfortabel zu sein, aber er versetzt die Niederländer zugleich in Angst und Schrecken. Der Grund: die Klimakatastrophe. Holland wird das erste Land Europas sein, das wegen des Anstiegs des Meeresspiegels von der Landkarte verschwindet. Viele Nachbarn zucken mit den Schultern und fragen: «Und? Wäre das so schlimm?»

Die Hälfte des niederländischen Territoriums liegt nur einen bescheidenen Meter über dem Meeresspiegel, und dieser Abstand wird von Jahr zu Jahr kleiner, eben weil das Meer ansteigt. Das allein klingt prekär, wie prekär, wird aber erst klar, wenn man weiß, dass ein weiteres Viertel der Niederlande sogar unter dem Meeresspiegel liegt. Selbst die höchsten Hügel sind nicht wirklich hügelig, würden anderswo allenfalls als Sandhaufen durchgehen. In jedem Fall reichen sie nicht, um im Katastrophenfalle einen guten Bauplatz für die Arche hollandaise abzugeben. Schon der Name «Niederlande» scheint auf dieses Problem hinzuweisen, hat aber in Wirklichkeit nichts damit zu tun: Er stammt von den Habsburgern, denen einst halb Europa gehörte. Ihre Besitztümer am Rhein teilten sie in die «Oberen Lande» am Oberrhein und die «Niederen Lande» am Niederrhein ein. So oder so: Der richtige Schutz ist wichtig, und so deutet bereits der Name Amsterdam auf einen echten Damm hin, und deren gibt es viele. Keinesfalls könnten es sich die Holländer erlauben, so schäbige Deiche zu bauen wie die USA am Golf von Mexiko oder entlang dem Mississippi. Dort haben die Behörden eine ausgesprochen amerikanisch-lässige Art, mit den Bedrohungen der Natur umzugehen. So wohnen hinter den schlechtesten Dämmen stets verarmte Schichten, deren Bitten nach Hochwasserschutz eh niemanden interessieren. Saufen sie ab, müssen sie halt woandershin ziehen – Amerika ist groß, da findet sich schon einen neuer Job in einer anderen Stadt.

Die Niederlande haben dagegen alles außer Platz, sie sind einer der am dichtesten besiedelten Staaten überhaupt in Europa. Nur die drei Zwerge Malta, San Marino und Monaco beherbergen noch mehr Menschen pro Quadratmeter. Die praktisch veranlagten Niederländer – immer der Meinung, dass es für jedes Problem auch eine Lösung gibt –, eroberten sich ganz neue Flächen, die nicht nur unter «Normalnull» liegen, wie man unter Küstenbewohnern sagt, sondern eigentlich gar kein Land sind, sondern Polder. So werden Gebiete genannt, die man der Nordsee trickreich durch Einpoldern abgezwackt hat. Dabei wird von zwei Seiten ein Deich ins Meer gebaut, der sich irgendwann in der Mitte schließt. Das so eingeschlossene Meer kann dann abgepumpt und mit Sand gefüllt werden – fertig ist das Polderland. Der Haken an dieser unkriegerischen Art der Landerweiterung: Eventuell möchte es das Meer zurückhaben.

Wenn Sie in einer Wohnung leben, können Sie sich das so vorstellen: Ihre Nachbarn sind gerade in Urlaub, und – schwupps! – machen Sie einen Durchbruch in deren Wohnung, besetzen das Wohnzimmer und grenzen es zum Rest der Nachbarwohnung dadurch ab, dass Sie den Türrahmen zumauern. Kaum haben Sie es sich in diesem – ich würde es Polderzimmer nennen – gemütlich gemacht, müssen Sie täglich damit rechnen, dass Ihre Nachbarn zurückkommen und alte Ansprüche auf das Zimmer geltend machen. In Holland ist dieser Nachbar die Nordsee, und die verfügt über einen außerordentlich aggressiven Inkassodienst, der unter dem Namen Sturmflut GmbH alte Rechnungen eintreibt. Um im Bild der Banken zu bleiben: Die Niederlande haben mit all ihren Polderländern einen Kredit bei der See aufgenommen, bei dem bis heute niemand weiß, wann der Zins fällig wird, wie hoch er ist und ob er nicht Amsterdam heißen könnte. Ausufernd ist genau das richtige Wort für den Umgang mit dieser Methode. Nahezu die gesamte Provinz Flevoland wurde auf diese Weise gegründet – und klingt nicht schon der Name nach Flut?

Beruhigen kann da vielleicht ein anderer Umstand. Mit einer Körpergröße von im Schnitt 188 cm sind die Holländer die größten Menschen der Welt, vielleicht sagen wir aus Respekt vor Napoleon (nur 164 cm), Sänger Prince (157 cm) und Schauspieler Danny de Vito (152 cm auf Zehenspitzen), die als kleine Menschen Großes geleistet haben, lieber, die Holländer sind im Schnitt die längsten Menschen. Wissenschaftler fanden bisher aber keine Anhaltspunkte, warum ausgerechnet eine der flachsten Gegenden überhaupt die Menschen so in die Höhe schießen lässt. Ist es die jahrhundertealte Angst vor der Sturmflut? Der unterbewusste Wille, watend alle anderen zu überleben? Oder gar das tiefinhalierte gute Gras?

Die meisten Deutschen haben tatsächlich Hanf im Sinn, wenn sie an Holland denken. Verwegen, wenn nicht gar verkommen wirkt es nämlich auf viele, dass es in Holland rund 750 sogenannte Coffeeshops gibt, Cafés also, in denen man Cannabis kaufen und konsumieren darf. Genauso verwegen scheint unseren Nachbarn aber unser fehlendes Tempolimit auf Autobahnen. Doch genauso wenig wie bei uns jeder Autofahrer auf der Überholspur jenseits der 200 km/h unterwegs ist, ist auch nicht jeder Holländer ein Kiffer. Übrigens ist nur der Konsum legal, nicht aber der Besitz von Cannabis, eine schwer zu verstehende Gesetzgebung, denn wie soll konsumiert werden, ohne dass jemand im Besitz der Droge ist beziehungsweise war? Der Konsum wird zwar geduldet, der Staat möchte sich aber die Verfolgung größerer Drogendealer vorbehalten.

So oder so, das Vorurteil vom holländischen Kiffer hält sich hartnäckig. Wie gerne unter Europäern Vorurteile gepflegt werden, zeigte jüngst die Titelgeschichte des ansonsten auf Seriosität bedachten Magazins *stern* zum Thema Niederlande. Sie lautete: «Holland – kicken, kiffen, Käse – unsere drolligen Nachbarn». Dabei wiederholte das Blatt einen großen Irrtum, dem wir Deutsche gern aufsitzen, nämlich den, dass Holland drollig ist – nur weil es im Vergleich zu Deutschland klein ist und nicht von achtzig, sondern nur von sechzehn Millionen Einwohnern bevölkert wird und sich Holländisch wie eine putzige Variante des Deutschen anhört. Dabei ist Holland alles andere als drollig. Es ist so drollig wie ein Porsche im Vergleich zu einem Reisebus, wie ein Augenlasergerät im Vergleich zu einem Hammer. Die Niederlande sind zwar eine kleine, dafür hochspezialisierte Nation. Wie sonst konnte ein Land mit einer Gesamtfläche von nur 41 528 km² zum weltweit drittgrößten Exporteur für landwirtschaftliche Erzeugnisse werden – nach den USA und Frankreich? Das ist umso erstaunlicher, wenn man bedenkt, dass nur 4 % der niederländischen Bevölkerung überhaupt in der Landwirtschaft arbeiten. Das drollige Holland schafft es mit einer maximal intensivierten Landwirtschaft fast auf Knopfdruck, den Weltmarkt mit

Gemüse, Getreide und Blumen zu überschwemmen. Und kaum galt die gemeine Hollandgurke oder Hollandtomate als Sinnbild für ein wenig schmackhaftes und gespritztes Industrieprodukt, wurde auf Biogemüse umgestellt. Was der Markt verlangt, wird geliefert. Ob Schnittblumen in Warschau, Käseauflauf in Freiburg oder Gemüsepfanne in Lissabon, meist hält man Ware aus den Niederlanden in den Händen. Klein zu sein heißt eben auch, wendiger zu sein.

Und um auch dieses vorurteilbelastete Thema ein für alle Mal abzuhaken: Ja, es gibt viele Wohnwagen in den Niederlanden. Die Holländer reisen gerne damit, aber rund 30 000 Bürger wohnen auch in einem Caravan. Sie sind allerdings nicht mit den deutschen Dauercampern zu vergleichen, denn diese wechseln beim ersten Herbstregen in ihre Wohnung in Bochum, der ärmere Holländer verbleibt indes ganzjährig im Wohnwagen. Der deutsche Staat hat schon früh nach dem Zweiten Weltkrieg darauf gedrängt, dass all die ausgebombten Menschen, die in Notunterkünften und Schreberlauben untergekommen waren, bald wieder in feste Häuser zogen. Die Letzten, jene die das beschauliche Leben im Holzhäuschen einer Wohnung vorzogen, wurden gezwungen. Bis heute ist es in Deutschland verboten, in Kleingärten zu wohnen. Holland verfolgt im Gegensatz dazu einen ähnlich lockeren Kurs in der Wohnungspolitik wie die USA. Auch dort gibt es viele Menschen in sogenannten Trailer Parks. Die Grenze zwischen Wohnwagen und Häusern ist dabei fließend. Erstere können riesig sein und luxuriös, Letztere bestehen oft aus Leichtbauwänden, sind einstöckig, ohne Keller und wirken mit etwas Phantasie wie ein großer Wohnwagen ohne Räder. Zum Abschluss des Vorurteile-Checks sei noch erwähnt, dass auch der holländische Fußball alles andere als drollig ist, er ist viel gefährlicher, als es Deutschen lieb sein kann. Ob Big Brother, Endemol oder einst Rudi Carrell; Tulpen, Gouda oder Urlaub, die Holländer bevorzugen es, den Deutschen etwas zu verkaufen, und die nehmen es begeistert an. Umgekehrt läuft der Handel allerdings nicht so gut.

Obwohl die Niederländer zu den Ur-Europäern gehören, fiel das «Nein» bei der Volksabstimmung zur europäischen Verfassung 2005 mit 61,6 % sehr deutlich aus. Das große, unübersichtliche Europa der 27 weckt in vielen ein befremdliches Gefühl. Dabei haben wir keine andere Wahl. Gerade die osteuropäischen Staaten, die früher zum Warschauer Pakt gehörten, auch gegen ihren Willen, können heute frei entscheiden, welchen Weg sie gehen wollen. Sollen wir ihnen die Tür vor der Nase zuschlagen? Ich halte es da mit dem Sprichwort: «Fünf sind geladen, zehn sind gekommen, gieß Wasser zur Suppe, heiß alle willkommen.» Im Moment ist die Phase, in der etwas Wasser in die Suppe geschüttet wird. Das, was die EU-Länder verbindet, wird etwas verwässert, die wirtschaftlichen und kulturellen Unterschiede zwischen den Mitgliedern sind größer als noch im Europa vor der Osterweiterung. Aber nach der Phase der Neuaufnahmen wird auch wieder eine Phase der Intensivierung folgen. Vielleicht mag bei den Niederländern die Angst vor fremden Kulturen eine Rolle gespielt haben, auch vor dem Hintergrund, dass mit der Türkei erstmals ein Land mit größtenteils muslimischer Bevölkerung den Weg nach Europa beschreiten will. Bei den jüngsten Krisen zwischen westlicher Kunst und Medien und Moslems nahmen die Niederlande eine ähnlich exponierte Rolle ein wie Dänemark. Der Schock über den Mord am niederländischen Regisseur Theo van Gogh, der wegen seines islamkritischen Films auf offener Straße von einem Islamisten erstochen wurde, sitzt bis heute tief. Mit Pym Fortyn wurde ein niederländischer Politiker Opfer eines Mordanschlags, der in der Auseinandersetzung mit dem Islam sagte, dieser sei rückständig.

Fortyns Auftritte waren schrill, er selbst homosexuell und rechtspopulistisch, eine Mischung, die es bisher so offen gelebt nur in den Niederlanden gab. Bei einer Diskussion zum Thema «kulturelle Verständigung» schockierte Fortyn einen Imam mit der Feststellung: «Ich kenne marokkanische Männer besser als Sie, ich gehe nämlich mit ihnen ins Bett.»

Dass es möglich ist, in den Niederlanden auf offener Straße politische Morde zu begehen, hat das Land erschüttert, ist es doch sonst extrem an Ausgleich orientiert. Die Niederlande waren stets liberal, weltoffen und immer so vernünftig, dass der Schriftsteller Geert Mak befand, Politik sei in seinem Land so aufregend wie ein nasser Lappen.

Eigentlich ist jedes vernünftige Handeln öde. Das gilt auch für das europäische Rauchverbot in Kneipen. Wie bei vielen Gesetzen gab es auch in diesem Fall zunächst eine Vorgabe aus Brüssel, die nach und nach durch die Regierungen der Einzelstaaten in nationales Recht umgesetzt werden musste. Auch holländische Gastronomen hat das Rauchverbot kalt erwischt, gilt es doch auch für Cannabis, wovon ich mich selbst überzeugen konnte, als ich durch Amsterdam radelte. Ich stellte mein spaciges Neonbike vor das *Abraxas*, einen Coffeeshop im Jonge Roelensteeg, und schloss es mit dem Panzercarbonstahlschloss an einen im Boden verankerten Betonpoller, denn jedes Rad, das nicht mit Panzerketten oder Granitstahlbügeln gesichert ist, wird sofort geklaut.

Wie erwartet empfing mich im Inneren des *Abraxas* anstatt süßliche Aromawolken, die bis dato immer zu einem Coffeeshop dazugehörten, eine geradezu nüchterne Atmosphäre. Ich setzte mich auf einen Fensterplatz, um das Fahrrad im Auge zu behalten, auch wenn es vielleicht etwas übertrieben war zu glauben, jemand könnte das Neonmonster mit der Werbung mitnehmen. Doch wer weiß? Schon als ich in der Nacht zuvor aus dem weißen Linienbus von *Eurolines* auf dem menschenleeren Busbahnhof ausgestiegen war, hatten uns aggressive Lautsprecherdurchsagen empfangen, die in Deutsch, Englisch, Französisch und vielen weiteren Sprachen über die verwaiste Fläche schallten: «Achtung, Achtung, lassen Sie kein Gepäck unbeaufsichtigt stehen! Es kommt immer wieder zu Diebstählen. Achten Sie auf Taschendiebe! Vorsicht!» Dies verunsicherte mich zunächst sehr, denn außer einer Handvoll Backpacker aus Deutschland und dem Busfahrer war weit und breit niemand zu sehen. Vielleicht hatten sich die Diebe unter Kanaldeckeln versteckt, die plötzlich aufklappten? Ich umklammerte den Griff meiner Tasche und kam sicher samt Gepäck in meinem Hotel an.

Nachdem mir der Kellner im *Abraxas* einen ganz normalen Kaffee serviert hatte, bot er mir die geniale Erfindung an, mit der die findigen Wirte das Rauchverbot erträglicher machen, einen Cannabis-Zerstäuber. Dieser entwickelt überhaupt keinen Rauch und darf infolgedessen auch benutzt werden. Außerdem soll er das Bewusstsein der Konsumenten erweitern, ohne dass diese dabei apathisch werden. Damit bewirkt er genau das Gegenteil der europäischen Integration, bei der mit jeder Erweiterung alle apathischer werden.

Ich nahm einen etwas skeptischen Zug aus dem Zerstäuber und dachte an den langen Weg, den wir zurückgelegt hatten von der Zeit, als alle Welt pausenlos Kette geraucht hat, man selbst in Fernseh-Talkshows vor lauter Qualm kaum die Gäste sehen konnte, bis hin zu einer Gesellschaft, die Tabak ächtet.

Trotz des Hickhacks ums Rauchen können wir Europäer froh sein, dass wir keine amerikanischen Verhältnisse haben. So ist es in Clubs in New York natürlich streng verboten zu rauchen, gleichzeitig kann man aber nicht wie bei uns mit einem Glas Wein und seinen Gauloises kurzerhand vor die Bar auf die Straße treten, denn im Freien ist es verboten, Alkohol zu trinken. Deshalb streiten sich alle um den Platz auf der Türschwelle, wo es möglich ist, den Drink in den Club zu halten und die Zigarette auf die Straße.

Die Europäer könnten bei der Streiterei ums Rauchen den Internationalen Gerichtshof in Den Haag anrufen oder, sofern sie Holländer sind, gleich mit dem Fahrrad hinfahren. Allerdings darf man hier nicht als singulärer Kettenraucher auftreten, denn der IGH vertritt das Recht der Vereinten Nationen und akzeptiert nur Staaten als Kläger – sie müssten also schon ein Vereinigtes Königreich der Raucher gründen oder so ähnlich. Außerdem diskutieren die Holländer kein Thema so verbissen wie Deutsche. Sie sind einfach zu vernünftig. Umso schlechter dürfte das Gewissen von Unmenschen der jüngeren Geschichte sein, die nie sicher sein können, ob sie nicht doch eines Tages an das Kriegsverbrechertribunal ausgeliefert werden, das ebenfalls seinen Sitz in Den Haag hat.

Die Niederlande sind als Standort für den Internationalen Gerichtshof und das Kriegsverbrechertribunal gut gewählt: Inmitten eines Landes, das so gemäßigt und vernünftig ist und dass durch friedliches Einpoldern sogar einen Weg gefunden hat, sein Territorium zu erweitern, ohne Nachbarn den Krieg zu erklären, erscheinen Kriegsverbrechen als das, was sie sind: Verbrechen an der Menschheit. Von hier geht ein friedliches Signal in die Welt hinaus, Deiche statt Panzer!

Kommen wir zu den kleinen Schwestern der Niederlande, Belgien und Luxemburg. Die drei bildeten einst gemeinsam die Beneluxstaaten und waren unter diesem Namen und der Herrschaft des niederländischen Königs vereinigt. Inzwischen sind sie zwar selbständig, doch die Sympathie war immer noch so groß, dass man schon 1944, als erste Länder in Europa, eine Zollunion gründete und die Grenzen entfernte. Klingt doch schon wie ein Vorgänger der EU, oder? War es auch. Aber es gibt noch ein kleineres EU-Modell: Belgien selbst. Der Ministaat, bekannt durch die berühmte Brüsseler Spitze und die phantastische belgische Schokolade, beherbergt auf seiner überschaubaren Fläche völlig unterschiedliche Völker: Flamen und Walonen. Im Norden spricht man flämisch, im Süden französisch und in Brüssel beides. Diese Stadt ist ideal als europäische Kapitale, weiß man hier doch schon lange, wie man hü und hott gleichzeitig macht und einen Staat jenseits einer Nation gestaltet. Immer wieder gibt es Ärger mit den Walonen, die laut überlegen, sich von Belgien zu lösen. Bei manchem Streit scheint es, als könne Belgien das neue Jugoslawien werden, also in noch kleinere Länder zersplittern. Vielvölkerstaaten liegen im Moment nicht im Trend. Trotzdem geht es in Belgien bis jetzt auch noch zusammen. Immerhin wurde dem kleinen zerstrittenen Land die Ehre zuteil, Zentrum aller wichtigen EU-Institutionen zu werden. Brüssel liegt genau in der Mitte der Gründungsländer und ist klein. Es hätte mehr Streit gegeben, hätten Paris oder Bonn und Berlin die Schaltstellen der Macht beherbergen wollen. Das sieht man an dem Zank darum, ob die Europäische Zentralbank in Frankfurt ihre Adresse beziehen sollte oder nicht. Nach langem Hin und Her klappte es schließlich doch. Wäre die Zentralbank gleich nach Brüssel gezogen, hätte wahrscheinlich niemand etwas gesagt.

Die kleinste der Beneluxschwestern ist Luxemburg, eine Art Staaten-Discounter, lockt das Großherzogtum doch mit Dumpingsteuersätzen, zum Beispiel einer Mehrwertsteuer, die mit 15 % die niedrigste in Europa ist. Das führt auch zu konkurrenzlos günstigen Spritpreisen und damit zu einem hysterischen Tanktourismus. Gleich hinter der luxemburgischen Grenze finden sich fußballfeldgroße Tankstellen mit Dutzenden von Zapfsäulen, um den Andrang zu befriedigen. Trotz moderater Steuersätze spült allein der Kraftstoffverkauf 600 Millionen Euro pro Jahr in die Kasse des Großfürstentums. Für den Durchschnitts-Luxemburger wahrscheinlich Peanuts, um einen Begriff aus einer Branche zu nehmen, in der im kleinen Großherzogtum mehr als jeder Zehnte arbeitet: Das Bankengeschäft macht fast die Hälfte des Bruttosozialprodukts aus. Der Erfolg der Banken beruht, ähnlich wie in Liechtenstein, auf absoluter Diskretion, was heißt, dass nicht genau gefragt wird, woher angelegtes Geld kommt oder ob es zuvor versteuert worden ist. Dumm, dass ausgerechnet in Liechtenstein, einem weiteren kleinen Bankentrüffel mitten in Europa, dieses Vertrauen jüngst arg gelitten hat, nachdem ein geschasster Bankangestellter dem deutschen Fiskus eine CD-ROM mit unzähligen Namen von Steuerhinterziehern zugeschickt hat. Wie? Sie haben noch keinen Brief vom Finanzamt bekommen, in dem ein paar Fragen in Zusammenhang mit Ihrem Namen und dieser CD-ROM aufgeworfen werden? Dann gehören Sie wohl nicht zu den mehreren tausend deutschen Leistungsträgern, denen der Finanzminister schon mal nahegelegt hat, sich selbst anzuzeigen. Wahrscheinlich gehören Sie eher zu den rund 40 Millionen Deppen, denen der Staat am 1. jedes Monats einfach die Hälfte vom Erschufteten vom Konto abbucht, womit Sie auch keinen Bedarf nach besonders diskreten Dienstleistungen aus Luxemburg oder Liechtenstein haben, es sei denn, es handelt sich um einen besonders diskreten Dispositionskredit.

Seit dem Skandal von Liechtenstein machen sich auch Banker in Luxemburg und der Schweiz Sorgen um ihre Klientel. Wird sie auch weiterhin noch so viel Geld schicken wie bisher? Oder wird aus dem Bankenparadies etwa bald eine Bankensavanne? Immerhin erwirtschaftet Luxemburg mit diesem Geld hohe Gewinne und kann stolz auf das zweithöchste Pro-Kopf-Einkommen der Welt sein. Jetzt fragen Sie sich bestimmt, welches Land denn das höchste Pro-Kopf-Einkommen der Welt für sich verzeichnen kann. Saudi Arabien? Nein, ganz kalt. Die Schweiz? Gut, es wird wärmer, gucken Sie mal ein bisschen weiter im Süden, nein, doch nicht Italien, die haben doch sogar Probleme, den wirtschaftlichen Anschluss an Europa nicht zu verlieren, aber in Italien liegt der Supertrüffel: der Vatikanstaat. Hier wird das höchste Pro-Kopf-Einkommen der Welt erzielt. Die hohen Gewinne werden dabei aus – man könnte freundlich sagen – Dienstleistungen erwirtschaftet. Man könnte aber auch sagen, der Vatikanstaat erzielt sein Einkommen aus Schutzgeldern. Schließlich droht allen, die nicht Mitglied in der katholischen Kirche sind und Kirchensteuer bezahlen, das Höllenfeuer. Gut, die Erde dreht sich um die Sonne und nicht umgekehrt, da hat man sich wie gesagt der Naturwissenschaft etwas angenähert, aber das Höllenfeuer ist noch da, für alle, die nicht überweisen.

Es scheint, die Kleinen sind die Feinen in Europa. Die drei Beneluxschwestern sind zwar nicht groß, aber insgesamt reich. Wäre es nicht auch für eine strukturschwache Region wie Mecklenburg und die Stadt Schwerin eine verheißungsvolle Perspektive, statt öder Teil eines relativ armen Bundeslandes zu sein, wieder als Großherzogtum aufzutreten, so wie es Luxemburg noch heute macht? Mit attraktiven Steuersätzen und Billigsprit ließen sich so leicht die Wirtschaft ankurbeln und unzählige Postkastenfirmen auf mecklenburgischen Sandboden locken.

Luxemburg blieb zwar immer selbständig, gehörte aber wie seine Beneluxschwestern zum bevorzugten Durchmarschgebiet, wenn deutsche Truppen mal wieder Frankreich überfallen wollten. Wenn man eher klein und damit schwach ist, nützt einem auch die Neutralität nichts. Während Belgien und Luxemburg schon im Ersten Weltkrieg vom Deutschen Reich besetzt wurden, konnten sich die Niederlande mit ihrer Neutralität aus dem Drama heraushalten. Leider funktionierte diese Taktik einen Krieg später nicht mehr. Frankreich hatte an der Grenze zum Deutschen Reich eine lange, stark befestigte Verteidigungslinie errichtet. Um diese zu umgehen und von Norden her anzugreifen, befahl Hitler kurzerhand den Marsch durch Holland, inklusive seiner Besetzung. In nur drei Tagen war der kleine Nachbar zertrampelt worden. Juden, Kommunisten, Sozialdemokraten und unbeugsame Künstler, die kurz zuvor aus Deutschland extra in die neutralen Niederlande geflohen waren, mussten nun sehen, dass sie schnellstens wegkamen, nach Amerika, Schweden oder in die Schweiz. Aber gerade das gelang nur wenigen. Da die Holländer in größerem Umfang mit den Deutschen kooperierten als andere besetzte Länder wie Frankreich oder besonders Dänemark, überlebte nur jeder Sechste aus den verfolgten Gruppen. Anne Frank, jenes kleine jüdische Mädchen aus Amsterdam, das so herrlich schreiben konnte und dessen Tagebuch bis heute die Menschen berührt, wäre ganz sicher eine große Schriftstellerin, wenn sie denn noch lebte.

Was bleibt noch über die drei Schwestern aus Benelux zu sagen? Sie gehören seit dem ersten Tag der EG zur Familie und können ein Vorbild für neue kleine Familienmitglieder sein, die sich Sorgen machen, von den großen untergebuttert zu werden. Luxemburg und die Niederlande sind hoch entwickelt und stark. Belgien hat zwar eine etwas schwache Provinz in Flamen, dafür ein umso selbstbewussteres Brüssel. Die drei Schwestern liegen im Herzen Europas. Und auch wenn es unter Schwestern nun mal dazugehört, sich zu streiten und mit Kleinigkeiten zu ärgern, wissen sie doch immer, was sie am anderen haben, wenn es darum geht, sich gegen die wirklich Großen zu verbünden.

IRLAND
VOM PALÄSTINA GROSSBRITANNIENS ZUM TIGERSTAAT

Arbeite, als würdest du kein Geld brauchen,
liebe, als hätte dich noch nie jemand verletzt,
tanze, als würde keiner hinschauen,
singe, als würde keiner zuhören,
lebe, als wäre das Paradies auf Erden.

Irisches Sprichwort

Seit Ewigkeiten wehen eilige Wolken vom Atlantik her und ziehen über die vielbesungene «grüne Insel» hinweg. Jeden Tag lässt der Regen aus ebendiesen Wolken auf jedem Quadratzentimeter des Landes dichtes grünes Gras wachsen, selbst in Mauerritzen und auf den Dächern verlassener Häuser sprießt es vor sich hin. Aber es ist kein Dauerregen, wie ich ihn aus Norddeutschland kenne. Fängt es bei uns erst mal an, hört es nicht mehr auf. Die Wolken in Irland haben jedoch noch andere Termine in Wales und Cornwall, und so, wie es jeden Tag regnet, kommt auch jeden Tag die Sonne hervor und lässt das alles beherrschende Grün wieder leuchten.

In Irland stehen zahlreiche verlassene Häuser, deren Mauern und Dächer von der Natur zurückerobert wurden. Als ich mit Tim von *Clifden* nach *Sligo* wanderte, sahen wir sie jeden Tag. Die meisten von ihnen hatten kein Dach mehr, viele nicht mal mehr Mauern. Manchmal stand nur noch der stabilste Teil des Hauses, der Schornstein mit Kamin, einsam in der Landschaft. Aus Irland sind die Menschen über Jahrhunderte abgehauen, immer schien es woanders besser zu sein. Für uns

Wanderer stellten die verlassenen Häuser mitunter einen unverhofften Luxus dar. Entdeckten wir am frühen Abend wieder eine guterhaltene Ruine, oft mit spektakulärem Blick über eine Bucht auf den Atlantik hinaus, zogen wir sie dankend unserem winzigen Igluzelt vor. Wenn wir Glück hatten, funktionierten sogar die Kamine noch, und wir konnten den Abend vor einem stattlichen Feuer verbringen. Während wir unsere Pfeifen stopften, fragten wir uns, wer wohl früher in diesen Häusern gewohnt haben mag. Jede der Tausenden Ruinen in Irland steht für eine Familie, die das Weite suchte und nach England, Amerika oder Australien ging; die es vorzog, in der Fremde kein Haus zu haben, dafür mit Glück eine Arbeit zu finden und ein neues Leben zu beginnen. So schön Irland auch ist, die verdammte Scholle gab immer zu wenig her, um dortzubleiben. Der von Felsen durchzogene Boden ist für die Landwirtschaft vielerorts nicht geeignet, vor allem an der Westküste.

Die Wut der Iren kommt nicht von ungefähr, jahrhundertelang wurden sie von Großbritannien beherrscht, ausgesaugt und im Stich gelassen. Die wenigen fruchtbaren Äcker im Landesinneren gehörten Großgrundbesitzern aus England. Die Iren wurden zu Pächtern degradiert, die Vieh aus der Zucht und die gesamte Getreideernte an ihre «Vermieter» als Pacht abliefern mussten, derweil sie sich selbst von Kartoffeln ernährten. Selbst wenn es zu Missernten kam, pressten die Großgrundbesitzer mit aller Macht ihre Pacht aus den Höfen. Das ging sogar so weit, dass hungernde Familien mit Hilfe von Polizei und Militär von den Höfen vertrieben wurden. Den Tiefpunkt markiert die *Gorta Mór*, wie es auf Gälisch, der alten Landessprache, heißt, die große Hungersnot ab 1845. Eine Abfolge von bitterkalten Sommern hatte gleich mehrere Ernten ausfallen lassen, besonders betroffen war die Kartoffelernte. Wer mit hungrigem Magen in klammen Häusern saß und kein Geld hatte, sich zu betrinken, kam schnell auf den Gedanken, dass es wohl das Beste sei, einfach ein Schiff zu besteigen und in Amerika sein Glück zu versuchen. Wo konnte es schöner sein als in diesem riesigen, neuen

Land, das aufgebaut werden wollte und größtenteils ein angenehmes Klima bot? Kein Land hat so große Anteile seiner Bevölkerung durch Emigration verloren wie Irland. 6,5 Millionen Einwohner hatte es noch bis zur großen Hungersnot, die mindestens einer halben Million Menschen das Leben kostete. Eine weitere Million fand noch die Kraft, der unwirtlichen Insel den Rücken zu kehren und Auswandererschiffe zu besteigen, die genauso verdreckt und verwahrlost waren wie Irland selbst. Der Auswandererfluss versiegte lange nicht, erst 1960, als die Einwohnerzahl auf 2,82 Millionen gesunken war, war der Tiefststand erreicht. Weit über die Hälfte aller irischen Einwohner hatte der Insel in 120 Jahren den Rücken gekehrt. Inzwischen ist die Bevölkerung auf immerhin 4,2 Millionen wieder angewachsen.

Während Tim und ich vor dem warmen Feuer das aßen, was Iren essen – weißen Toast der Marke *Mother's Pride* mit Marmelade oder Tomaten aus einem der bescheidenen Lebensmittelläden –, schauderte ich bei dem Gedanken an all die Menschen, denen erst die Nahrung, dann das Brennholz und schließlich sogar die Torfklumpen ausgingen. Frank McCourt beschrieb in seinem Buch «Die Asche meiner Mutter» eindringlich die Hoffnungslosigkeit, die seine Familie nach New York auswandern ließ.

Die kurzen Pausen, in denen der Regen nachlässt und die Sonne einen Blick auf die nächste Wolkenfront zulässt, reichen in Irland gerade, um zum nächsten Pub zu laufen. Es gibt ihrer auffallend viele, sind sie doch ein Wohnzimmerersatz. Warum auch zu Hause hocken bleiben? Im Pub ist immer was los, und bei einem guten Pint Lager oder Smithwick's lässt es sich vorzüglich über Brüssel aufregen. Selbst kleinste Ortschaften haben mehrere Kneipen. Sogar an Kreuzungen drittklassiger Landstraßen, an denen weiße Wegweiser mit schwarzer Schrift in Englisch und Gälisch die Richtung weisen, entdeckten wir Pubs, in Alleinlage, ohne Dorf. Trotzdem gibt es genügend Gäste, die mit dem Fahrrad oder einem verbeulten Ford Orion von entlegenen

Höfen kommen und sich von einfachen Werbebotschaften verführen lassen, *Guinness is good for you*.

An meinem ersten Tag in Irland 1988 lernte ich in einem solchen Pub die Gastfreundschaft und betörend eintönige Lebensart der Iren kennen. Nachdem ich von Dublin in den Nordwesten getrampt war, saß ich dank einiger schneller Lifts schon am Nachmittag am Tresen von *O'Neil's Bar* in Sligo. Ich wartete auf meine deutschen Freunde, deren Anreise sich verspätete, und teilte mir die Kneipe mit dem einzigen weiteren Gast, einer alten Dame, die ihre Regenhaube nicht abgenommen hatte. Während ich bei einem Pint Guinness Tagebuch schrieb, kippte sie alle fünfzehn Minuten eine Art Likör aus einem kleinen Glas hinunter und nahm ansonsten weder von mir Notiz noch von dem Pferderennen, das auf einem an die Wand geschraubten Fernseher zu sehen war.

Gegen Abend füllte sich der Pub, es wurde gelacht, laut geredet, und nach und nach kamen immer mehr verschrobene Typen mit Instrumenten herein. Zwei hatten Geigen, zwei Gitarren, einer ein Banjo, und der Letzte erschien mit einem Bodhrán, jener irischen Handtrommel, die man sich aufs Knie stellt und mit einem Holzklöppel schlägt. Während hierzulande Volksmusik für die meisten Menschen gestorben ist und man nicht weiß, ob daran die Nazis oder Marianne und Michael schuld sind, ist Folk Music in Irland absolut lebendig. Lange Sessions am Freitag- oder Samstagabend sind keine Seltenheit. Hier wird nicht für Touristen gespielt, sondern für einen selbst. Dabei greift man – ähnlich wie Jazzmusiker – auf einen Pool von unzähligen *Tunes*, *Reels* oder *Slow Airs* zurück.

Die Musiker im Pub von Sligo hatten einen runden Tisch besetzt, und sobald einer der Geiger eine Melodie anstimmte, stiegen die anderen mit ein. Die alte Dame wippte mit dem Kopf und kippte weiterhin einen Likör nach dem anderen. Ein Mann mit Sakko und Pluderhose, der an der Bar lehnte, stimmte nach dem Ende eines Stückes ein Lied an. Zunächst schien es aussichtslos, dass er mit unverstärkter Stimme gegen den Lärm der Gäste ankommen würde, aber in diesem Moment sah ich, wie viel den Iren Musik bedeutete: Sobald die Gäste bemerkten, dass jemand angefangen hatte, ein Lied zu singen, brachten sie sich gegenseitig zum Schweigen, und der ganze Pub lauschte still dem Herrn an der Bar, bis er seinen letzten Ton gesungen hatte. Erst dann setzten die Unterhaltungen wieder ein.

Ich kam mit einem Kerl mit Cowboyhut ins Gespräch, der wenig später aus einem alten Kombi Boxen und eine Stahlsaitengitarre heranschleppte und damit begann, Countrylieder zu singen. In dem Moment wurde mir klar, dass auch Iren nicht vor schlechtem Geschmack gefeit sind.

Da meine Freunde bis dato nicht aufgetaucht waren, freute ich mich nichtsdestotrotz über sein Angebot, bei ihm zu übernachten. Ich hätte sonst im Dunkeln eine Wiese suchen und mein Zelt aufbauen müssen, und wer weiß, ob dann nicht von irgendwoher die berüchtigten Kerry-Gold-Kühe angekommen wären und mein Zelt zertrampelt hätten.

Gegen Mitternacht saß ich schließlich zwischen den Verstärkerboxen auf dem Rücksitz des Kombis, und der Cowboy heizte die engen Landstraßen, allesamt mit hohen Naturmauern eingefasst, zu einem entfernten Gehöft hinauf. Neben ihm seine Mutter, jene alte Dame mit dem beeindruckenden Likörkonsum, die bei jeder zu schnell genommenen Kurve kicherte.

Auf dem Hof angekommen, durfte ich ein Sofa im Wohnzimmer belegen. Als der Cowboy mich dort am nächsten Morgen entdeckte, konnte er sich nicht mehr erinnern, dass er mich mitgenommen hatte. Er spendierte mir trotzdem einen Toast mit Marmelade und einen Becher Tee, brachte seine Mutter und mich wieder zurück nach Sligo und setzte uns vor dem Pub ab. Ich bezog wieder meinen Tisch und wartete auf die Ankunft meiner Freunde. Auch die alte Dame nahm wieder an ihrem angestammten Tisch Platz, ignorierte mich und bestellte alle fünfzehn Minuten einen neuen Likör. Ein lautes «Tom!» reichte, und der Wirt füllte nach.

In all meinen Begegnungen mit Iren erfuhr ich jene ruppige Herzlichkeit wie die des Cowboys; eigentlich waren die Inselbewohner immer bereit, die Welt zu umarmen. Ihr Selbstbewusstsein strahlte noch durch das mieseste Wetter, ihr Stolz ruhte auf – ja, auf was eigentlich? Ire zu sein? Viel, um anzugeben, hatte man ja nie: Die Iren hatten nie eigene Kolonien in der Welt, nie eine wirkliche Blütezeit, sie lebten lange unter dem Knüppel der Briten. Entsprechend groß war der Hass auf alles Englische.

Wie die Franzosen versuchten auch die Iren ihre Nation, ihre Republik mit einer Revolution zu begründen, aber das Glück war lange nicht auf ihrer Seite. Es gab zwar immer wieder Aufstände, aber alle wurden blutig niedergeschlagen, man hatte zu wenig Waffen, war schlecht organisiert und zog den Kürzeren. Auch der Osteraufstand 1916, die größte Revolte in der irischen Geschichte, wurde zunächst ein Fiasko, da das irische Lager in der Frage, ob man mit den Briten kooperieren kann, gespalten war. Erst nach der Exekution der Rädelsführer durch die Briten wurde aus beiden Lagern eines, dessen Wut für mehrere Jahre Guerillakrieg reichte. Am Ende gewährte Großbritannien 1921 immerhin 26 von 32 irischen Counties die Unabhängigkeit. Nordirland indes verblieb im Königreich, wodurch der Grundstein für einen erbitterten Konflikt zwischen Protestanten (wohlhabende Siedler aus Großbritannien) und Katholiken (die alteingesessenen, oftmals ärmeren Iren) gelegt wurde, der erst in den letzten Jahren an Schärfe verloren hat.

Bei all den Streitigkeiten auf dem europäischen Schulhof war Irland für England stets ein nerviger kleiner Aufsässiger, dem man im Vorbeigehen eine Kopfnuss spendieren konnte und den man, sollte er einen Spruch wagen, ohne Mühe auf den Boden warf und ihn Gras fressen ließ – davon gab es schließlich genug.

Logischerweise musste jeder Feind Großbritanniens irgendwann auf die Idee kommen, sich die Wut der Iren zunutze zu machen. So schickten die Spanier schon 1601 über 3500 Soldaten, um die Iren im Kampf gegen die britische Krone zu unterstützen, wie immer ohne Erfolg. Diese Fußnoten der Geschichte spielten sich nach dem immer selben Muster ab: Spanier, Franzosen und Deutsche schickten Kundschafter nach Irland, um zu sondieren, mit welchem militärischen Potenzial gegen die Briten man rechnen konnte, wenn man die Iren unterstützte. Deren Ankündigungen fielen dann so kämpferisch aus, als fragte man heutzutage radikale Islamisten, was sie am liebsten mit den Amerikanern machen würden.

Als es 1796 mal wieder zu Aufständen der Iren kam, konnte der Anführer der *Society of the United Irishmen,* Wolfe Tone, sogar Napoleon davon überzeugen, Soldaten zur Unterstützung der Iren gegen England zu schicken. 2000 Männer verschiffte der französische Herrscher, die in einer chaotischen Schlacht an der Seite von mit Mistgabeln und Spaten bewaffneten Iren die Übersicht verloren und von den Briten geschlagen wurden.

Im Zweiten Weltkrieg war Irland offiziell neutral. Die Regierung ging zwar geheime Absprachen mit London ein, aber Männer in allen Pubs der Insel freuten sich, dass die Briten zunächst gehörig Prügel einstecken mussten. Die über Jahrhunderte kultivierte Abneigung gegen die englische Krone zeigte sich auch in einem kleinen, aber bezeichnenden Detail. Als Hitler sich am 30. April 1945 das Leben nahm, schickte erwartungsgemäß kein Staat ein Kondolenzschreiben. Alle Welt war froh, den Diktator endlich los zu sein. Nur der deutsche Botschafter in Dublin erhielt einen Brief der Republik Irland, die zum Tode des «Reichskanzlers» kondolierte.

Lange war Irland der Gazastreifen Europas, besetzt, zornig und ohne Perspektive. Bis zum Eintritt in die EU 1972 blieb es das europäische Armenhaus. Heute rangiert es – hier kommt der Zaubertrick – beim Pro-Kopf-Einkommen auf Platz 1 der EU. Wie konnte dies gelingen?

Zum einen lockte die Republik mit Unternehmenssteuern von maximal 12,5 Prozent große Firmen ins Land. So haben Giganten wie Microsoft oder Google in Irland ihren Europasitz. Mit ihrer Bugwelle kamen auch Tausende von kleineren IT-Firmen und Dienstleistern. Zum anderen standen Irland als ärmstem Land in der EU große Finanzhilfen aus Brüssel zu. Insgesamt 40 Milliarden Euro pumpte die EU zur Grundsanierung der feuchten Insel nach Dublin, das macht pro Iren fast 10 Millionen Euro. Komischerweise hat es sich nicht bis an die Bars der Pubs herumgesprochen, dass der EU-Beitritt für die Iren der Beginn einer finanziellen Erfolgsgeschichte war. Lokalpolitiker verstärken die Skepsis der Iren gegenüber Europa noch, indem sie Erfolge auf ihr Konto verbuchen und Misserfolge der EU zuschieben. Deren Politiker waren im Sommer 2008 völlig fassungslos, als die Iren in einer Volksabstimmung den Vertrag von Lissabon, der wichtige Reformen für Europa vorsieht, mit rund 53 % ablehnten. Da wegen des regnerischen Wetters nur wenige überhaupt zur Abstimmung gegangen waren, reichte das «No» von 862 415 Iren, um das Reformwerk für fast 500 Millionen Europäer zu stoppen.

In Brüssel hätte man sich etwas mehr Dankbarkeit gewünscht. Aber den Grund für den Wirtschaftsaufschwung sähen die meisten Iren nicht im EU-Beitritt, sondern vielmehr in ihrer eigenen Schläue, stellte die Zeitung *Die Welt* damals resigniert fest. Dabei sind die Inhalte des Vertrages nicht mal der Grund für das irische No gewesen, vielmehr hatten es die Gegner der Verfassung geschafft, durch einseitige Schreckensmeldungen den Wählern die EU madig zu machen, indem sie zum Beispiel davor warnten, dass Brüssel in Irland die Prostitution und Abtreibungen legalisieren wolle – es fehlte eigentlich nur noch, dass sie das Schreckgespenst vom Rechtsverkehr an die Wand gemalt hätten.

Daran sieht man einmal mehr: Aufklärung ist eine empfindliche Pflanze, die gehegt, gepflegt und immer gegossen werden muss. Verdummung und Radikalismus sind dagegen Unkraut, das wie von alleine wächst. Mit dem «Non» und «Nee» aus Frankreich und den Niederlanden 2005 und dem «No» aus Irland 2008 ist die europäische Integration zum Stillstand gekommen. Tatsächlich fordern viele eine Pause beim weiteren Weg der EU, doch Jacques Delors, der früher als Präsident der EG-Kommission wirkte, warnte, Europa sei ein Fahrrad. Es müsse immer in Bewegung bleiben, hielte man es an, fiele es um.

Da die Iren jahrhundertelang gegen die übermächtigen Briten aufbegehrten, verwundert es vielleicht nicht, dass gerade sie einen Nachholbedarf im «Nein»-Sagen haben, wenn ein Riese wie die EU um Handzeichen bittet, so schade und unklug ich es auch finde.

Das Leben in der Bridge Street in Sligo hat sich durch den EU-Beitritt eh nicht verändert, die großen Gehälter, die Irlands durchschnittliches Einkommen nach oben katapultieren, verdienen nicht die Einwohner hier, sondern die smarten Dienstleister in Dublin und im Süden der Insel. In *O'Neil's Bar* wird weiterhin gestritten, gesungen und Geige gespielt, und wenn die alte Dame noch nicht gestorben ist, sitzt sie noch heute jeden Nachmittag an ihrem Tisch und kippt Liköre.

FINNLAND
KEIN NETZ IN LAPPLAND

Seit Jahren schon versucht die Polizei, Jul Bock wegen Trunkenheit am Schlittenzügel zu fassen, doch bisher ist kein Fahrzeug entwickelt, das es mit dem Affenzahn des Weihnachtsrentiers aufnimmt.

Mauri Antero Numminen

Das Künstlerleben birgt viele Vorteile: Man kann jeden Tag schlafen, so lange man will, lernt haufenweise illustre Persönlichkeiten kennen, wird mit Ruhm überhäuft, bewundert – vielleicht vergöttert –, aber das vielleicht schönste Privileg ist, Kreuzfahrten machen zu können, ohne dafür bezahlen zu müssen. Im Gegenteil, die Reedereien entlohnen einen auch noch dafür, dass man überhaupt anwesend ist und die üblichen Tischgespräche über den Markt für Dämm- und Isolierstoffe in Hessen oder den Arbeitgeberverband der mittelständischen Sanitärbetriebe mit seinen famosen Geschichten bereichert. Etwa jener, als ich mit dem Stargitarristen Paco de Lucia nach einem ausverkauften Konzert in der Hamburger Musikhalle ein italienisches Restaurant aufsuchte und der Kellner de Lucia wegen seines Gitarrenkoffers den Eintritt mit den Worten «Keine Musik, bitte!» verwehren wollte. Die Gäste am Kapitänstisch saugten jedes Detail so lustvoll schweigend in sich auf wie die doppelt reduzierte Bouillon, Gang eins einer endlosen Kette von Gängen. Kaum zu glauben, dass der spanische Ausnahmemusiker mit seinen filigranen Fingern zwei Stühle und die Nase des Wirtes aus Ankara zerbrochen haben soll!

In diesem Moment kam der zweite Gang. Sechs befrackte Kellner tauchten wie ein Schatten hinter jedem Stuhl auf, verharrten kurz, um nach kurzem Blickkontakt untereinander mit einer synchronen Bewegung sechs Silberteller lautlos auf den Tisch gleiten zu lassen und mit einem weiteren formvollendeten Schwung von den Silberglocken zu befreien. Jakobsmuscheln auf gratiniertem Fenchelbett an Salbei-Safran-Schaum, guten Appetit.

Auch wenn es bei Ihnen zu Hause weniger fein zugeht, sollten Sie sich bei Ihrer ersten Kreuzfahrt keinesfalls von den sechs Gläsern und rund zwölf Besteckteilen an Ihrem Teller verunsichern lassen. Das Beste ist immer, man macht erst mal gar nichts. Das fängt schon bei der Tischwahl an. Sie sollten sich auf keinen Fall einfach irgendwohin setzen, wo Sie es vielleicht nett finden, sondern warten, bis der Maître d'Hôtel Sie zum Tisch führt. Der Stuhl wird zurechtgerückt, Sie gleiten auf das Polster und werden Zeuge, wie Ihnen eine fremde Person die Serviette auf den Schoß legt. Da Sie sich niemals selbst einschenken, sondern stets der Sommelier, besteht auch keine Gefahr, das falsche Glas zu erwischen. Beim Besteck gilt, es immer von außen nach innen zu benutzen, der kleine Teller links mit dem gestauchten Messer ist für Brot. Die Handgelenke verbleiben an der Tischkante, Herumfuchteln ist verpönt. Auch wenn Sie von Ihrer Mondmission berichten, dürfen Sie die Route nicht mit der Gabel in der Luft nachzeichnen. Wollen Sie aufstehen, machen Sie es nicht einfach, sondern deuten es nur an, sodass der Kellner noch die Gelegenheit hat, den Stuhl abzurücken. Auf dem Weg in Ihre Suite können Sie noch in der Havanna-Bar eine Rast einlegen und bezeichnenderweise unter dem Portrait von Che Guevara eine Cohiba für 140 Euro zu einem starken Mocca paffen. Gerne schneidet der Barmann die Zigarre an und gibt Ihnen mit langen Zedernholzspänen Feuer.

Auf solchen Kreuzfahrtschiffen ist alles gepflegt, jeder Winkel und die Langeweile der meisten Passagiere ebenso. Umso durstiger sind sie nach Geschichten von Menschen, die ihr Leben der Kunst verschrieben haben, die für ihr Werk vergehen wie eine Kerze, die man an beiden

Enden angesteckt hat, immer dicht am Wahnsinn, kurz, nach Menschen wie mich. Sie lieben das Authentische dieser rastlos Getriebenen, die ganz nebenbei einige Krümel ihres Schaffens in eine Lesung rieseln lassen und ansonsten die Beine hochlegen und den lieben Gott einen guten Mann sein lassen.

Ich hatte das große Glück, einige nordische Länder mit der MS Europa erneut bereisen zu dürfen, die ich früher mit dem Rucksack erkundet hatte. Wir fuhren von Helsinki über Stockholm, Kopenhagen und Oslo bis hinauf ins kalte Reykjavik auf Island. Schnell musste ich feststellen: Europas nördliches Ende wirkt von der Bar auf dem Pooldeck viel lieblicher, als wenn man sich durch selbiges mit mückenzerstochenen Beinen schleppt, auf dem Rücken einen schweren Rucksack voller Konserven, dessen Trageriemen sich einem in die Schultern graben. Ich bin ganz ehrlich, der Komfort des mit 5-Sterne-plus luxuriösesten Kreuzfahrtschiffes weltweit ist eine angemessene Entschädigung für all die Nächte in einem undichten Zelt, für die oft panische Flucht vor Kühen, die einen auf einer Koppel entdeckt hatten, für all die Blessuren, die Disteln und Brennnesseln auf den Beinen eines jungen Mannes hinterlassen, wenn dieser, von einem Elch aufgeschreckt, hastig die Böschung herunterrutscht.

War es so nicht viel schöner: Zwei Wochen lang wurde mir jedes Obst klein geschnitten und auf einem Silberteller serviert, hörte ich unzählige Male das traurig intonierte «I did it my way» des Barpianisten und schlief in einem Kingsize-Bett, dessen Decke jeden Abend vom Zimmermädchen aufgeschlagen wurde, damit ich diesen lästigen Handgriff nicht selbst machen musste. Ich sah die Schwanzflossen der Wale im Nordmeer, viel schöner als auf jedem Greenpeace-Plakat, konnte nachts um zwei ein Buch lesen, ohne eine Lampe einzuschalten, entdeckte erst am letzten Tag, dass es einen Fitnessbereich gab, trank manchen Glenfiddich zu viel und stellte fest, dass auf einem Kreuzfahrtschiff die Grenze zwischen Entspannung und Verwesung fließend ist.

Zum Glück wartete bei jedem Landgang ein putzmunteres Land auf uns. Eines haben Finnland, Schweden, Norwegen und natürlich Dänemark gemeinsam: Sie sind erstaunlich modern, produktiv, kurz, in jeder Kategorie «on the top», obwohl diese Staaten auf einem Breitengrad liegen, auf dem sich mit Sibirien, Alaska, Kanada und Grönland ansonsten nur Gegenden finden, in denen sich kaum Menschen, sondern neben dickem Packeis nur Moose und Flechten durchgesetzt haben. Bedanken dürfen sich die nordischen Länder Europas für die Bevorteilung wie so oft beim Golfstrom mit seiner wärmenden Großzügigkeit. Er sorgt auf den Kanalinseln vor England für ein Klima, in dem selbst Palmen gerne ihren ersten Wohnsitz anmelden, und in Finnland immerhin noch dafür, dass nicht der größte Teil des Landes von einer Permafrostschicht bedeckt ist. Trotzdem haben die langen Winternächte hier oben einen Menschenschlag geprägt, der nicht eben als besonders heißblütig und aufgedreht gilt. Kann man sich in den nordischen Hauptstädten im Winter noch an den Lichtern der Großstadt wärmen, sieht es auf dem Lande düster aus. Mehrere Wochen ist es so gut wie dunkel. Polizisten im finnischen Kuusamo fragen Verdächtige bei Verhören durchaus mal: «Wo waren Sie in der Nacht vom 1. November bis zum 1. März?» Da braucht man ein wirklich gutes Alibi.

Das Klima scheint einen großen Einfluss auf die Gemütslage der Menschen zu haben, was man auch an der Tangowelle sehen kann, die 1919 ganz Europa erreichte und sich in Finnland bis heute zu einer ganz eigenen, besonders melancholischen, unverkrampften Form des Tanzes weiterentwickelt hat.

Finnland war lange Zeit trauriger Tabellenführer in der Liga der höchsten Freitodrate in der EU. Erst durch den Beitritt der baltischen Republiken rückte Litauen auf Platz 1 mit 44 Selbstmorden pro 100 000 Einwohner. Das kleine Land rund um Vilnius teilt sich mit den Nordlichtern ein raues Klima, kombiniert dies aber mit einer wirtschaftlich schlechteren Lage und freiem Zugang zu Alkohol – eine oft tödliche

Mischung. Deshalb gingen die Finnen früh daran, den Alkoholkonsum zu bekämpfen, konnten sie doch den Lauf der Sonne nicht beeinflussen.

In sonnigen Ländern trifft man sonnigere Gemüter. So stieß ein deutsches Fernsehteam beim Versuch, eine Reportage über die deprimierenden Lebensumstände einer Familie im Senegal zu drehen, auf den unverwüstlichen Optimismus der Portraitierten. Zwölf Menschen in einer Hütte, das sei – so der Reporter – ein unhaltbarer Zustand. Doch die Bewohner befanden, ihre Hütte sei klasse, viel größer als die letzte und besser gegen Regen geschützt. Aber die Tatsache, dass die Großfamilie durch das Sammeln von Alteisen und den Verkauf von Selbstgebackenem über die Runden gebracht werden müsse, sei doch eine dramatische Situation. Der Vater korrigierte lachend: Alteisensammeln sei einfach genial und bringe viel mehr als seine letzte Tätigkeit, als er noch Kuhfladen trocknete und versuchte, diese als Heizmaterial zu verkaufen. Die Familie wollte sich einfach nicht einreden lassen, dass es ihr schlechtging, und machte dem deutschen Fernsehen eine Story kaputt.

Das Leben im relativ abgesicherten, aber kalten Grönland muss hingegen so schlimm sein, dass die Bewohner der zu Dänemark gehörenden Insel die mit Abstand höchste Selbstmordrate der Welt haben. Von den nur 56 000 Einwohnern, die auf einer Fläche leben, die sechsmal so groß ist wie die Bundesrepublik, nahmen sich 58 im Jahr 2006 das Leben. Die Selbstmordrate liegt damit bei über 100 von fiktiven 100 000 Einwohnern. Nur durch die Verrechnung mit den Zahlen aus Dänemark, wo es für die gleiche Summe Einwohner nur 12 Menschen gibt, die freiwillig aus dem Leben scheiden, senkt sich die Zahl und schiebt Litauen auf den vordersten Platz. In Deutschland liegt diese Rate bei 14.

Aber zurück nach Finnland. Ich erreichte Helsinki mit der MS Europa im Juni und sah, welchen Einfluss Licht auf das Gemüt der

Menschen haben kann. Nach dem langen dunklen Winter feiern die Finnen in der Mittsommernacht geradezu hysterisch die Zeit, in der die Sonne fast durchgängig scheint. Auch dabei kommen Menschen um, denn auf jeden sturzbetrunkenen Finnen warten mindestens drei Seen, in die er stolpern und ertrinken kann.

Alkohol ist bei diesen Feiern also stets das Mittel der Wahl, die eigene Schüchternheit zu überwinden. Als ich das Treiben in den Straßen Helsinkis sah, erinnerte ich mich eines Motorradfahrers aus Köln, der jeden Sommer nach Helsinki fuhr, um Frauen abzuschleppen. Er schien dabei sehr erfolgreich zu sein, fand er doch den Kölner Karneval im Vergleich zu Helsinki Ende Juni geradezu spießig.

Ausländer, die längere Zeit in Finnland jobben, klagen über die Schwierigkeit, in den Kreis der Einheimischen aufgenommen zu werden. Das liegt nicht zuletzt daran, dass die Verständigung meist auf Englisch abläuft, denn Finnisch gilt als eine der schwierigsten Sprachen überhaupt. Sie gehört zu den finnougrischen und ist zum Beispiel Deutschen, die Englisch und Französisch gelernt haben, ein absolutes Rätsel. Nur die Ungarn dürfen sich über eine Sprachverwandtschaft freuen, doch wozu? Selbst wenn man es nach jahrelangem Studium geschafft hat, Finnisch zu lernen, kann man sich auf keine langen Konversationen freuen: Der Finne redet selbst mit Finnen wenig, schon gar nicht, abgesehen vielleicht von den tollen Tagen im Sommer, über Gefühle. Er kehrt sein Inneres nicht gerne nach außen und gilt als verschlossen und wenig kommunikativ. Umso erstaunlicher, dass das kleine Land mit der Firma Nokia eines der weltweit erfolgreichsten Unternehmen der Mobilfunkbranche hervorgebracht hat, die ihr Geld gerade mit den Menschen verdient, die nichts lieber tun, als mit anderen Menschen zu palavern.

Wirtschaftlich geht es Finnland famos, auch das Bildungssystem scheint erfolgreich zu sein. So sind die finnischen Schüler bei der berühmten Pisa-Studie auf Platz eins gelandet. Liegt es daran, dass die

Kinder nah am Polarkreis lernen und somit nie hitzefrei haben? Oder eher daran, dass der nächste Media Markt, in dem geschwänzte Schulzeit in der PC-Spieleabteilung verbracht werden kann, meist unerreichbar ist? Spielen kann man hier nur im Wald, der zwar riesig ist, aber lediglich aus niedrigen, knochigen Birken besteht. Falls Sie mal in einem finnischen Wald die Orientierung verlieren, stehen Sie einfach auf!

Das alles heißt natürlich nicht, dass finnische Jugendliche braver sind und keinen Unsinn machen, im Gegenteil, gerade die Abgeschiedenheit ist der Nährboden für unzählige Hard-Rock-Bands, deren schlimmste Truppe, *Lordi,* sogar schon den Grand Prix gewann und mit ihren Horrorkostümen ganz Europa schockierte. Viele Zuschauer aus Südeuropa dachten, alle Finnen sähen so aus, und forderten den sofortigen Ausschluss Finnlands aus der EU. Das Verhältnis der Finnen zu Europa ist von jeher pragmatisch positiv. Man verstand sich immer als westliches Land, auch wenn man weit im Osten lebte. Die Abgrenzung zu Russland war von jeher ein Grundbedürfnis. Nach 1809 stand das Land als autonomes Großfürstentum unter der Herrschaft des russischen Zaren. Umso bezeichnender, dass der kommunistische Revolutionsführer Lenin ausgerechnet über Finnland ins noch zaristische Russland einreisen konnte, verkleidet als Heizer auf der Dampflokomotive eines Zuges. Für diesen glücklichen Umstand bedankte er sich, als er bald darauf – inzwischen zum sowjetischen Führer aufgestiegen – die Unabhängigkeitserklärung Finnlands akzeptierte. Doch schon wenige Jahre darauf rissen die Sowjets im Krieg den südlichen Rand Finnlands an sich und blieben bis zur Wende ein gruseliger Nachbar. Aber seit kurzem hat das Land drei neue Freunde um die Ecke, die kleinen baltischen Republiken. Seit ihrem Eintritt in die EU gibt es neue Partner direkt vor der Tür, und die östliche Ostsee ist bunter denn je.

Fast alle Einwohner in Finnland, Schweden und Norwegen, diesen drei endlos schlanken Ländern, haben sich im Süden versammelt, wie das Fruchtfleisch am Boden einer Flasche Orangensaft. Helsinki, Stockholm und Oslo bilden jeweils die solide Basis, die nach Europa schaut. Allein schon wenn man mit dem Stadtbus an den nördlichen Stadtrand fährt, erreicht man bereits dünnbesiedeltes Gebiet. Im Anschluss erstreckt sich über weit mehr als tausend Kilometer eine, positiv gesagt, überwältigend ursprüngliche, aber im Vergleich mit brasilianischen Urwäldern vielleicht etwas öde Landschaft. Sie wird hauptsächlich von Billionen von Mücken bevölkert, von denen mich jede zweite schon mal gestochen hat.

Gewaltbereite Skandinavien-Fans pochen natürlich auf die Unterschiedlichkeit der nordischen Landschaften. Freilich gibt es die. Nördlich von Helsinki erwarten einen flache Hügel und unzählige Seen, in Schweden etwas weniger Seen, aber mehr Hügel und in Norwegen weniger Hügel, dafür höhere Berge.

Im Norden enden die drei Schwestern in einem gemeinsamen Refrain, dessen Zeile Lappland den melancholischen Ausklang bildet, ein Fade-out mit viel Gras, windschiefen Birken und einem großen Nichts. Die einzige Ausnahme ist das geographische Nordkap, das täglich sowohl von einer Armada von Wohnmobilen erobert wird als auch von Kreuzfahrtschiffen, die für zwei Stunden ankern, gerade Zeit genug, um die Passagiere mit Shuttlebussen zu einem Betonquader zu fahren, auf dem einem ein Bronzegelöt mitteilt, man befinde sich am nördlichsten Punkt Europas. Wer sich in eine Schlange einreiht, kann auf ein Foto hoffen, bevor der Bus wieder umdreht und fährt, vorbei an einigen trostlosen Holzhütten, in denen sich die Busfahrer betrinken, wenn alle Schiffe wieder abgelegt haben.

Doch nicht nur landschaftlich, sondern auch in Hinsicht auf ihr Verhältnis zu Europa unterscheiden sich die drei Nordlichter enorm. Kaum hatte ich Finnland als ein echtes Mustermitglied der EU abgespeichert, das stark mit der NATO kooperiert und auch den Euro hat, lichtete die MS Europa schon wieder den Anker und steuerte Schweden an, das ohne Euro und NATO auskommt. Ich merkte dies erst, als man mir in einem Geschäft in Stockholm meinen Euroschein angeekelt zurückschob, als hätte ich es mit jugoslawischen Dinar probiert. Norwegen verzichtet sogar auf die EU, dafür nicht auf die NATO, kurz, ich war genauso verwirrt, wie Sie es jetzt sind.

Während das Schiff an den Inseln im finnischen Meerbusen vorbeifuhr, die Russland den Finnen raubte, und Kurs auf Stockholm nahm, spielte der Pianist wieder «I did it my way», und es klang so traurig wie ein finnischer Tango.

SCHWEDEN
MEUCHELMORD IN BULLERBÜ

In der Politik darf man nicht versuchen, mit dem Kinn eine Faust k. o. zu schlagen.

Olof Palme

Niemand soll behaupten, Kreuzfahrer seien dekadente Rentner, die vor allem essen und schlafen. So beobachtete ich eine Dame, die die gesamte Strecke von Helsinki nach Stockholm geschwommen ist, natürlich im Pool, das versteht sich von selbst. Es war erstaunlich: Wann immer ich in meinen weißen Segelschuhen über das Schiffsparkett am Pool vorbeischlenderte und überlegte, ob ich mir noch einen Apfel klein schneiden lassen sollte, sah ich die Dame mit einer lustigen Badekappe energisch in Fahrtrichtung schwimmen. Vielleicht wurde ihr Vortrieb auch über eine technische Einrichtung an die Schiffsschraube übertragen, wer weiß?

Haben Sie auch schon mal überlegt, ob eine Kreuzfahrt das Richtige für Sie ist? Für alle, die in kurzer Zeit möglichst viele Städte und Länder möglichst wenig kennenlernen wollen, ist es auf jeden Fall eine gute Wahl. Der Service an Bord ist geradezu verschnörkelt, ab Deck 10 gehört der Butler zur Einrichtung dazu. Es ist ein unbeschreibliches Gefühl, wenn einem jemand den Koffer auspackt, die richtigen Krawatten raussucht und einen anzieht. Es muss mindestens 34 Jahre her sein, dass mich jemand angezogen hat, ich glaube, es war meine Mutter.

Bestellt man zur Entspannung statt eines *Château Lafite Rothschild* eine Cola, wird einem selbst diese in einem Dekantierfläschchen serviert. Wenn einem der Kellner den ersten Schluck eingießt, den man mit Kennerblick schlürft, rutscht einem fast ein «Ja, die ist gut. Ein hervorragender Jahrgang» heraus.

Kein Wunsch bleibt unerfüllt. Auf jeden Gast kommt mehr als ein Mannschaftsmitglied, davon ist der größte Teil damit beschäftigt, die Spuren zu beseitigen, die die Passagiere hinterlassen haben. Ob Sie das Waschbecken mit Zahnpasta beflecken, die gefalteten Decken auf den Liegestühlen zerknüllt zurücklassen, am Poolbuffet unzählige Teller benutzen oder sich im Lift übergeben, wenn die See am Skagerrak etwas wilder wird – schon kurz darauf ist alles wieder sauber und glänzt, als gäbe es die ganzen Gäste nicht. Der Schriftsteller David Forster Wallace kam in diesem Zusammenhang zu der Erkenntnis, dass die große Mühe, die die Crew darauf verwendet, alle Spuren der Gäste zu beseitigen, eigentlich nur dadurch vollendet werden kann, dass sie auch die Passagiere beseitigt.

Während das Schiff auf Stockholm zulief, dachte ich, dass dem lieben Gott ein Kollege auf die Schulter geklopft haben muss, als er Schweden geformt hat, denn kurz vor dem Festland ist was danebengegangen: Zehntausende von Brocken, eine schier endlose Schar von Inseln, Inselchen und noch kleineren Felsen, die aus der Ostsee lugen, bilden die Schären vor der Küste. Schon die Passage durch diese zauberhafte Inselwelt ist die angemessene Ouvertüre für ein Land, das man einfach lieben muss. Der Hafen von Stockholm wertet selbst ein Schiff wie die MS Europa noch auf.

Ein Drittel der Stadtfläche wird von Wasser bedeckt, dessen Qualität angeblich so hervorragend ist, dass man mitten in der Innenstadt, zwischen der Residenz des Königspaares und dem Parlament, Lachse angeln kann. Auch ich habe schon mitten in meiner Heimatstadt Hamburg geangelt und in der Elbe gebadet, allerdings war das Wasser damals so schmutzig, dass man darin Fotos hätte entwickeln können.

Das Schwierigste an Schweden ist, etwas Schlechtes daran zu finden, etwas Abgründiges oder Abartiges. Schweden scheint durch und durch ein Musterstaat zu sein; bei jeder deutschen Reformdebatte fällt irgendwann der Satz «Schauen wir mal nach Schweden», wenn man ein Positivbeispiel nennen will. So ist zum Beispiel die Gleichberechtigung der Frauen auf allen Gebieten so weit vorangeschritten, dass nur noch die Einführung von weiblichen Symbolen auf Fußgängerampeln übrig geblieben ist. Aber auch sie kommen. In Schweden ist es völlig normal, dass Männer Elternzeit nehmen und berufstätige Frauen Kinder bekommen, überhaupt ist die Quote der Frauen, die arbeiten, höher als irgendwo sonst. Selbst im Tagebau ist das weibliche Geschlecht auf schwersten Baggern und Monsterkipplastern unterwegs, ja, genau, die mit den fast vier Meter hohen Rädern. Für die männlichen Kollegen war es nicht leicht, diese Form der Emanzipation zu akzeptieren, ist doch das Steuern von Monstermaschinen etwas, das wir Männer selbst dann machen würden, wenn es nicht bezahlt werden würde. Zerknirscht mussten die schwedischen Bergmänner zur Kenntnis nehmen, dass die Unfallquote mit den Maschinen sinkt, wenn Frauen am Steuer sitzen. Sie geben weniger Vollgas, sind umsichtiger – und im Tagebau muss man auch nirgendwo rückwärts einparken.

Trotz seines Durchmarsches hat der schwedische Feminismus nicht so gravierende Kollateralschäden in Sachen Mode verursacht wie der deutsche, gilt doch die Schwedin als ausgesprochen stilsicher. Vielleicht haben sich deutsche Frauen auch zu sehr an Pippi Langstrumpf orientiert, deren burschikoses Äußeres mit Ringelstrümpfen, Krawallzöpfen und formlosen T-Shirts das Modeempfinden linker Frauen in Deutschland nachhaltig zerstört hat. Die Schwedin von heute gilt indes als so trendy, dass Konzerne den schwedischen Markt nur allzu gerne als Testlauf für ihre Produkte benutzen. Was hier angenommen wird, hat Potenzial.

Der Blick von Deutschland nach Schweden ist immer verzückt ob all dieser Errungenschaften. Der ganze Staat scheint eine Art Bullerbü im Großformat zu sein, mit einer Regierung, die alles tut, um die

Bevölkerung zu entwickeln, optimal zu versorgen und jeden schlechten Einfluss zu unterbinden.

Bevölkert wird Schweden von der gleichen Anzahl Menschen, die auch das nicht so weit entfernte St. Petersburg beleben. Flächenmäßig kann es allerdings mit Spanien und Frankreich mithalten und ist darum mit 20 Einwohnern pro Quadratkilometer noch dünner besiedelt als Mecklenburg-Vorpommern. Angesichts dieser Weite muss man als Schwede auch nicht knauserig mit den Ländereien sein und gewährt jedem Menschen ein sogenanntes Jedermannsrecht – selbst Touristen aus Hannover. Alle dürfen sich in der Natur aufhalten, zelten und sogar Feuer machen.

Deshalb kann man schwedische Privatwege auch nicht mit deutschen Privatwegen vergleichen. Während bei uns ein Schild mit der Aufschrift «Privatweg» ein Verbot ist, diesen zu benutzen, das leicht mit einem aufgebrachten Eigentümer, einem bissigen Jagdhund oder beidem unterstrichen werden kann, sind in Schweden Grundstücke oft einfach so groß, dass der Weg halt privat und nicht öffentlich ist. Man darf aber gerne auf ihm entlangmarschieren. Auch ich habe dieses Jedermannsrecht genossen, bin mit dem Kanu voller Proviant durch die Seen gepaddelt und konnte jeden Abend eine andere kleine Insel, oft nicht größer als ein Wohnzimmer, ganz für mich allein beziehen und mich an einem knackenden Feuer erfreuen.

So leicht es allerdings ist, sich frei in der schwedischen Natur aufzuhalten, so schwierig wird der Versuch, sich *nicht* darin aufzuhalten. Schon wenige hundert Kilometer nördlich von Stockholm sollte man genau überlegen, wann man wo einkaufen will und wie lange der Proviant reicht, denn andernfalls kann man leicht in Hungersnot geraten.

Die Dörfer in Schweden sind für den Wanderer eine Prüfung. In Griechenland kommt ein Dorf dem Wanderer entgegen. Überraschend tut es sich hinter einer Kurve auf, weiße Häuser säumen wie eine Perlenkette die Straße, und in wenigen Augenblicken sitzt man auf einem

Marktplatz an einem Brunnen mit seinem plätschernden Nass. Dort findet sich auch garantiert eine kleine Bar für eine Tasse Kaffee und ein Glas Imiglykos, einen geharzten Wein, der mit zwei Aspirin serviert wird und sich auch hervorragend eignet, um antike Möbel abzubeizen. Auch in Irland sind Dörfer klein, aber zahlreich. Auf jeden Fall hat ein irisches wie ein griechisches Dorf ein Ortsschild, hinter dem sich ein süßes Örtchen duckt und ein Zentrum mit Marktplatz Gemütlichkeit verströmt. In Schweden hat man so unglaublich viel Platz, dass es keinen Grund gibt, seinen Nachbarn zu dicht auf die Pelle zu rücken. Allein, der Wanderer hat das Problem, ein Dorf als Dorf zu erkennen. Er schreitet vor sich hin, benötigt für fünf Kilometer mehr als eine Stunde und kommt irgendwann an ein Ortsschild, das bekanntlich das Vorhandensein eines Ortes markiert. Nur dass in diesem Fall kein Haus zu sehen ist. Erst nach einer weiteren halben Stunde führt ein Weg vom Hauptweg ab einen Hang hinauf, und an der Abzweigung stehen immerhin schon mal zahlreiche bunte Briefkästen. Eine ähnliche Abzweigung führt eine halbe Stunde später in die andere Richtung, und dort sieht man sogar die dazugehörigen Häuser weit entfernt auf einem Hügel. Endlich erreicht man eine Kuppe, und der Weg führt hinab in ein großes, flaches Tal, in dem weitere vier Häuser stehen. Ein Volvo überholt einen vorsichtig mit auf Split knirschenden Reifen, und nach einer weiteren, endlosen Wegstrecke kommt der Wanderer an eine Tankstelle. Auch sie steht ganz allein auf weiter Flur, und trotzdem bildet sie das Zentrum, auf das sich der Wanderer schon den ganzen Tag freute. Unter ihrem Dach befindet sich ein kleiner Lebensmittelladen, der einige einzeln eingeschweißte Paprikas aus Holland feilbietet, und man kann neben romantischen Zapfsäulen endlich die trockene Kehle füllen.

Im ländlichen Schweden entfällt die Kneipenkultur, die den durstigen Wanderer in Schottland oder Irland immer wieder mit Pubs verwöhnt. Die geringe Kneipendichte mag in der Geschichte begründet sein: Angeblich war noch vor einem halben Jahrhundert fast die Hälfte aller Schweden Alkoholiker, eine Quote, die heute nur noch Russland erreicht. Doch eine alkoholkranke Gesellschaft, die seit Generationen versucht, sich das Wetter schön zu trinken, ist nicht in der Lage, sich vernünftig zu entwickeln, befand die schwedische Regierung und gründete das staatliche Unternehmen Systembolaget, das fortan als einzige Ladenkette Getränke mit Alkohol von mehr als 3,5 % verkaufen durfte. Da schon ein gutes Bier rund 5 % Alkohol enthält, erfanden die findigen Schweden das Lättöl, ein mit 2,8 % recht gefährliches Leichtbier, da man beim Versuch, seine Wirkung zu spüren, ertrinken kann.

Normales Bier, Wein und alle Spirituosen gibt es hingegen nur im Systembolaget zu Preisen, die einen schlagartig wieder nüchtern werden lassen. Absurderweise haben die Spezialläden nur von Montag bis Freitag geöffnet. Somit hat ein Berufstrinker, der zu Bürozeiten säuft und einkauft, einen Vorteil gegenüber normalen Menschen, die versuchen, am Wochenende eine Flasche Rotwein für ein nettes Abendessen mit Freunden zu kaufen. Eine ähnlich fragwürdige Regelung gibt es in einigen deutschen Bundesländern, deren Tankstellen am Abend ab einer bestimmten Zeit keinen Alkohol mehr verkaufen dürfen. Dabei sind Menschen, die sich ein Bier nach einem vollendeten Tag genehmigen, viel weniger gefährdet als solche, die sich schon zum Frühstück mit Schnaps eindecken.

Leider hat die schwedische Alkoholpolitik einen unerwünschten Nebeneffekt: Eine gemäßigte Trinkkultur mit einem deutschen Paulaner Kristallweizen zum Abendbrot oder einer Flasche Cabernet Sauvignon zum Sonnenuntergang wird dadurch verhindert, dass die horrenden Steuern jedes alkoholische Getränk derart verteuern, dass der Schwede – wenn er denn zugreift – sofort den starken Alkohol wählt. Eine etwas fragwürdige Wennschon-dennschon-Haltung.

Der schwedische Staat versucht dennoch, Schädliches von seinen Bürgern fernzuhalten. So ist neben dem Alkohol auch der Boxsport unerwünscht und darf professionell nicht betrieben werden, da die Verletzungsgefahr als zu hoch angesehen wird. Seit Lidl versucht, den schwedischen Markt zu erobern, bekommt auch das sicher nicht zartbesaitete Management des Discounters die Furcht der Schweden vor schlechten Einflüssen zu spüren. Dabei hat der Konzern, der in Deutschland mit seinen Mitarbeitern nicht eben zimperlich umgeht, diese mit Kameras überwacht hat und keine Gewerkschaft zulässt, extra für den schwedischen Markt einen Kopfstand gemacht. Er versucht nicht, die Löhne zu drücken, und ist sogar dem Arbeitgeberverband beigetreten. Trotzdem trauen sich die Schweden nicht in Lidl-Filialen, es heißt, dort würden Mitarbeiter drangsaliert, dürften nicht mal während der Arbeit auf Toilette, die Waren seien gesundheitsschädlich. Schweden sind es gewohnt, sehr viel Geld für Lebensmittel auszugeben, und schenken der günstigen Ware vom Discounter kein Vertrauen.

Die Angst vor negativen Einflüssen prägte schon immer das schwedische Gemüt, politisch hieß es deshalb stets: strikte Neutralität! Im Gegensatz zu Norwegen, Belgien und den Niederlanden hat Schweden gute Erfahrung damit gemacht. Während Norwegen und die Niederlande trotz Neutralität im Zweiten Weltkrieg von den Deutschen besetzt wurden – Belgien sogar in beiden Weltkriegen –, konnte Schweden diese Kriege weitestgehend aus dem eigenen Land heraushalten. Dafür lieferte man im Zweiten Weltkrieg fleißig Eisenerze nach Deutschland, die brauchte man, um Kanonen und Panzer zu gießen. Spät, aber nicht zu spät entschlossen sich die Schweden, darüber hinaus viele verfolgte Juden aufzunehmen. Der schwedische Diplomat Raoul Wallenberg rettete rund 100 000 Juden in Budapest, indem er sie im großen Umfang mit gefälschten Diplomatenpässen ausstattete. Er ist heute eine Art Nationalheiliger der Schweden.

Auch im Kalten Krieg, als sich ganz Europa in Ost und West spaltete, oder auf Amerikanisch gesagt, in «Gut» und «Böse», setzte Schweden seine Neutralität fort. Dies war Anlass für einige gehässige Kritik aus dem Weißen Haus. Schweden sei ein halbkommunistischer Staat, der die bürgerlichen Freiheiten seiner Bürger stark einschränke, tönte es von dort. Doch bis heute treten schwedische Diplomaten und Politiker besonders engagiert auf, wenn es um die Verbesserung sozialer Bedingungen geht; so setzte sich zum Beispiel Präsident Olof Palme vehement für die Völker armer Länder ein.

Was den Amerikanern so suspekt war, ist für Deutsche unter den Begriffen «der dritte Weg» oder «das schwedische Modell» zum verheißungsvollen Traum eines Landes geworden, das jenseits kalter Marktmechanismen Politik macht. Dabei sind schwedische Konzerne knallharte Player auf dem internationalen Parkett. Der bekannteste, Ikea, profitiert stark vom schwedischen Positivimage, verhindert aber durch seine verschachtelte Konzernstruktur, dass Steuern im so sozialen Schweden abgeführt werden müssen. Ist man in Schweden sonst um umfassende Offenheit bemüht und stellt sogar den Schriftverkehr der Behörden untereinander der Öffentlichkeit zur Verfügung, schottet sich Ikea gegen jegliche Transparenz ab.

Die Klamottenfirma H&M übertrug Teile des Ikea-Konzepts auf Kleidung. Schwedisches Design, in Bangladesch produziert, mit begrenzter Haltbarkeit. Ist es bei den Möbeln empfehlenswert, nach vier Wochen die Schrauben nachzuziehen, schadet es bei den Kleidern nicht, nach vier Wochen die Nähte nochmal zu verstärken.

Doch im Großen und Ganzen ist Schweden unerträglich vernünftig. Mikael Genberg, ein Künstler aus Stockholm, hat einen schönen Vorschlag gemacht, wie man das ändern könnte. Warum errichtet die schwedische Raumfahrtorganisation nicht ein kleines Schwedenhäuschen auf dem Mond? Die Idee schlug so ein, dass eine Koalition aus Firmen, Politikern und Bürgern das Geld locker gemacht hat, um in wenigen Jahren den Mond mit einer Hütte zu beglücken. Bis dahin bleibt das Problem der Schweden, dass ein Maximum an Sicherheit, staatlicher Obhut und vernünftigem Leben immer auch ein bisschen langweilig sein kann. Die Leute haben Arbeit, es gibt fast keine Kriminalität – Schweden hat im Europavergleich weniger Einbrüche –, es ist schwer, an Alkohol heranzukommen, die Lebenserwartung ist mit 80 Jahren eine der höchsten in Europa.

Das schwedische Drama zeigt sich gut in der Komödie «Kops», in der es um eine Polizeistation in der Provinz Lappland geht, die geschlossen werden soll, weil es seit Jahren keine Straftat mehr gegeben hat. Das Einzige, was die von der Versetzung nach Stockholm bedrohten Polizisten machen können, ist, selbst für ein bisschen Kriminalität zu sorgen – was natürlich nach hinten losgeht.

Obwohl Schweden eines der sichersten Länder Europas ist, ist das subjektive Sicherheitsempfinden der meisten Bürger gering. Ähnlich wie in Deutschland, wo die Menschen vor allem in den Gegenden vor Überfremdung Angst haben, in denen es so gut wie keine Ausländer gibt, haben die Schweden große Angst, Opfer von Straftaten zu werden, obwohl die Wahrscheinlichkeit extrem gering ist. Vielleicht liegt es an der für ein solch kleines Land geradezu ausufernden Produktion blutrünstiger Krimis, die schwedische Schriftsteller wie Henning Mankell auf den Markt werfen. Gerade das beschauliche Leben im Bullerbüland scheint eine gute Basis zu sein, um sich grausame Geschichten auszudenken.

Die morbide Stimmung vermooster Wälder und leerstehender Ferienhäuser drang aber nicht zu mir in die blitzblanken Einkaufsstraßen Stockholms. Ich fühlte mich indes vor mordlustigen Schweden ziemlich sicher, als ich nach einem ausgiebigen Stadtbummel durch Schwedens Hauptstadt zurück zum Schiff ging.

Schon von weitem sah ich die Lampionketten, die zwischen Schornstein und Brücke der MS Europa angebracht worden waren. Ihr matter Schein tauchte die alten Hausfassaden von Stadsholmen, der Stadtinsel, in schummriges Licht, gegenüber vor der Museumsinsel plätscherte das Hafenwasser leise, auf dem Hügel konnte man die dicken Nana-Skulpturen der genialen Künstlerin Nikki de Saint-Phalle erkennen, die von den düsteren Maschinen ihres Mannes Jean Tinguely bedroht werden, Skulpturen mit schwarzen Metallrädern, Zähnen und Stangen, die sich an rostigen Scharnieren drehen und den düsteren Gegenakkord zu den bunten, runden Frauengestalten bilden.

An Bord war bereits das Fest «Europas Beste» in vollem Gange, laut Bordzeitung ein Gourmet-Festival mit Spitzenköchen, Fromagers, Pâtissiers und Winzern. Von Letzteren war es nicht möglich, ein anständig gefülltes Glas Wein zu bekommen, da sie immer nur ein winziges Degustierschlückchen einschenkten. Notgedrungen musste ich wirklich jeden Winzer an seinem Stand aufsuchen, damit der Wein ausreichte, eine Wildschweinkeule mit Knödeln runterzuspülen.

Während die Gäste auf dem Deck feierten, hatten die meisten der jungen Köche, Kellner und Zimmermädchen ihren freien Abend. Sie zogen mit vierzig Leuten in die Innenstadt und wollten einen Club oder eine Bar besuchen. Obschon sie nicht viel Geld verdienten, waren sie bereit, an diesem Tag mehr als zehn Euro für ein Bier auf den Tisch zu blättern, um sich einen lustigen Abend zu machen.

Stockholm hat viele gediegene Clubs und noble Bars, aber wie sich herausstellte keine, die bereit war, eine Gruppe von vierzig jungen Leuten zu bewirten. Überall wurden sie abgewiesen. Dies wäre auf der Hamburger Reeperbahn undenkbar. Schon die erste Kaschemme hätte die Truppe hereingelockt, Astra für ein Euro, das ist doch mal 'ne Ansage, von Bar zu Bar hätten sie ziehen, mit philippinischen Kollegen anderer Kreuzfahrtschiffe die Karaokebars sprengen, Kneipen mit Heavy-Metal-Bands besuchen und in Tabledance-Schuppen abhängen können. Mancher wäre in den Armen der Bordsteinschwalben aus der Davidstraße eingeschlafen, andere zum Fischmarkt weitergezogen und erst am späten Vormittag im Sand am Strand in Övelgönne aufgewacht, wenn sich neben ihnen ein nasser Golden Retriever aus Eppendorf geschüttelt hätte. Aber hier im chicen Stockholm war die Besatzung eines noblen Kreuzfahrtschiffes wohl nicht fein genug. So oder so konnte es nur eine bescheidene Party werden, denn schon um Mitternacht jaulten wieder die Seilwinden, das Schiff machte los, Bugstrahlruder wühlten das Hafenbecken auf, denn Kreuzfahrten sind nicht zum Verweilen da, und Kopenhagen wartete schon.

DÄNEMARK
WENN HELLS ANGELS JOGHURT LÖFFELN

Wo es Liebe regnet, wünscht sich keiner einen Schirm.

Dänisches Sprichwort

Die Passage von Stockholm nach Kopenhagen versuchte ich mit Shuffleboard zu verkürzen, einer Sportart, die extra für das Parkett der Schiffsdecks entwickelt wurde. Was die Beanspruchung der Muskeln betrifft, sticht Shuffleboard nicht aus den ansonsten an Bord üblichen Beschäftigungen hervor. So benötigt man für die Bewegung, die man ausführen muss, um den Puck mit dem Stab anzuschieben, in etwa so viel Kraft, als hebe man den Arm, um einen Gin Tonic zu bestellen. Einige Gäste bewegten sich gar nicht mehr. Mit großer Faszination beobachtete ich eine alte Dame, die jeden Tag regungslos in einem Korbstuhl in einer windgeschützten Ecke des Pooldecks saß. Sie ähnelte weniger der Witwe eines Bankiers als einer bulgarischen Bauersfrau mit ledergegerbter Haut und barocken Lachfalten, die auf einer Bank am Dorfbrunnen sitzt. Ein Ömchen, dem man zutrauen würde, immer ein Glas selbstgemachter Quittenmarmelade dabeizuhaben, falls sie jemanden bestechen musste. Dieses Bild wurde nur durch eine opulente Kette gestört, die sie jeden Tag trug, ein robustes, sicher sehr wertvolles Geschmeide, an dessen großen Gliedern auch ein Fischerboot hätte ankern können. Vielleicht wollte sie im Falle einer Havarie ein schnelles Ende finden und etwas tragen, das sie rasch auf den Grund zog. Immer saß sie da, nur wenn ich des Nachts noch einmal über das Deck schlurfte, um die Mitternachtssuppe zu verdauen, war sie verschwunden. Irgendjemand schien sie rein- und rauszutragen.

Doch so unauffällig sie am Abend verschwand, so diskret hatte sie am nächsten Morgen wieder ihren Stuhl bezogen. Als ich an einem Tag bemerkte, dass ihre Kette verschwunden war, schockierte mich dies zutiefst. Vielleicht hatte sie ihr jemand im Vorbeigehen geklaut? Ich war besorgt.

Am Tag darauf war nicht nur die Kette weg, sondern auch die Oma. Einsam stand der Korbstuhl in der Ecke. Hätte ich nicht spätestens jetzt auf die Brücke laufen und Alarm auslösen müssen? Der Reiz einer Kreuzfahrt liegt ja für viele ältere Menschen gerade darin, dass sie exotische Ziele besuchen und dabei ein Höchstmaß an medizinischer Versorgung und Sicherheit genießen können. Dabei ist es mit der Sicherheit an Bord gar nicht so weit her: Eine Untersuchung ergab, dass auf den rund 300 Kreuzfahrtschiffen weltweit in den letzten fünf Jahren 39 Menschen spurlos verschwunden sind. Ein Aspekt von Kreuzfahrten, über den man in den Katalogen der Reedereien recht wenig erfährt.

Als wir kurz vor Kopenhagen die mächtige Öresundbrücke zwischen Dänemark und Schwedens Malmö passierten, wartete ich vor dem Lift auf Deck 4, da machte es «Bing», und die kleine Dame verließ mit vorsichtigem Schritt und Kette um den Hals den Fahrstuhl. Ich gab meiner spontanen Erleichterung nach und umarmte die Dame. «Sie müssen Henry sein!», freute sie sich, und alles war wieder gut. Wie sich später herausstellte, war Henry der Host, früher auch Eintänzer genannt, ein hochgewachsener Herr mit tadellosem Benehmen und ausgesprochen gepflegtem Schnurrbart. Er war dafür zuständig, mit alleinstehenden Damen zu tanzen, beim Bingo lebhaftes Interesse zu heucheln und einfach nur da zu sein. Nach eingehender Beobachtung hielt ich ihn allerdings für den Hauptverdächtigen im Fall der 39 verschwundenen Kreuzfahrer.

In Kopenhagen reihten sich gleich unzählige Kreuzfahrtschiffe hintereinander. Neben uns lag ein Schiff aus Amerika, die «Freedom of the Seas», klingt wie ein US-Flugzeugträger, ist aber noch größer, eines jener jedes Maß sprengenden Schiffe, die mit ihren endlos ansteigenden Decks aussehen wie sozialer Wohnungsbau zur See.

Auch Amerikaner sind von Reisen auf Schiffen fasziniert, gehört doch eine Kreuzfahrt zu den Tätigkeiten, die sie nur erledigen können, wenn sie aus dem Auto aussteigen. Aber sie begnügen sich nicht wie Deutsche damit, an Deck ein Buch zu lesen oder an der Reling entlangzuflanieren. Nein, sie benötigen, um sich nur ein bisschen zerstreuen zu können, eine schiere Entertainmenthölle. Und so verfügen die maritimen Giganten über Bingo-Arenen, Spielhallen, neben denen die von Las Vegas klein aussähen, unzählbare Restaurants, mehrere Kinos, Theater sowie Basketball- und Volleyballfelder. Dabei frage ich mich allerdings, wer holt eigentlich den Ball?

Die Antithese zu diesen Disneyland-zur-See-Pötten bildete die «Easy Cruise», die direkt vor uns lag. Sie ist das einzige Schiff der Billig-Airline Easy Jet und das günstigste Kreuzfahrtschiff der Welt. Die Preise bewegen sich unterhalb derer von Jugendherbergen, jedoch steuert auch die «Easy Cruise» mondäne Ziele an, sie nimmt mitunter Kurs auf feinste Häfen der Côte d'Azur. Dabei geht die Geizgaleere in der Bucht von Monaco vor Anker, um Liegegebühren zu sparen, und fällt in den Hafen mit Tenderbooten ein, zum Schrecken des Jetsets. So wie einst Punks aus Hamburg-Altona mit dem Schönes-Wochenende-Ticket nach Sylt fuhren und sich mit einer mitgebrachten Kiste Holsten einen schönen Tag machten, sind auch die Passagiere der «Easy Cruise» nicht darauf aus, die örtliche Wirtschaft zu beleben. Kaum haben sie ihr grellorange gestrichenes Schiff verlassen und den ersten Fuß auf das Pflaster von St. Tropez gesetzt, werden sie schon von dem scheppernden Geräusch begrüßt, das die Rollläden vor den Boutiquen von Louis Vuitton, Prada und Armani verursachen, wenn diese plötzlich zu Boden gehen. Die Dänen sind da entspannter und begrüßen erst mal jeden freundlich.

Während die anderen Passagiere der MS Europa in Busse verladen wurden, um in kürzester Zeit die Schlösser Amalien- und Christiansborg, den Radhusplads, das Tivoli, sämtliche Museen und die «lille havfru», die kleine Meerjungfrau, zu besichtigen, machte ich mich zu Fuß auf den Weg. Ich verließ den Liegeplatz just, als von der Buskarawane nur noch Dieselwolken geblieben waren, und gelangte schon nach wenigen Minuten zur «lille havfru», die gleich an der Hafenkante auf einen wartet. Sie schaut etwas depressiv aufs Wasser, das sie einst aus Liebeskummer verließ. Ausgerechnet in einen Menschenprinzen hatte sie sich verliebt. Er war ins Meer gestürzt und wäre fast ertrunken. Als sie den Ohnmächtigen rettete, verlor sie sogleich ihr Herz an ihn und grübelte, wie sie ihrem Geliebten näherkommen könnte. Mit Hilfe einer plastischen Chirurgin – im Märchen vom dänischen Dichter Hans Christian Andersen wird sie Hexe genannt – ließ sie sich ihre Schwimmflossen zu Füßen umoperieren, um an Land gehen und dem Prinzen ihre Liebe gestehen zu können. Doch wer von Schwimmflossen auf Füße umsattelt, verliert dummerweise seine Stimme, und so konnte sich die kleine Meerjungfrau dem Prinzen nicht offenbaren. Der heiratete eine andere und ließ sie betrübt zurück. Allein, der Weg zurück ins Meer war ihr versperrt, und so sitzt sie noch heute auf ihrem Felsen. Allerdings kann sie sich inzwischen nicht über einen Mangel an neuen Verehrern beklagen, es ist praktisch ausgeschlossen, ein Foto der Meerjungfrau zu machen, ohne dass ein Japaner mit auf dem Bild ist, der sich dem armen Meeresgeschöpf um den Hals klammert. Als ich höflich darum bat, mir ein Foto der Statue zu ermöglichen, genauer gesagt, mit wedelnden Armen versuchte, die Meute aus dem Bild zu scheuchen, sprach eine Japanerin etwas auf Japanisch in eine neuartige Elektronikbox, drückte auf einen Knopf, und schon wiederholte die Box den Satz in akzentfreiem Dänisch, das ich allerdings leider auch nicht verstehe.

Falls Sie mal ein dänisches Carlsberg-Bier trinken sollten, denken Sie an dessen Gründer Carl Jacobsen, er stiftete die Figur vor rund hundert Jahren. Der beauftragte Bildhauer Edvard Eriksen wollte sie der seinerzeit ziemlich scharfen und in Kopenhagen umjubelten Primaballerina

Ellen Price nachbilden, die sich weigerte, dem Künstler nackt Modell zu stehen. So entspricht nur der Kopf der beliebten Tänzerin. Für die Nachbildung des restlichen Körpers musste die Frau von Edvard Eriksen einspringen. Zum Glück war auch Eriksens Frau Eline filigran und elastisch, und so passen Kopf und Körper gut zusammen. Ich erzählte diese Geschichte den Japanern detailreich in ihre kleine Elektrobox, die sie zuvor auf Deutsch einstellten. Bei der Übersetzung ins Japanische fing sie allerdings an zu qualmen, und ich entfernte mich mit einem besonders freundlichen Lächeln.

Ähnlich wie Schweden hat auch Dänemark einen Puppenstubenruf. Hier ist die Welt noch in Ordnung und alles so süß, möchte man ausrufen. Die bezaubernde Inselwelt, auch dänische Südsee genannt, ist ebenso bescheiden und schön wie die vielen Dörfer voller kleiner Holzhäuser, das königliche Schloss Amalienborg mit seinen putzigen Wachsoldaten und natürlich das restliche Kopenhagen – was für eine maßvolle Hauptstadt, ohne obszöne Hochhäuser, wie man sie heute in Dubai oder Moskau findet! Dabei könnte sich auch unsere kleine nordische Schwester riesige Glaspaläste bauen lassen, denn die dänische Wirtschaft hat das, wovon wir Deutschen nur träumen können: Vollbeschäftigung. Die Arbeitslosigkeit liegt mitunter nur bei 1,7 %. Die Dänen sind reich und verfügen über einen der besten Lebensstandards der Welt – trotz einer hohen Mehrwertsteuer von 25 % und einem Spitzensteuersatz von astronomischen 63 %. Würden diese Sätze bei uns gelten, Guido Westerwelle von der FDP stünde mit einem Benzinkanister vor dem Reichstag, bereit, sich aus Protest anzuzünden, wären nicht auch die Spritpreise so hoch.

Wer seinen beschaulichen Urlaub in einem der vielen Ferienhäuser verbringt und dänischen Joghurt schlürft, ahnt nicht, dass er sich in einem Land befindet, dessen spezialisierte Firmen weltweit im High-End-Bereich mitspielen. Die Öresundbrücke hat mit der Verbindung von Dänemark und Südschweden einen starken Wirtschaftsraum geschaffen. Erst benutzten nur wenige die Brücke, inzwischen haben viele Schweden einen Job im Raum Kopenhagen angenommen, und Dänen ziehen in die Umgebung von Malmö, da dort Immobilien viel günstiger sind als daheim. In einigen Jahren wird eine weitere Brücke Deutschland und Dänemark verbinden, genauer gesagt, Puttgarden und Rødby. Die neunzehn zu überwindenden Kilometer machen sie zur längsten Europas und lässt es weiter zusammenrücken. Wie beim Tunnel zwischen Großbritannien und Frankreich gibt es natürlich immer Leute, die dagegen sind, allen voran die Fährbetreiber. Briten und Franzosen, die in den vergangenen Jahrhunderten immer damit rechnen mussten, dass der Erzfeind plötzlich über den Kanal setzt und das Land besetzt, fanden viele Mahner, die daran zweifelten, ob es wirklich gut sei, den anderen so ein Einfallstor zu graben.

Auch zwischen Schweden und Dänen gibt es uralte Animositäten. Lange gehörte Dänemark zum schwedischen Reich. Heute wollen sich die Dänen deshalb keinesfalls mit den Schweden in einen Topf werfen lassen, sondern pochen auf ihre Individualität und pflegen die gegenseitige Abneigung.

Tatsächlich ist jüngst ein besonders perfider Fall von schwedischer Arroganz publik geworden. Entdeckt hat sie Klaus Kjøller, Kommunikationswissenschaftler der Universität Kopenhagen. Ikea benennt seine Produkte nach Ortschaften. Höherwertige Möbel wie Schränke und Kommoden werden dabei nach schwedischen Orten benannt, niedere Produkte aber nach dänischen. Kjøller entdeckte Billigteppiche und sogar Fußmatten mit den Bezeichnungen «Nästved», «Helsingør» und «Roskilde», außerdem einen Fußbodenbelag namens «Niva» – ebenfalls ein dänischer Ort. Die Erklärung des Wissenschaftlers: Zufall könne das nicht sein, da Ikea ein absolut professionelles Unternehmen sei. Die Schweden wollten sich wohl über die Dänen lustig machen, der Fußabtreter mit dänischem Namen sei ein Skandal, der nur noch von der Toilettenbrille mit dem Namen «Öresund» übertroffen wird. Dieser liegt für die Schweden ganz unten bei Dänemark. Mit den Anschuldigungen konfrontiert, flötete die Ikea-Marketingmanagerin Katarina Hansson, Dänemark solle sich doch lieber geschmeichelt fühlen, dass es überhaupt im Katalog vorkomme, schließlich würden die Möbel weltweit vertrieben und nur den wenigsten Ortschaften käme die Ehre zuteil, Namensgeber für ein Produkt zu werden.

Das konnte man natürlich nicht auf sich sitzen lassen. Aufgebrachte Dänen forderten schon Rache und schlugen vor, dass die Brauerei Carlsberg die schlappen alkoholfreien Biere nach schwedischen Orten benennen könnte.

Auf den zweiten Blick ist Dänemark also alles andere als beschaulich. Das zuckersüße Bild trügt. Der armen Meerjungfrau, die ja nicht mal weglaufen oder abtauchen kann, ist sogar schon zweimal der Kopf abgesägt worden, einmal der Arm, und als wäre das nicht genug der Pein, hielt es sogar jemand für notwendig, sie mit Sprengstoff in die Luft zu jagen. Wahrscheinlich traute schon der Stifter Carl Jacobsen seinen Landsleuten nicht über den Weg, ließ er doch von Anfang an nur eine Kopie der wehrlosen, da nur 1,25 m hohen Jungfer aufstellen – das Original befindet sich an einem geheimen Ort.

Oder schauen Sie sich einmal die Wachen vor dem Schloss Amalienborg an: Sie finden die irgendwie nostalgisch? Die gleiche Einheit ist mit einem Kontingent in Afghanistan vertreten. Sie finden die Freistadt Christiania so schön alternativ? Seit in Dänemark eine rechte Koalition regiert, versucht selbige das soziale Experiment zu beenden. 1971 hatten Hippies und Studenten im Stadtteil Christianshavn nicht nur eine Häuserzeile besetzt, wie dies fünfzehn Jahre später auch in der Hamburger Hafenstraße passierte, sondern gleich so viele Häuser, dass ein utopisches Viertel entstand, von den Bewohnern Freistadt genannt, denn sie wollten frei sein, frei von allem, was im sonstigen Dänemark galt. 1972 entschied sich die Regierung, die Autonomie des Viertels anzuerkennen, sofern die Bewohner wenigstens ihren Strom und

Abwassergebühren bezahlten. Dieser Deal hält jetzt über dreißig Jahre. Das Leben organisieren die Freistädtler nach ihren eigenen Gesetzen, die da lauten: Keine harten Drogen, keine Waffen, keine Gewalt und – was die rechte Regierung wohl am meisten wurmen dürfte – kein Handel mit Gebäuden oder Wohnungen. Die Freistadt Christiania ist also eine Art Kuba mitten in der EU, eine kleine Insel des Sozialismus, auf der jede Streitigkeit vom Plenum besprochen wird, eine Art Vollversammlung für Debattierfreunde mit viel Sitzfleisch. Das Verbot harter Drogen ist zugleich eine Erlaubnis für weiche bewusstseinserweiternde Substanzen, und so lässt sich der Bummel über den beliebten Flohmarkt durch einen legalen Joint verlängern. Eine Attraktion, über die man in der Bordzeitung der MS Europa nichts erfährt. Die Händler von Haschisch und Marihuana durften bis vor kurzem noch kleine Holzstände für den Markt aufbauen, dies hat die neue Regierung unterbunden. Vor allem das Eigentumsrecht möchte die Regierung endlich wieder gewährleisten – wäre doch schade um all die wertvollen Häuser und Grundstücke, finden auch Immobilienmakler. Doch die Bewohner wehren sich, demonstrieren friedlich mit dem Motto «Ihr könnt uns nicht töten, denn wir sind ein Teil von euch».

Die Gewaltlosigkeit ist ein feiner Zug aus Hippiezeiten, aber Kopenhagen kennt es auch anders. Als die rechte Regierung das alternative Jugendzentrum Ungdomshuset, das 25 Jahre lang ohne die Einmischung von Pädagogen selbst verwaltet wurde, schloss, gab es gleich mehrere Tage Proteste, die die Polizei mit Tränengas niederschlug. Die Bilder von den Krawallen erinnerten in ihrer Intensität an die Aufstände in den Pariser Vorstädten, den Banlieues. Die Jugendlichen steckten Autos in Brand und besetzten die Zentrale der Sozialdemokraten.

Was sind die Dänen bloß für renitente Bürger?, musste sich die neue, ebenfalls renitente Regierung fragen. Nicht nur die Alt-68er aus Christiania kleben auf ihrer Scholle, nicht nur die Jugendlichen weigerten sich nach der Kündigung, ihr Clubhaus zu verlassen, sondern auch die Motorradgang Hells Angels startete nicht die Motorräder, als die Stadt Kopenhagen ihnen ihr Vereinsheim kündigte. Im Gegensatz zu den Altlinken ist ihr Vorbild nicht Gandhi, sondern es sind die Wikinger, die einst ganz Europa verwüsteten. Kein Wunder, dass der Hausmeister beim Versuch, eine Schlüsselübergabe zu organisieren und dabei zu kontrollieren, ob auch alle Räume frisch gestrichen worden waren, nur höhnisches Gelächter erntete. Die Rocker schlürften seelenruhig Pfirsich-Himbeer-Joghurt aus dem Literpack und bewegten sich keinen Meter. Die Hells Angels konnten sich nicht mit solchen Lappalien befassen, wollten sie doch in Dänemark den Drogenhandel und die Prostitution kontrollieren, und zwar auch nach sozialistischem Prinzip, also vor allem ohne Mitbewerber. Gerne erweitern sie ihr Machtgebiet und mischen auch mal auf St. Pauli mit. Als allerdings die eigentlich im amerikanischen Texas beheimatete Gang Bandidos eine Filiale in Kopenhagen eröffnen wollte, trieb dies den Puls unter mancher Höllenlederjacke gewaltig in die Höhe. Ich weise zwischendurch darauf hin, dass sich auch die folgenden Ereignisse nicht in Los Angeles, sondern im schönen Kopenhagen unweit der kleinen Meerjungfrau abgespielt haben, und zwar vor nicht allzu langer Zeit. Wie soll man es nüchtern formulieren: Beim unfreiwilligen Branchentreff der Dealer und Zuhälter wurden die Märkte neu geordnet. Dabei tauschten Hells Angels und Anhänger der Bandidos Argumente aus, die aus Maschinengewehrsalven, Handgranaten und Panzerabwehrraketen bestanden. Das hatte man bisher nur Arabern zugetraut: Syrische Fans der arabischen Ausgabe von «Deutschland sucht den Superstar» versuchten angeblich, eine Rakete auf das Studio abzufeuern, als ihr favorisierter Sänger aus der Show flog. Der Araber gilt ja im Allgemeinen als aufbrausend und schnell beleidigt, aber auch die dänischen Hells Angels und Bandidos brachten es auf fünfzig Verletzte und neun Tote, bis alle Fragen geklärt waren.

Früher erstreckte sich das dänische Reich einmal bis vor die Tore Hamburgs. Das dänische Altona lockte viele Arbeiter aus der Freien und Hansestadt zu sich, weil dort im Gegensatz zu hier Gewerbefreiheit herrschte. Noch heute markiert ein Hotdog-Imbiss auf der Reeperbahn am Nobistor genau die alte Grenze. Direkt daneben steht ein alter eiserner Pfeiler des alten Nobistores. Sie werden an ihm keine Scharniere finden, denn Altona war immer offen, zog alle an, die anderswo ausgegrenzt wurden. Religiös Verfolgte wie Mennoniten und Hugenotten (von denen ich übrigens abstamme), Juden, aber auch dubiose Sekten, Adamiten und Gichtilianer. Altona stand für Freiheit, die Straßen Große Freiheit und Kleine Freiheit, die hier liegen, heißen genau deshalb so.

Während Altona wuchs, war der dänische Versuch, mit Glückstadt einen Konkurrenzhafen zu Hamburg zu begründen, allerdings ein totaler Flop. 1617 posaunte König Christian IV. noch am Elbufer: «Dat schall glücken, dat mutt glücken, und denn schall se ok Glückstadt heten.» Aber der Ort ist bis heute klein geblieben, im winzigen Hafen sitzen nur ein paar Angler auf der Mole. Wenn Sie in Glückstadt am Stadtrand hinten in einen Bus einsteigen, nach vorne durchgehen und wieder aussteigen, sind Sie schon im Zentrum. Der Hafen, der der Stolz Dänemarks hatte werden sollen, schlägt heute pro Jahr so viele Container um wie der Hamburger Hafen in zehn Sekunden.

Die Zeit Altonas unter dänischem Einfluss ist schon lange vorbei, und 1937 endete auch sein Dasein als selbständige Stadt, es wurde Hamburg eingemeindet. Inzwischen waren in Deutschland Kräfte am Ruder, die Dänemark in Bedrängnis bringen sollten. Im Zweiten Weltkrieg wurde es – wie sollte es anders sein – vom Deutschen Reich besetzt. Es wäre wahrscheinlich weniger aufwendig zu erzählen, welche europäischen Länder damals nicht von uns überrollt wurden. Kampflos gaben die Dänen damals auf und lieferten doch ein heldenhaftes Glanzstück: Als einziges besetztes Land schafften es die Dänen, so gut wie die gesamte jüdische Bevölkerung vor den Nazis in Sicherheit zu bringen. Zwar spielte dabei auch ein Deutscher eine Rolle, nämlich der Diplomat Georg Ferdinand Duckwitz. Als dieser erfuhr, dass ab dem 1. Oktober 1942 alle dänischen Juden nach Deutschland deportiert werden sollten, verständigte er Marcus Melchior, Oberrabbiner von Kopenhagen. Aber es waren die Dänen, die die Evakuierung organisierten. Mit der Hilfe von zahlreichen Fischern gelang es in kürzester Zeit, 7000 von Deportation bedrohte Menschen nach Schweden überzusetzen. Eine beispielhafte Welle der Solidarität schwappte durch die dänische Bevölkerung, sie sammelte Decken, Nahrung, aber auch Geld, um den vielen Fischern Treibstoff für die Fahrten über den Öresund und das Kattegatt zu finanzieren. Außerdem organisierten sie Fluchtshuttles zu den Booten in Kranken- und Müllwagen und allem, worin man sich verstecken konnte.

Damals riskierten die helfenden Dänen viel, und bis heute zeichnet es sie aus, dass sie ihr Fähnchen nicht in den Wind hängen, wenn sie mit etwas nicht einverstanden sind, selbst wenn Ärger droht.

Dies zeigte sich zuletzt bei dem bei uns als «Karikaturenstreik», in Dänemark als «Mohammedkrise» bekannt gewordenen Drama. Harmonie geht den Dänen nicht über alles, zum Beispiel nicht über die Meinungsfreiheit. Nachdem ein dänischer Verlag für ein Buch über das Leben des Propheten Mohammed keinen Graphiker gefunden hatte, der sich traute, Zeichnungen unter eigenem Namen zu erstellen, wollte die Zeitung *Jyllandsposten* herausfinden, wo die Meinungsfreiheit für dänische Karikaturisten endet, und forderte sie auf, Zeichnungen einzureichen mit dem Titel «Das Gesicht Mohammeds». Die zwölf abgedruckten Graphiken erschienen nicht nur in der *Jyllandsposten*, sondern auch im ägyptischen Blatt *Al Fager*, ohne dass es danach zu Protesten kam. Erst als die dänischen Imame Ahmad Abu Laban und Ahmad Akkari die Serie kopierten und als Dossier an arabische Zeitungen und andere Multiplikatoren schickten, nahm das Drama seinen Lauf. Den größten Protest riefen dabei Zeichnungen hervor, die man zwar in dem Dossier fand, die aber gar nicht in der *Jyllandsposten* erschienen waren. Erst diese neuen Zeichnungen unbekannter Herkunft, auf denen der Prophet beispielsweise während des Betens von einem Hund bestiegen wird, sorgten für eine Protestwelle in der arabischen Welt. Dänische Botschaften wurden in Brand gesteckt und zerstört, bei Demonstrationen kamen 140 Menschen ums Leben. Als die Innenminister von siebzehn arabischen Ländern den dänischen Premier Anders Fogh Rasmussen aufforderten, die Karikaturisten hart zu bestrafen, entgegnete dieser mit dem Hinweis auf die Pressefreiheit, es stehe ihm nicht zu, die Arbeit von Journalisten zu be- oder verurteilen. Daraufhin schloss Libyen seine Botschaft in Kopenhagen, und auch Saudi-Arabien ließ seinen Botschafter die Koffer packen. Gerade als sich der Chefredakteur der *Jyllandsposten* zu einer Entschuldigung entschloss und versicherte, er habe die religiösen Gefühle der Muslime nicht verletzen wollen, lief auf dem arabischen Fernsehsender Al-Dschasira ein Interview mit dem in Dänemark lebenden Chef einer Muslim-Brüderschaft, der vor laufender Kamera weinte und die unglaubliche Behauptung aufstellte, dass in Kopenhagen per SMS dazu aufgerufen wurde, auf dem Marktplatz den Koran zu verbrennen. Tatsächlich hatten die rechtsradikalen Trottel der «Dänischen Front» genau das gemacht, also besagte SMS verschickt, und ließen damit die Emotionen wieder hochkochen. Der dänische Botschafter in Jakarta sah sich von rund 150 Demonstranten eingekesselt, die aufs Gelände der Botschaft vorgedrungen waren. Obwohl die aufgebrachte Menge «Lasst uns den dänischen Botschafter abschlachten» skandierte, trat dieser vor die Meute, verlas die Entschuldigung des Chefredakteurs von *Jyllandsposten* und beschwichtigte. Inzwischen forderte eine Al Qaida nahestehende Terrorgruppe, alle Dänen umzubringen.

In Deutschland druckten viele Zeitungen eine der umstrittenen Zeichnungen ab, *Die Welt* alle zwölf. Der ansonsten wenig zaghafte Entertainer Harald Schmidt beschloss, keine Witze mehr über das

Thema zu machen. Mehr als zwölf Christen, meist Priester und Nonnen, wurden in moslemischen Ländern für die Karikaturen verantwortlich gemacht und ermordet. Es war ein absurder Streit: Auf der einen Seite hat eine dänische Zeitung die religiösen Gefühle vieler Muslime verletzt und sich dafür entschuldigt, obwohl die Zeichnungen, die am meisten Aufsehen erregten, nicht mal von ihr stammten. Auf der anderen Seite haben Muslime bei ihrem Protest nicht nur Gefühle verletzt, sondern echte Menschen, viele wurden ermordet. Darüber ging auch der Schriftsteller Günther Grass hinweg, als er die *Jyllandsposten* als «fremdenfeindlich» bezeichnete, aber kein Wort über die Toten verlor, die von aufgebrachten Muslimen wegen der Karikaturen gelyncht wurden.

Unter dem Titel «Hurra, wir kapitulieren» hat der Journalist Henryk M. Broder ein Buch geschrieben, in dem er u. a. am Beispiel des Karikaturenstreits zum Schluss kommt, dass die Europäer bei der Konfrontation mit radikalen Muslimen Gefahr laufen, aus einer vermeintlich «politisch korrekten» Haltung heraus demokratische Werte preiszugeben. Die *Jyllandsposten* hat ungewollt die Dänen zum Ziel des Protests zwischen Kairo und Jakarta gemacht. Diesen Sturm hatten sie sicher nicht erwartet; war er aber erst mal da, haben sie sich nicht weggeduckt. Das machen Dänen nicht.

Ich hatte wohl zu lange auf einer Bank an der Frederiksborg gesessen, meinen Blick über die Hausfassaden schweifen lassen und über den Karikaturenstreit nachgedacht, der so gar nicht zu dem idyllischen Bild vor mir passen wollte. Denn als ich auf die Uhr schaute, musste ich mit Erschrecken feststellen, dass es schon sehr spät geworden war. Schnell winkte ich ein Taxi heran, sonst hätte ich es nicht mehr rechtzeitig zur MS Europa geschafft. Nach zwei Straßenecken überholten wir einen Jungkoch, der in Richtung Schiff joggte. Sein Gesicht erinnerte ich aufgrund einiger kleinerer Konversationen, die wir zuvor hatten, die aber nicht den Rahmen überschritten, der von der Schiffsleitung vorgegeben wird, also zum Beispiel: «Möchten Sie Béchamelsauce?» – «Ja, gerne.» Das Taxi hielt auf meinen Wunsch, und ich bot dem Koch an zuzusteigen; wenige Minuten später erklommen wir die Gangway. Das Ablegemanöver ist schließlich nur dann schön, wenn man es von der Reling aus betrachtet und nicht vom Kai.

Als ich mich am selben Abend in die Schlange am Buffet einreihte, sah ich meinen Freund, den Jungkoch, wieder. Er stand unter der Heizlampe und portionierte den Fisch. Als ich ihn bat: «Ein kleines Stück, bitte», antwortete er betont laut: «Einmal ein kleines!», um dann leise hinzuzufügen: «Vielen Dank nochmal.» – «Kein Problem», erwiderte ich. Er flüsterte zurück: «Ich war sieben Minuten zu spät. Musste beim Käpt'n antanzen, der hat mich für sieben Häfen gesperrt.» Oje, dachte ich. Der Arme durfte für jede Minute, die er zu spät gekommen war, einen Hafen nicht von Bord. Der achte wäre Hamburg gewesen, wo er seine Freundin besuchen wollte. Das war gerade nochmal gutgegangen.

Genauso wie meine Teilnahme an der Vernissage der Ausstellung auf Deck 9, die ich beinahe verpasst hätte. Sie präsentierte Garten- und Ostseelandschaften, die genauso aufwühlend waren wie das restliche Bordleben. Ich ließ die Bilder eine ganze Viertelstunde auf mich wirken und versuchte anschließend, meinen Kreislauf im Club Belvedere mit einem doppelten Espresso und einem Stück Sachertorte zu beleben. Allerdings wurde die Wirkung des Koffeins von der Musik des Pianisten neutralisiert. Mit der Kraft eines Zimmerspringbrunnens spielte er laut Bordzeitung «entspannende Melodien von Gershwin bis Chopin». Ach, wäre die Welt doch nur halb so friedlich wie das Leben auf einem Kreuzfahrtschiff, dachte ich. Warum kam man während des Karikaturenstreits nicht auf die Idee, die zwölf Karikaturisten und den Chefredakteur von *Jyllandsposten* mit den Imamen Ahmad Abu Laban und Ahmad Akkari und anderen muslimischen Scharfmachern auf der MS

Europa an einen Tisch in den Club Belvedere zu setzen? Der Pianist, der sicher auch in der Lage war, einen aggressiven Pitbull-Terrier in wenigen Minuten mit den schönsten Mozart-Melodien einzuschläfern, hätte jeden Willen zur Gewalt aus ihnen herausmoduliert, bei einer Runde Shuffleboard hätte man sich noch mehr entspannt, und die beruhigende Wirkung, die der Blick auf die Bilder mit Gartenblumen- und Ostseelandschaften entfaltet, wäre besser als jeder Riesenjoint aus der Freistadt Christiania gewesen.

DER ONKEL

Man sollte nie seine besten Hosen anziehen,
wenn man hingeht und für Freiheit und Wahrheit ficht.

Henrik Ibsen

NORWEGEN
DIE ÖLSCHEICHS AUS OSLO

Die Bewegungen eines Schiffes bringen den einen um den Schlaf, den anderen wiegen sie sacht ins Land der Träume. Das entfernte Dröhnen der Maschine schafft es auch auf dem größten Dampfer durch alle Decks und Zwischenwände hindurch ins eigene Bett und in die eigenen Ohren, aber man kann es ebenso beruhigend finden wie das Wiegen. Seekrankheit ist relativ. Die Frage ist nicht, ob man seekrank wird oder nicht, sondern ab wann. Wie stark muss die See sein, damit einem selbst übel wird? Falls Sie sich vor Ihrer ersten Seereise testen wollen, können Sie in Hamburg auf den Landungsbrücken ein Fischrestaurant besuchen. Es steht auf dem Ponton, treibt mit ihm in der Elbe, und wenn Ihnen schon hier unwohl wird, dann sind Sie sehr empfindlich.

Wie bei allen Beschwerden gibt es auch für die Seekrankheit grandiose Hausmittel, eines besagt, man solle den Horizont im Blick behalten. Ein toller Tipp für jene, die eine Innenkabine vor Kap Hoorn gebucht haben.

Mich persönlich hat weniger der Wellengang gestört, sondern die Vorstellung, er könnte mich möglicherweise stören und ich nichts dagegen machen. Als ich spät in der Nacht meine Kabine aufsuchte, hatten wir den nördlichsten Zipfel von Dänemarks Jütland schon passiert. Backbords traf also die energische Nordsee auf uns, um der auf der anderen Seite liegenden Ostsee zu zeigen, was ein anständiges Meer draufhaben muss.

Damit man den Seegang zumindest optisch nicht so mitbekommt, ist auf Schiffen alles festgeschraubt. Keine Lampe hängt am Kabel von der Decke und schwingt wie ein Pendel. Jede Tür ist in jeder Stellung arretiert und kann nicht hin und her schlagen. Ab einer sicher genau festgelegten Windstärke, die wir in dieser Nacht erreichten, steckt eine Abteilung der sonst unsichtbaren Servicearmeen von einem Moment auf den anderen Hunderte von Spucktüten an alle Treppengeländer und ähnliche Handläufe. Der Blick auf diese große Anzahl von Tüten, die Tatsache, dass irgendjemand vom nautischen Personal der Meinung war, in Kürze würde sich auf jedem Gang und in jedem Treppenhaus im Abstand von zweieinhalb Metern jemand übergeben, verunsicherte mich und verursachte ein flaues Gefühl im Magen.

Ich fand trotzdem meinen Schlaf, und es war erst die Stille, die die MS Europa Stunden später beim Einfahren in die Bucht von Oslo umgab, die mich wieder aufschrecken ließ. Frühaufsteher können sicher andere Geschichten erzählen, aber ich verbrachte im Allgemeinen jedes Anlegemanöver schlafend, versuchte das nölende Geräusch der Seilwinden nicht wahrzunehmen, und erst wenn das am Kai vertäute Schiff von einer totalen Ruhe und Bewegungslosigkeit erfüllt war, konnte ich nicht anders, als den Vorhang aufzureißen.

Diesmal fiel mein Blick auf einen silbernen Lagerschuppen, vor dem drei verrostete Container mit der Aufschrift *Cosco* standen. Es regnete. Ich überlegte, ob ich auf einen Landgang verzichten und mir die Stadt nicht lieber im Bordfernsehen anschauen sollte.

Dort lief eine Dokumentation mit den schönsten Zielen der norwegischen Hauptstadt. Sie stammte von Wolfgang Schmidt, Inhaber der Produktionsfirma «VideoProduktionSchmidt» aus Neumünster, der auch unsere Reise mit einem professionellen Kamerateam begleitete. Wenn man nicht aufpasste und sich an der Poolbar mit einem Glas Caipirinha lächelnd zur Sonne drehte, schaute man prompt in sein Objektiv. Dann lachte er und sagte jedes Mal: «Das nehmen wir auf jeden Fall rein, war klasse!» Am Ende konnte man das Video bestellen.

Der Film über Oslo hatte einen nicht von der Hand zu weisenden

Vorteil gegenüber der Realität: In ihm schien die Sonne. Ansonsten sollte man diese Reisefilme jungen Journalisten als abschreckendes Beispiel vorspielen.

Schon das übrige Programm vom Schiffs-TV war weniger investigativ als einst «Die aktuelle Kamera» der DDR. Jeden Abend gab es vor einer Studiodekoration, die selbst das kasachische Fernsehen als zu improvisiert bezeichnen würde, eine Stunde Liveprogramm, in der die Entertainmentmanagerin Claudia Akteure anstehender Programmpunkte interviewte. Dabei griff sie auf den immer selben Textbaustein zurück und verband ihn geschickt mit dem Programm des nächsten Tages: «Was erwartet uns denn morgen beim ...?» Dann fügte sie Ereignisse wie «Diashow» oder «Superbingo» ein.

Als Nachrichtenjunkie vermisste ich echte News von Bord. Warum raffte sich nicht der Kapitän auf, um wenigstens einmal am Tag die wichtigsten Nachrichten im Überblick zu verlesen? «Krimineller Jungkoch sieben Häfen gesperrt» oder «Schlimme Vorwürfe: Weigerte sich Host Henry, mit der Boltermann-Witwe zu tanzen?» oder «Wieder zwei Passagiere spurlos verschwunden!» Aber beim Bordfernsehen konnte man ganz beruhigt sein: Egal, ob eine Salmonellenepidemie die Hälfte der Passagiere dahinraffen oder das Schiff auf ein Riff laufen würde, Claudia hätte selbst noch am Grund der Ostsee in die Kamera gelächelt: «Was erwartet uns denn morgen beim ... Aquawalking?»

Ich erwähne diese aktuelle Stunde auch nur, weil sie nach dreimaliger Wiederholung von den Städtereportagen der Firma VideoProduktionSchmidt abgelöst wurde und ich mich aufgrund des schlechten Wetters nun doch entschlossen hatte, Oslo und Norwegen mit seinen Augen zu entdecken.

Wolfgang Schmidt arbeitete bei seinen Stadtfilmchen mit zwei Tricks großer Hollywoodregisseure, dem Heranzoomen und dem Kameraschwenk. Dem Heranzoomen auf das Zifferblatt des Doms von Oslo folgte ein Schwenk über den Fischmarkt, dann ein Heranzoomen auf das Portal des Nationaltheaters und ein Schwenk über die Front des königlichen Schlosses, dann ein Heranzoomen einer Fähre mit anschließendem Schwenk über die Bucht von Oslo. Das Fischereimuseum, die Staatsbibliothek und die Oper wurden gezoomt; der Frognerpark, die Einkaufsstraße Karl Johans Gate und die Burg Akershus wurden abgeschwenkt. In diesem Stil dokumentierte Wolfgang sämtliche vierhundert Sehenswürdigkeiten der Stadt. Das Ganze wurde durch Aufnahmen von Einheimischen und Touristen noch authentischer gemacht, Menschen, die lachend Fahrrad fuhren, flanierten, badeten oder wanderten, jungen Frauen, die einfach so ihr Haar in den Nacken warfen, winkten oder Eis aßen.

Ab und zu schreckte Wolfgang Schmidt den Zuschauer mit unerwarteten Off-Kommentaren aus dem Oslo-Reiseführer auf: «Oslo wurde erstmalig 1048 urkundlich erwähnt», oder: «Der Kunsthandwerkermarkt in der Altstadt ist bekannt für seine Handwerkskunst.»

Nach einer halben Stunde entfuhr mir beim Zoom auf das berühmteste Werk des wohl berühmtesten norwegischen Malers ein Schrei, und ich warf mein mit Gravadlachs belegtes Brötchen nach dem Fernseher. Hätte man Wolfgang mit einer Zeitmaschine in die Geschichte Europas geschickt, ihn damit beauftragt, eine Reportage in Verdun 1916 zu drehen oder eine in Dresden im Februar 1945, er hätte garantiert den letzten heilen Kirchturm gefunden und herangezoomt und irgendwelche Frauen bestochen, damit sie in die Kamera winkten und ihr Haar nach hinten warfen.

Gegen Mittag klarte es auf. Entschlossen, die Deutungshoheit über Norwegen nicht Wolfgang zu überlassen, zog ich meine Regenjacke an.

Auch Norwegen ist ein Paradies. Wie seine beiden skandinavischen Nachbarn ist es die ersten dreizehn Milliarden Jahre nach dem Urknall nicht weiter aufgefallen, seine Bewohner zogen ein paar Fische an Land, überwinterten in Holzhütten – und das war's eigentlich schon.

Bis heute leben in ganz Norwegen ungefähr so viele Menschen wie im Großraum Berlin, aber es werden immer mehr, denn Facharbeiter fehlen, und die Löhne sind hoch. Oslo zählt zu den teuersten Städten der Welt und hat sogar Paris auf hintere Plätze verdrängt. Beleidigt haben die Wirte entlang den Champs Elysées sofort die Preise für den Café au lait auf neun Euro angehoben, aber auch das reicht nicht, um Oslo zu überholen.

Im Gegensatz zu Finnen und Schweden müssen sich die Norweger nicht groß den Kopf zerbrechen, welche elektronischen Konsumgüter oder welches Design Menschen in der Welt begeistern könnte, sie verkaufen einfach ihr Erdöl der Marke «Brent». Als ich zum ersten Mal von diesem ominösen Öl in den Nachrichten hörte, dachte ich, wieso eigentlich «brent»? Ich finde es selbstverständlich, dass das Zeug brennt, schließlich muss man für ein Fass «brent» auf dem Rohölmarkt in Rotterdam schon mal hundertfünfzig Dollar auf den Tisch blättern. Norwegen ist der fünftgrößte Ölexporteur der Welt. Warum sollte man also in die EU eintreten? Das reiche Land müsste Unsummen in die Gemeinschaftskasse einzahlen, damit irgendwelche Ostblockstaaten oder Südeuropa renoviert werden können. Nein, da bleibt man lieber unter sich. Auf engste Wirtschaftsbeziehungen muss man deshalb ja nicht verzichten, vor allem nach Deutschland und Schweden liefert Norwegen viele Waren, vor allem Gas.

Und als wäre das nicht schon genug bodenschätzliches Glück, kann das Land seinen Strombedarf fast ausschließlich über Wasserkraft decken. Kein Fass Öl, kein Sack Kohle und kein Uranstab muss hierfür in Anspruch genommen werden. 98 % der Energie können den unzähligen Flüssen oberhalb der Fjorde mit Sperrwerken abgezapft werden. Da die norwegische Kilowattstunde deswegen nur ein Drittel der deutschen Kilowattstunde kostet, gehen die Familien zwischen Stavanger und Tromsø nicht gerade sparsam mit ihr um: Der Stromverbrauch der Norweger ist der höchste der Welt. Viele Häuser werden elektrisch geheizt, öffentliche Gebäude haben zum Teil nicht mal Lichtschalter, das Licht bleibt einfach immer an. Letzteres ist natürlich vor dem Hintergrund verständlich, dass das Bedürfnis groß ist, gegen die winterliche Dunkelheit anzuleuchten.

Das Land hat eben ganz eigene Bedingungen. Als die Regierung in Oslo gleich nach Irland ein umfassendes Rauchverbot für Gaststätten und Restaurants einführte, war schnell die Frage, was schlimmer ist: der langwierige Krebstod durch Tabakkonsum oder der schnelle Erfrierungstod beim Versuch, vor der Kneipe bei minus 32 Grad Celsius in Ruhe eine zu schmöken. Übrigens gilt in Norwegen das Rauchverbot nicht nur in Kneipen und Restaurants, sondern teilweise sogar im Freien, ja selbst in den eigenen vier Wänden, insofern sich diese auf einer Bohrinsel befinden.

Damit Norwegen seinen Reichtum und seine Unabhängigkeit behält, ist der Run auf die letzten Ölfelder groß. Ähnlich wie in Grönland führte das weltweite Verbrennen von fossilen Stoffen auch am Nordpol zu einem Abschmelzen der Eismassen, das es ermöglicht, unter ihnen neue Gas- und Ölfelder zu erschließen. Diese werden wiederum verheizt und erwärmen das Klima zusätzlich. Wenn Norwegen Glück hat, kann es nach Versiegen der letzten Quellen an seiner gesamten Küste bis hinauf zum Nordkap auf Badetourismus umsatteln, denn das Mittelmeer ist bis dahin verdunstet. Tatsächlich gehen Wissenschaftler davon aus, dass bis zum Jahr 2050 die komplette Nordpolkappe aus Eis verschwunden ist. Aber wem gehört eigentlich der Meeresgrund darunter? Bisher gab es noch keinen Anlass, darüber zu streiten, aber nun geht's ums Eingemachte, besser gesagt, ums Öl. Inzwischen haben die Russen mit einem U-Boot eine Flagge genau unter dem Nordpol in den Boden gepflanzt. Norwegen hat zwar ein Stückchen Grenze mit Russland am Ende von Lappland, aber so richtig nachbarschaftlich geht es nicht zu, auch nicht unter den Fischern. Da verhaftet die norwegische Küstenwache schon mal die Besatzung russischer Fischtrawler, die sich dem zu

Norwegen gehörenden Spitzbergen näher als 200 Meilen nähern, weil Russland diese 200-Meilen-Zone nicht anerkennt.

Während ich noch darüber sinnierte, wie sich diese kleine Nation wohl gegen die seit neuestem sehr selbstbewussten Russen durchzusetzen gedachte, stieß ich in der Karl Johans Gate auf ein hippes Café und entschloss mich, eine kurze Pause einzulegen, um ein koffeinhaltiges Trendgetränk mit Karamellgeschmack zu mir zu nehmen. Durch die Panoramafenster leuchtete das weiße, selbstbewusste Oslo herein. Jeder dritte Norweger lebt hier in der Hauptstadt, die ungefähr so groß ist wie Hamburg. Der norwegische Staat, Firmen und Einwohner haben so viel Geld auf dem Konto, dass sie im Grunde locker zehn Jahre Ferien auf Barbados einschieben könnten, aber man ist bescheiden, prahlt nicht mit seinem Reichtum und legt Wert darauf, im Wochenendhaus das Feuerholz selber mit der Axt zu spalten.

Neben mir an den Tischen saßen junge Norweger und Norwegerinnen, die zum Teil versonnen auf die Bildschirme aufgeklappter Notebooks blickten oder eifrig tippten. Eine von mir durchgeführte Spontanerhebung ergab, dass die Norwegerin an sich – wie kann man es charmant ausdrücken – im statistischen Mittelwert nicht ganz so filigran wie die Französin ist. Die vielen Jahrhunderte, die ihre Urmütter das Regiment daheim und auf dem Feld ganz allein übernehmen mussten, während ihre Männer in großen Ruderbooten europäische Nachbarländer verwüsteten, mag eine genetische Anpassung an die körperliche Arbeit bewirkt haben. Man darf diese gewisse Robustheit nicht unterschätzen, denn egal, wie der Kampf ums Öl ausgehen mag, irgendwann wird es alle sein, und an diesem Tag können die Norweger wieder in ihre Wikingerboote springen und klarstellen, wer im Norden die Hosen anhat.

Mit einem Koffeinkick lief ich in die Tøyengata und trieb mich zwei Stunden im Munch-Museum herum. Dabei erwartete ich jeden Moment, mir könnte jemand einen Revolver an die Schläfe halten.

Überfälle durch bewaffnete Gangster vermutet man zwar nicht in Oslo, noch dazu tagsüber in einem Museum, aber vor einigen Jahren ist genau das hier passiert. Männer mit Pistolen stürmten in das Museum des großen norwegischen Malers Edvard Munch und stahlen seinen berühmten *Schrei* und weitere Gemälde. Die kriminellen Trottel dachten allerdings nicht daran, dass man weltbekannte Gemälde nicht einfach bei eBay versteigern kann, und begingen weitere Fehler, die zu ihrer Festnahme führten. Allein, der *Schrei* war stark beschädigt. Eine nur wenige Tage geöffnete Ausstellung mit dem verwundeten Bild zog über fünftausend Besucher an. Seitdem wird es nicht mehr ausgestellt, es heißt, eine Reparatur sei unmöglich.

In der Nähe des Museums entdeckte ich das Büro einer Agentur, die sich auf die Vermittlung von Jobs auf Bohrinseln spezialisiert hat. Von einem Ständer aus leuchteten mich deutschsprachige Prospekte an. Mit betont gleichgültiger Miene ergriff ich einen und steckte ihn in meine Jacke. Auch als Schriftsteller sollte man immer einen Plan B haben, falls sich die eigenen Bücher auf dem Spotmarkt in Rotterdam nicht so verkaufen wie Ölfässer der Marke «brent». Als der Agent sah, dass ich den Prospekt an mich nahm, winkte er mir sogleich zu. Vielleicht wollte er meine Oberarmmuskeln testen und mir ein spontanes Angebot unterbreiten. Leider war ich gerade nicht abkömmlich, aber ich bin sicher: Bei ernsthaftem Interesse wäre ich schneller auf einer Bohrinsel in der Nordsee gewesen, als es dauert, in Oslos Cafés einen Espresso zu bestellen.

Das bestätigt auch die große Anzahl Deutscher, die neben norwegischen Fischern und Philosophiestudenten auf den Plattformen zu finden sind. Ihnen kommt das Versprechen auf harte Arbeit von jeher verlockend vor, also packen sie ihre Koffer in Berlin-Neukölln und Hamburg-Osdorf und emigrieren nach Norwegen. Selbst als ungelernter Hilfsarbeiter bekommt man hier schon um die 3500 Euro brutto. Und dieses Geld ist eigentlich noch mehr wert, da man bei den monatelangen Einsätzen auf dem Meer keine Gelegenheit hat, es auszugeben. Kost und Logis sind auf einer Plattform natürlich inklusive. Teuer wird es erst, wenn man – zurück in Oslo – essen geht oder ein Taxi nimmt. Ich prüfte dies im Selbsttest anhand des Betrags, den der Fahrer eines stattlichen Volvo V70 dafür haben wollte, dass er mich in den Hafen zur MS Europa brachte. Der war tatsächlich so hoch, dass ich im ersten Moment dachte, ich dürfte den Wagen dafür behalten.

Als mich der Bauch der MS Europa mit seinem wetterfreien, stets gleich temperierten Klima wieder aufnahm und ich im Foyer auf Deck 4 in die vertrauten Gesichter der Rezeptionisten und Kellner schaute, fiel mir der einzige Grund ein, der sowohl gegen einen Job auf einem Schiff als auch gegen den auf einer Ölplattform spricht. Man verliert nicht nur tatsächlich, sondern auch im sozialen Sinne den Boden unter den Füßen. Die ersten Monate freut man sich darüber, so viel Geld zu sparen, da man umsonst wohnt und speist und kaum Kleidung braucht, schließlich stellt der Arbeitgeber die Uniform. Dann stellt man sich die Frage, welchen Sinn es macht, in der Heimat Miete für eine Wohnung zu bezahlen, in der man sich so gut wie nie aufhält. Also kündigt man sie, verliert damit den letzten Anker und wird zu einem latent depressiven Wanderarbeiter, dessen Privatsphäre sich auf einen Spind beschränkt.

Nachdem wir Oslo verlassen hatten, fuhren wir die norwegische Küste hoch und liefen eine der größten Attraktionen für Kreuzfahrtschiffe überhaupt an: die norwegische Fjordlandschaft. Die steil abfallenden Wände der Fjorde setzen auch unter der Wasseroberfläche ihren steilen Winkel fort und erreichen so eine unglaublich Tiefe, der Sognefjord bringt es auf 1380 Meter und ist damit tiefer als der größte Teil der Nordsee. Auch hier könnte man einen unliebsamen Ehepartner verschwinden lassen, wenn man ihn vorher etwas beschweren würde. Man könnte ihm Steine von der Hot-Stone-Massage in die Taschen stecken, an einen Liegestuhl binden oder beim Kuchenbuffet dazu überreden, sechs Stücke Marzipantorte zu essen.

Im Geirangerfjord, den wir ansteuerten, würde dies wiederum nur schwer funktionieren, da er auf nur fünfzehn Kilometern viele Attraktionen bietet und das Skydeck deshalb stets mit Unmengen von Schaulustigen bevölkert war, die Camcorder über der Reling balancierten. Mal fuhr das Schiff dicht an den fast senkrecht aufragenden Felswänden entlang, mitunter schien es, als könnte man sie mit den Händen greifen. Dann passierten wir die *Sieben Schwestern*, eine Reihe von Wasserfällen, die von weit oben über den Abhang in die Tiefe stürzen. Schmal und endlos sanken sie herab und erfüllten den Fjord mit einer Gischt, die Hochzeitsschleier getauft wurde – dass auf dem Land Geschwister heirateten, ist sicher schon mal vorgekommen.

Trotz seiner Enge steuern eine Unzahl von Schiffen den Geirangerfjord an. Kaum ein Kapitän beachtet das wacklige Sackgassenschild, das am Beginn der Passage mit dem Hinweis «eingeschränkte Wendemöglichkeit» warnt. Und so kommt es hier immer wieder zum Showdown der Kreuzfahrtflotte. Wer macht das Rennen? Die Briten mit Queen Victoria und der Queen Mary II oder wir Deutschen mit der MS Europa, der Bremen und der Hanseatic, der Delphin Renaissance und der Aida-Armada? Letztere sind meist besser gebucht als einst die Gustloff. Sogar Kreuzfahrt-U-Boote sind in Planung, falls es ernst wird.

Das Wendemanöver der MS Europa war entsprechend Zentimetersache, dank Bugstrahlruder konnte das Schiff auf der Stelle drehen, und so kehrten wir Norwegen den Rücken, dem großzügigen wie kargen Land, das früher Willy Brandt Unterschlupf gewährte, als dieser 1933 vor den Nazis aus Deutschland floh, und heute Ziel von vielen ist, die im kalten Norden ihr Glück versuchen wollen.

Eines verbindet Norwegen mit Schweden und Finnland: Politisch steht man kurz vor dem Polarkreis keinesfalls auf einem kühlen Balkon zur Nordseite, sondern im Zentrum Europas. Die offenen Gesellschaften der Skandinavier und Finnlands sind stabil, aber offen, wehrhaft, aber tolerant. Es lohnt sich immer wieder, sich etwas von ihnen abzugucken.

DIE BRÜDER

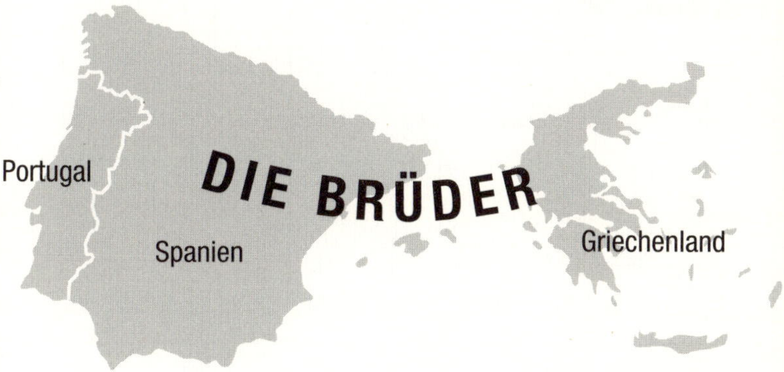

Se vende!

Schilder an Häusern, die diese als zu verkaufen kennzeichnen.

Ihr zu häufiges Auftreten könnte Spanien in den Abgrund reißen.

SPANIEN
EUROPAS SPÄTZÜNDER

Die Bänke am Gate C64 für den Flug nach Barcelona waren nur spärlich besetzt. Ich dachte, die Maschine würde höchstens halb gefüllt sein, und es war ein beruhigender Gedanke, mit etwas Glück eine ganze Sitzreihe für mich allein ergattern zu können. Mein Blick senkte sich in ein Trendmagazin und stieß sofort auf einen Artikel, der den Gebrauch der Bezeichnung «Maschine» für Flugzeuge anmahnte und auch den Begriff «Flieger» ins sprachliche Abseits stellte. Letzterer werde angeblich nur von Billigtouristen verwendet. Wenn Sie also zu Hause oder im Büro einen wichtigen Anruf bekommen und sagen: «Ich nehme die nächste Maschine nach Brüssel!», ist das völlig korrekt. Flieger gehen hingegen nur nach Palma de Mallorca, Antalya oder Rhodos. In geselliger Runde im Büro oder zu Hause zu erklären: «Mensch, im Flieger nach Malle hab ich Jacqueline voll auf'n Schoß gekotzt!», ist folglich absolut korrekt.

Als ich meinen Blick über die Wartenden schweifen ließ, stach mir eine Gruppe von vier Männern und einer älteren Frau ins Auge, die sich gerade umständlich gesetzt hatten. Sie sahen weder deutsch noch spanisch aus, sonder eher arabisch, zwei von ihnen trugen sogar einen Turban. Zudem schleppten sie schäbige Rucksäcke mit sich, die mir als Bordgepäck viel zu groß erschienen, und guckten die ganze Zeit böse. Trotz meiner sonst so regen Phantasie konnte ich mir nicht vorstellen, dass diese Gruppe einen Urlaub in Barcelona plante, um sich im Picasso-Museum umzusehen oder in Szenecafés Café con leche zu schlürfen. Für einen Geschäftstermin wiederum waren sie zu nachlässig gekleidet.

Nach einem kurzen Scan spuckte meine Lebenserfahrung die einzig mögliche Möglichkeit aus, was diese Gruppe – oder sollte ich besser sagen Zelle – in einer Maschine oder einem Flieger – das war jetzt wirklich egal – zu suchen hatte. Gleichzeitig schämte ich mich für den Gedanken, aber dass Sie, liebe Leser, ihn nun auch schon im Kopf haben, ohne dass ich ihn konkretisiert hätte, zeigt doch, wie naheliegend er ist.

Die Zuganschläge von Madrid waren zu diesem Zeitpunkt gerade ein Jahr her, und ich überlegte, ob es nicht meine Pflicht sei, den Damen am Schalter die geänderte Bedrohungslage mitzuteilen. Ein kurzer Blick in die Rucksäcke hätte genügt. Obwohl, die ältere dicke Frau hatte keine Tasche, aber es wäre doch möglich gewesen, dabei betone ich, dass man beim Thema Terrorabwehr jede, aber auch wirklich jede, Option im Auge haben muss, dass die Frau in Wirklichkeit gar nicht dick, sondern gertenschlank war und der Grund ihres Umfangs in mehreren Gürteln, gefüllt mit ... was, wenn ich neben ihr saß? Ich saß neben ihr.

Nachdem ich schnell eingestiegen war und mir noch eine Zeitung gegriffen hatte, ließ ich mich auf dem Platz 19D nieder. Das arabische Kommando stieg natürlich zuletzt ein und zog es angesichts der Unmöglichkeit, große Rucksäcke in die Gepäckablage zu pressen, vor, diese unter dem Sitz zu verstauen – damit waren sie griffbereit. Die Frau hatte den Platz neben mir. Uns trennten nur noch wenige Zentimeter – irgendwie beruhigte mich das auch. Ich glaube, wenn man direkt neben jemanden sitzt, der auf den Knopf drückt, ist eh alles egal, ein weißer Blitz, das war's. In meinem Kopf meldete sich der Kulturmensch zurück. Ich bitte um Entschuldigung. Es wäre natürlich der blanke Rassismus gewesen, die fünf nur deswegen einer Extrakontrolle zuzuführen, weil sie arabisch aussahen. Auf der anderen Seite ist es auch Fakt, dass sich ganz selten große blonde Schweden in die Luft jagen. Nichtsdestotrotz war meine Aufregung sicherlich völlig umsonst, schließlich musste die Einheit wie alle Gäste durch den Securitycheck.

Und die Beamten waren auf Zack. Als ich auf die Frage «Haben Sie den Koffer allein gepackt?» im Scherz antwortete: «Natürlich, nur Allah hat mir geholfen», musste ich jede Unterhose einzeln ausschütteln und alle Kugelschreiber aufdrehen. Außerdem wurde ich gezwungen, mir rund achtzig Gramm Gel in die Haare zu schmieren, um unter die 100-ml-Grenze für Flüssigkeiten zu kommen.

Wir waren inzwischen längst über Frankreich. Ich hatte mich beruhigt und versuchte mich in einen Artikel über die geplante Osterweiterung der EU zu vertiefen, doch die Buchstaben ergaben keinen Sinn und begannen sich zu drehen, jeden Moment erwartete ich den grellen Blitz. Dabei wusste ich ja, dass inzwischen auch an Bord viel für die Sicherheit getan wurde. Musste man früher nur einen Vorhang beiseiteziehen, um den Piloten zu erwürgen, gab es inzwischen eine schusssichere Tür mit einem kleinen Guckloch. Wenn vor dieser Tür jemand mit Talibanbart und Maschinengewehr auftauchte, machte der Kopilot natürlich nicht auf. Aber was, wenn die Terroristen Sätze auf Spanisch gelernt hatten? Kurz anklopften und mit hoher Stimme «Kaffee ist fertig!» säuselten?

Noch 28 Minuten bis Barcelona. Nicht dass Sie mich für paranoid halten. Die Lage war angespannt. Zu dieser Zeit standen die Spanier an der Seite der Amerikaner mit einem Truppenkontingent im Irak im Nahen Osten. Und es hatte schon einen verheerenden Anschlag auf einen Zug in Madrid gegeben. Umso beruhigter war ich, als wir schließlich wohlbehalten in Barcelona aufsetzten.

Am Kofferband lächelte ich die Familie an, hätte sie am liebsten umarmt. Eigentlich war die Mutter ganz drollig. Wie konnte man nur, weil ihre vier Söhne etwas nachlässig rumliefen, so etwas denken? Vielleicht traten sie alle eine Gastprofessur in Barcelona an. Wissenschaftler sehen oft etwas schlampig aus. Bildung ist schließlich wichtiger denn je. Es war doch gerade das Problem, dass die meisten Märtyrer Analphabeten waren. Sie glaubten, im Himmel erwarteten sie 72 Jungfrauen. Dabei steht in den entsprechenden Schriften in Wirklichkeit, dass den, der sich als Märtyrer in die Luft sprengt, im Himmel nicht 72 Jungfrauen erwarten, sondern eine 72-jährige Jungfrau.

Es lohnt sich immer, andere Sprachen zu lernen, gerade Spanisch zu können ist äußerst empfehlenswert – nicht nur für den Versuch, in Barcelona einen Seat zu mieten. Man kann seine Kenntnisse praktischerweise in zwanzig weiteren Ländern gebrauchen, vor allem in Mittel- und Südamerika und natürlich Mexiko. Das Land begründete schon 1600 ein riesiges Kolonialreich. Spaniens Kriegsflotte war damals ebenso riesig wie unter dem Namen Armada gefürchtet. Trotz der brutalen Zwangskatholisierung durch die Spanier können wir dankbar sein, dass sie es waren, die mit ihren Kolonien auch ihre Sprache in der Welt verbreitet haben und nicht die Schweizer. Eine Schweiz mit Armada, nicht auszudenken. Stellen Sie sich vor, die Menschen würden Sie in Mexico-Stadt, Havanna oder Buenos Aires mit dem Satz «S'git nüt wo's nit git» ansprechen, was so viel heißt wie «Es gibt nichts, was es nicht gibt» – aber das gibt es nun doch nicht.

Im 20. Jahrhundert haben die Spanier ähnlich wie Großbritannien alle Besitztümer verloren. Mal ließ man die auf Unabhängigkeit drängenden Kolonien ziehen, mal versuchte man, dies mit sinnlosen Kriegen zu verhindern, und verlor sie doch. Schließlich verloren die Spanier auch noch ihr eigenes Land an die Militärs. Kurz vor Ausbruch des berühmten Spanischen Bürgerkriegs war 1936 eine linke Regierung an die Macht gekommen, ganz legal. Dann putschte das reaktionäre Militär unter Führung von José Sanjurjo, es lohnt sich, diesen Namen zu merken, wegen seines denkbar absurden Todes. Franco stand bis dahin nur in der zweiten Reihe. Einige europäische Mächte mischten sich ein und machten die Iberische Halbinsel zu ihrem Experimentierfeld. Hitler konnte hier schon mal Kampfflugzeuge ausprobieren, auch das faschistische Italien unterstützte die Putschisten. Die Sowjetunion wiederum schickte Material und Know-how an die Republikaner, auch um deren kommunistischen Flügel zu stärken. Großbritannien und Frankreich zierten sich, Seit an Seit mit Stalin die Republikaner zu unterstützen, auch deshalb schlug das Pendel der Kräfteverhältnisse endgültig auf die Seite der Putschisten. Allein, José Sanjurjo kam nicht mehr dazu, sich zum Präsidenten ernennen zu lassen. Er soll beim Flug mit einer kleinen Propellermaschine zur Zeremonie darauf bestanden haben, Koffer mit mehreren schweren Paradeuniformen mitzunehmen, zu viel für die kleine Maschine, sie sank immer weiter ab, streifte schließlich Baumwipfel und ging in Flammen auf. Deshalb gibt es das Wort Sanjurjoismus nicht. General Francisco Franco wurde Spaniens Diktator, und der berüchtigte Franquismus steht für eine bleierne Zeit, die nicht enden wollte. Erst nach 35 Jahren, als der alte Diktator 1975 eines natürlichen Todes gestorben war, endlich wie ein faules Blatt vom Baum fiel, ebnete König Juan Carlos I. den Weg zur Demokratie. Er war vom Diktator für die Zeit nach seinem Tod als Staatsführer vorgesehen, um wieder eine Monarchie einzuführen. Glück für die Spanier, dass Carlos sich recht bald für den Wandel zur Demokratie einsetzte. Spanien hinkte der Geschichte hinterher. Rundherum war ein modernes Europa gewachsen, die EG längst gegründet, nur die Iberische Halbinsel lag wirtschaftlich am Boden, ein armes, industriefreies Land mit viel Staub und viel Elend. Die Aufholjagd begann 1986 mit dem spanischen Eintritt in die EU. Noch bis 2006 blieb Spanien der größte Empfänger von EU-Subventionen. Insgesamt 85 Milliarden Euro überwies Brüssel nach Madrid (übrigens stammte davon ein Drittel aus der Bundesrepublik als größtem Nettozahler). Das reichte für eine Grundsanierung. Ob Flughäfen, Autobahnen, eine Hochgeschwindigkeitsstrecke für den Zug *Ave* von Madrid nach Sevilla oder Investitionen in Tourismus – durch den üppigen Geldzufluss konnte auch die Wirtschaft an Fahrt gewinnen.

Heute könnte Spanien beispielhaft zeigen, wie man Wachstum forciert, vielleicht zeigt es aber auch, wie man es lieber nicht machen sollte. Die Spanier gehen gerne shoppen, nehmen dafür viele Kredite auf und sind häufig hoch verschuldet. Deutsche sparen lieber, das lähmt zwar die Wirtschaft, ist im Hinblick auf die zu erwartenden Rentenlücken aber auch vernünftig. Zudem ist dieses Verhalten stabilisierender als Konsum ohne Grenzen.

Ähnlich wie in Amerika droht den Spaniern ihr aufgeheizter Immobilienmarkt um die Ohren zu fliegen. Hier wie da setzte man auf einen stets steigenden Wert von Gebäuden, aber schon eine Zahl zeigt, dass irgendwas nicht stimmen kann: In Spanien wurden in den letzten Jahren so viele Häuser gebaut wie in Großbritannien, Frankreich und Deutschland zusammen. Doch ausgerechnet auf Mallorca, das sich dank eines steten Zustroms von Festlandspaniern, Deutschen und Briten in der Schlaraffenwelt stetig steigender Immobilienpreise wähnte, hat nun eine große Immobilienfirma Konkurs angemeldet. Dies könnte ein großer Riss in der Wand eines Staudamms sein, der sich demnächst über Spanien ergießt.

Auf dem Höhepunkt des damaligen Immobilienbooms war ich nach Barcelona gekommen. Ich suchte eine zur Galerie umfunktionierte Wohnung in der Carrer del Bruc auf, in der Tim seine Wendekollektion *german hengst*, die er sonst in einem Laden unweit der Berliner Kastanienallee nähte und verkaufte, präsentieren wollte. In Barcelona reiht sich eine lässige Galerie an die nächste, viele Modelabels entwickeln hier, die Stadt ist voller kreativer Köpfe. Hier weiß man früher als an jedem anderen Ort Europas – vielleicht mal abgesehen von Stockholm –, was demnächst auch woanders hip sein wird. Und ich hoffte für Tim, dass dazu auch seine Wendetaschen zählen würden. Eben noch aus pinkem Plastik, waren sie mit einem Handgriff in rosa Plastik umgewandelt. Er hatte sogar Möbel entworfen, die man wenden konnte, so einen Hocker, der sich je nach Montage in Plüsch oder Lederimitat präsentierte.

War die Vernissage ein Erfolg? Zunächst schien es so. Ich war völlig überrascht, wie viele Menschen Tim in Barcelona kannte. Alle fanden alles sehr vielversprechend, kurz vor Mitternacht gingen wir schließlich essen, die Clubs machen eh erst danach auf. Ich verlor Tim in der *Danzatoria*, zuvor waren wir im *Elephant* gewesen, das *Moog* am Arc de Teatre besuchte ich schließlich mit Leuten, die ich erst zwei Stunden zuvor kennengelernt hatte. Am Ende hatte ich zwölf Visitenkarten von Kreativen in der Tasche, deren Gesichter mir nicht mehr einfielen. Ich weiß nur, dass ich einem zotteligen Typen versprochen hatte, mit ihm auf Lanzarote ein Hotel für Kamasutra-Therapien aufzubauen, aber der hatte mir keine Karte gegeben.

Barcelona steht für das aufgedrehte Spanien von heute. Hoffentlich kann die Party noch weitergehen, gelingt der Wandel von hysterischen zu solideren Märkten. Es könnte aber auch ein ausgewachsener Kater auf die Spanier warten.

Da ist der Tourismus eine verlässliche Sache. Allein sieben Milliarden Euro pro Jahr lassen die Deutschen in Spanien, fehlt ihnen doch selbst ein warmes Meer. Rentner aus Nordeuropa, vor allem auch aus Deutschland, verlegen ihren Wohnsitz auf die warme Iberische Halbinsel, angeblich macht das Klima viele chronische Krankheiten wie Rheuma erträglicher. Dabei ist der Umzug nicht ganz ungefährlich. Nach einer von der spanischen Tourismusbehörde nur widerwillig veröffentlichten Erhebung sterben die meisten Rentner, die mit 65 Jahren nach Andalusien ziehen, innerhalb der nächsten dreißig Jahre.

Am Tag nach der Vernissage nahm ich die Fähre von Barcelona zur beliebtesten Ferieninsel Spaniens, um das folgende Selbstexperiment durchzuführen: Nach Jahren voller Wanderungen und Individualreisen reizte es mich, einmal eine Woche auf dem Balkon einer Ferienanlage zu verbringen. Und wo ging das unverfälschter als auf der Pauschaltouristenhochburg Mallorca? Hier erlebte ich eine Art historischen Urlaub, eine Form der Freizeitgestaltung, die eigentlich in vergangene Jahrzehnte gehört. Mein Zimmer in der Drei-Sterne-Anlage *Club del Sol* gewährte einen schmerzhaften Blick auf den Pool, wo sich ab dem frühen Vormittag All-Inclusive-Gäste auf ächzenden Plastikliegen mit einer Brühe zulöteten, die an Caipirinha erinnern sollte, während sich ihre blauen Inclusive-Bänder in die allmählich verfettenden Handgelenke gruben und einen weißen Streifen an den ansonsten krebsroten Leibern hinterließen.

Am nach darwinistischen Prinzipien eingerichteten Buffet waren Ellbogenschoner Pflicht. Trotz eines goldigen Personals, das sich alle Mühe gab, stets ein Lächeln aufzusetzen, kam bei den mehreren hundert Menschen, die versuchten, Fleisch und Gemüse auf ihre Teller zu laden, eher die Stimmung auf, die in einer Turnhalle herrscht, in der das Rote Kreuz die Bevölkerung nach einem Erdbeben versorgt. Bei der ABBA-Show der Animateure griff auch ich schließlich zu den härteren Drinks und stellte fest: Mit jedem Gin Tonic wird der *Club del Sol* einen Stern schöner.

Die Regierung der Balearen unternimmt große Anstrengungen, den Tourismus auf ein höheres Niveau zu heben, doch allein der Begriff «Tourist» steht weltweit für billig. Egal, in welcher Zusammensetzung, ob Touristenhotel, Touristenmenü oder Touristenshop – stets ist ein Angebot der untersten Kategorie gemeint. Warum spielen auf der Bühne des *Club del Sol* nicht die Sinfoniker aus Palma?

Womit ich nicht sagen möchte, dass es unter den All-Inclusive-Touristen kein Interesse an Kunst gab. So erfreute sich ein Maler der regen Nachfrage seiner Bilder, die er an der Strandpromenade in den Abendstunden mit Sprühflaschen herstellte. Auf allen Bildern waren ein Vollmond und Bergsilhouetten zu sehen sowie ein weißes Einhorn, das auf den Betrachter zugaloppierte. Angesichts der Karaokeshows, Poolanimationen, Spielhallen, Beachvolleyball-Matches mit Discomusik, der schlechten Drinks und Animateuren, denen selbst ein friedliebender Mensch einfach mal spontan eine scheuern möchte, schien mir die Notwendigkeit eines radikalen Strukturwandels an den spanischen Küsten dringender denn je. Ich fragte mich, wo der Tsunami bleibt, wenn man ihn mal braucht.

PORTUGAL
SPANIENS BONUSTRACK ODER SCHMERZEN IM HERZEN

Alles, was gut ist, schadet oder ist Sünde.

Portugiesisches Sprichwort

Stellen wir uns mal einen Moment vor, in Deutschland würde eine Organisation namens UFB für die Unabhängigkeit Bayerns Bomben in München und Berlin auf Oktoberfesten zünden und Bürgermeister und andere Personen des öffentlichen Lebens umlegen, die sich für den Verbleib Bayerns in der Bundesrepublik einsetzen. Gleichzeitig erklärte Schleswig-Holstein seine Autonomie und in Baden-Württemberg demonstrierten Massen für die Zulassung von Schwäbisch als Amtssprache. Für Deutschland ein undenkbares Szenario, abgesehen davon, dass die meisten Deutschen kein Problem damit hätten, wenn sich die Bayern absetzten. In Spanien sind diese Zustände allerdings Alltag. Es hat bis heute einigen Ärger mit Landesteilen, in denen Separatisten das Leben unter dem spanischen Dach nicht reicht. Mit der ETA (= Euskadi Ta Askatasun, was so viel heißt wie: Baskenland und Freiheit) ist nur die radikalste Autonomiebewegung genannt, die versucht, das Baskenland aus Spanien herauszubomben. Aber auch andere Regionen pochen auf ihre Selbständigkeit, wie Katalonien, Mallorca, Galizien. Was, wenn Spanien das neue Jugoslawien des Westens wird? Ein Verein, in dem keiner Mitglied sein möchte?

Vor diesem Hintergrund ist es geradezu Balsam für die entzündete spanische Seele, dass ausgerechnet ein Portugiese einen völlig entgegengesetzten Vorschlag machte, nämlich eine Vereinigung mit Spanien. Diese Idee vertrat der portugiesische Literaturnobelpreisträger José Saramago in der Zeitung *El País*. Der neue Staat könnte, so Saramago, *Republik Iberia* heißen – nach der Iberischen Halbinsel, auf der sich beide Länder erstrecken. Es gibt 55 Millionen Spanier und 11 Millionen Portugiesen. Auch der neue Staat würde also kein Gigant werden, dafür besonders gefährlich im Fußball. Schon nach der ersten gewonnenen Welt- oder Europameisterschaft könnte sich ein neues iberisches Wir-Gefühl einstellen. Viele Politiker beeilten sich dann auch, den Schriftsteller als Künstler zu loben – die Betonung lag dabei jeweils auf seiner künstlerischen Genialität, die eine politische Idiotie nicht ausschließt. Für Politiker beider Länder ist so eine Fusion völlig hanebüchen: Warum sollten sich zwei Nationen mit völlig unterschiedlicher Geschichte vereinen, noch dazu, wenn dies bedeutete, dass man viele Politiker einsparen könnte?

Es sieht also so aus, als könne sich José Saramago nicht durchsetzen und müsse seinen iberischen Traum im Privaten leben: Er ist mit der spanischen Journalistin Pilar del Río verheiratet. Aber mal ehrlich: Deshalb muss man ja nicht gleich einen gemeinsamen Staat gründen. Ich plante mit Valérie schließlich auch kein Orwell'sches Deutschfrankenreich.

Als ich mit ihr einen Urlaub in der portugiesischen Hauptstadt Lissabon verbrachte, konnten wir uns schnell davon überzeugen, dass sich Spanien und Portugal schon in musikalischen Dingen stark unterscheiden: Wir hingen viel im Café *Maria Severa* im Viertel Madragoa ab. Durch diesen Umstand kamen wir mehr zufällig in den Genuss eines kleinen Konzerts der Fadistin Christina Amendoeiras. «Fado» heißt Schicksal, und genauso schicksalsergeben klingt auch die Musik des gleichnamigen Genres – als sei das Leben ein winziger Korken im Meer der Gefühle. Die Portugiesen haben – ganz im Gegensatz zu den Spaniern – offenbar eine ähnlich melancholische Ader wie die Finnen, können aber als Entschuldigung für den Genuss des Depressiven nicht auf lange Nordnächte verweisen. Zudem widmen sich die Finnen nur nach Feierabend dem finnischen Tango, tagsüber werden in den Büros knallharte Geschäfte gemacht. In Portugal nicht, über dem ganzen Land hängt die Sehnsucht nach einer großen Zeit, die so vorbei ist wie eine Feier, von der man noch lange spricht – eine Sehnsucht, die im Fado ihre Entsprechung findet. Die Lust am Deprimiertsein, eine sanfte Art seelischen Masochismus, prägte einen Begriff, den man vom Portugiesischen in keine Sprache übersetzen kann außer ins Deutsche, was zeigt, dass Portugiesen und Deutsche auf einer bestimmten Welle gleich schwingen: Saudade – Weltschmerz. Klar, Sie wissen, was gemeint ist, ich auch, aber einem Brasilianer müssen Sie das stundenlang erklären. Auch wir Deutschen wärmen uns an der Hoffnungslosigkeit des Lebens. Schon Ewald Christian von Kleist wusste: «Wäre kein Schmerz in der Welt, so würde der Tod alles aufreiben. Wenn mich eine Wunde nicht schmerzte, würde ich sie nicht heilen, und daran würde ich sterben.»

Als wir nach dem Konzert mit der Fadistin Christina ins Gespräch kamen, sagte sie uns, sie schreibe neue Texte für die alten Melodien. Die alten Seefahrergeschichten von anno dazumal, die stets von einem Matrosen handeln, der seine Geliebte an Land zurücklässt, seien verstaubt, die Melodien dagegen noch lebendig und viel gegenwärtiger, wenn in ihnen ein Webdesigner seine Geliebte verlässt, weil er es vorzieht, sein Leben vor dem PC mit dem Spiel *World of Warcraft* zu verbringen.

Doch egal, welche Geschichte Portugiesen erzählen, sie klingen immer, als wehten sie aus der Seefahrt herüber. Früher war das Land eine große Kolonialmacht, und wer einmal Mercedes gefahren ist, bekommt halt Depressionen, wenn er wieder in einen Polo einsteigen muss. Während Kolumbus für die Spanier ganz Amerika entdeckte, segelten die Portugiesen die Küste Afrikas hinunter und unterwarfen jedes Land, aus dem man etwas herausholen konnte. Mauretanien, Senegal, Mozambique, Angola – der Weg führte sie bis nach Indien und China. Doch wie Großbritannien und Spanien gelang es auch Portugal nicht, diesen Besitz zu halten, schließlich will kein kolonialisiertes Volk im Dauer-Abo von einer fremden Nation ausgebeutet werden. Die letzten kolonialen Zuckungen fanden in den siebziger Jahren des letzten Jahrhunderts statt, als die Portugiesen den Versuch für nötig hielten, mit einem späten Krieg die besetzten Länder an ihrem Weg in die Unabhängigkeit zu hindern. Und so haben sich die Portugiesen kollektiv in den Saudade geflüchtet.

Mit der Lust am Depressiven, die wir im Gegensatz zu Portugiesen nicht eingestehen würden, ist die Liste der Gemeinsamkeiten aber auch schon beendet. Abends probierte ich mit Valérie die Nationalspeise Portugals: *Bacalhau*, einen getrockneten Fisch, dessen intensives Aroma Deutsche kurzerhand in Ohnmacht sinken lässt. Überall wird er getrocknet, was den Nachbarn einige Toleranz abverlangt. Als Seefahrernation futtern die Portugiesen aber auch massenhaft *Sardinhas Assada* und jeden anderen Fisch, der sich im Schleppnetz verfängt – womit wir bei einem besonders traurigen Thema angekommen wären. Die EU unterstützt portugiesische Bauern und Fischer mit Subventionen, damit sie den Schwankungen der Märkte und Wetterlagen nicht so hart ausgesetzt sind, und so kommt Portugal als eine der wichtigsten Fischereinationen Europas in den Genuss eines warmen Geldregens aus Brüssel. So weit, so gut. Doch nicht nur die Fangschiffe werden bezuschusst, auch um neue Fanggebiete wird sich gekümmert, wenn die alten nichts mehr hergeben. Nordsee und Atlantik sind längst so überfischt, dass sich das Ausrücken kaum noch lohnt. Dafür gibt es vor der afrikanischen Westküste, also nur ein paar Seemeilen weiter südlich, noch Bestände, die die Entwicklungsländer bisher nicht industriell ausbeuten konnten. Das übernehmen jetzt EU-Länder. Und hier beginnt eine der fragwürdigsten Entwicklungen der jüngeren Geschichte Euro-

Bei diesem Windpark wurde den Zyprioten veraltete Technik angedreht.

Bevor ein Schotte einen englischen Supermarkt aufsucht, schaut er lieber, was er noch im Kühlschrank hat.

Das Angebot im Speisewagen des Tirana-Odessa-Express muss abwechslungsreich sein, nicht zuletzt weil der Zug seit zwei Jahren in den Karpaten festsitzt.

Der Anstieg des Meeresspiegels ist für viele Menschen ein Problem, für diesen Krabbenhaubenbarsch aus Kasachstan war er eine Hoffnung.

EU-Normpaprikas gibt es in den Geschmacksrichtungen Tomate (rot), Zitrone (gelb) und Waldmeister (grün).

Wenn sich die EU weiterhin so schnell erweitert wie bisher, könnte die Autobahn Minsk–Kiew bald ein EU-Verkehrswege-Projekt werden. Bisher ist nur eine Fußgängerspur realisiert.

Der Harz liegt in der Liste der beliebtesten Ferienziele Europas auf Platz 6734 gleich nach Tschernobyl, auch dank seiner zuvorkommenden Servicekräfte.

Deutsche gelten als penibel und verkrampft, dabei sind wir inzwischen so locker.

Die Entdeckung von Ölvorkommen in Georgien kam für manche Autofahrer zu spät.

Europa sucht CO_2-freundliche Verkehrsmittel. Dieses Band transportiert Menschen und deren Gepäck durch einen Tunnel direkt von Hamburg nach Antalya.

Ferienhäuser, deren Besitzer vor Fertigstellung das Geld ausgegangen ist, sieht man in Griechenland häufig.

Ganz Europa hängt von russischem Erdgas ab. In diesem Kontrollraum unter dem Kreml kann man auch in Ihrem Wohnzimmer die Heizung auf 4 Grad absenken. Der Hahn für Deutschland ist oben links.

In dieser Bar am finnischen Polarkreis führte das EU-Rauchverbot zu zahlreichen Kältetoten.

Keine Angst, dieser Aserbaidschaner muss nicht in so einer armseligen Behausung wohnen. Er ist der Vermieter.

Kreuzfahrten sind der Megatrend nicht nur in Deutschland. Hier liegen Entspannung und Verwesung dicht beieinander.

Liegestühle, die nicht von Deutschen mit Handtüchern reserviert wurden, kann man in Europa lange suchen. Diese stehen im Super-8-Motel in Miami, Florida.

Manche Finca in Spanien, die man bei eBay ersteigert, entpuppt sich als fensterlose Überraschung.

Norwegen hat nicht nur Öl und Fjorde zu bieten, sondern auch gesellige Trendsportarten.

Ohne die vielen EU-Normvorschriften kann sich der Handel in Aserbaidschan frei entfalten.

So ärgerlich betrunkene Touristen aus Großbritannien in Europa auch sind, wenn sie ausnüchtern, kann man sie einfach irgendwohin legen.

U-Bahnhöfe waren in Osteuropa Kathedralen des Kommunismus. Die Station Malostranská in Prag ist eher eine Kapelle des real existierenden Sozialismus.

Warum hat Nordeuropa so eine hohe Selbstmordrate? Ist es die Einsamkeit? Das Wetter? Der Alkohol? Die Gelegenheit? Oder alles zusammen?

Warum war der erste Beachvolleyballcup in Weißrussland ein Flop – trotz bestem Wetter? Lag es nur daran, dass das Meer 400 km entfernt ist?

Viele ehemalige Grenzbeamte der DDR kontrollieren heute die Kurkarten an der Ostsee, wie hier in Zingst. Links im Vordergrund der Kontrollpunkt, rechts der Todesstreifen, falls Hippies aus Berlin über die Absperrung klettern wollen.

Für die baufälligen Strandbars in Bulgarien finden sich kaum noch Pächter. Diese lausige Bude konnte zum Glück noch an Auswanderer von Kabel 1 vermietet werden.

Bis zur Finanzkrise war Island ein Bankenparadies. Heute muss man einen Gang zurückschalten. Hier der neue Sitz der Isländischen Zentralbank in Reykjavik.

Alle zu Malta gehörenden Inseln werden im Stundentakt von Fähren angefahren. Wer nach Filfla will, erreicht diese in einem Mietboot (Bildmitte), sofern einen die Strömung nicht nach Libyen treibt.

Dank der vielen Seen besitzt jeder schwedische Bürger eine eigene Insel mit Ferienhaus. Dieses gehört Sven Anderson, Logopäde aus Stockholm, der hier gerne für den Marathon trainiert.

Griechenlands Landschaften sind nicht nur für ihre vielen Kakteen bekannt.

Wo endet Europa? So schwierig die Frage im Osten ist, so einfach ist sie im Westen.

pas: Mauretanien, Senegal und viele weitere westafrikanische Staaten erhalten von der EU millionenschwere Zahlungen für Fischereilizenzen, denn die ergiebigen Gebiete liegen meist innerhalb der 200-Meilen-Zone vor der Küste, die zu den jeweiligen Anrainerstaaten gehören.

Eine alte abgedroschene Weisheit aller, die sich Sorgen wegen des Hungers in der Welt machen, lautet: Gib dem Armen keinen Fisch, gib ihm eine Angel. Im Moment nimmt Europa den Menschen vor Ort sogar den Fisch. Denn wenn senegalesische Fischer mit ihren Booten auslaufen, haben Fischtrawler aus Portugal, Spanien oder Griechenland schon alles Fischbare vom Meeresgrund gekratzt. Während die heimischen Fischer allein schon durch ihre kleinen, auf die jeweilige Fischart abgestimmten Netze eine nachhaltige Fangweise ausüben, betreiben die Hightech-Schiffe mit Hilfe ihrer gigantischen Schleppnetze Kahlschlag. Sie sammeln darin mehrere Hundert Tonnen Getier ein, von denen man nur den Teil in die Lagerräume steckt, mit dem man die Quote erfüllt. Jedes Jahr werden so Millionen Tonnen von Fisch, die man verkaufen und verzehren könnte, tot wieder ins Meer geschmissen.

Zum Drama wird die Geschichte, wenn man bedenkt, dass die EU ihre Außengrenzen hermetisch gegen Einwanderung abschottet, aber durch die Fischereipolitik den Menschen vor Ort ihre Existenzgrundlage raubt, denn die Euromillionen für Fischereilizenzen kommen natürlich nicht den Fischern zugute, sondern den jeweiligen Regierungen und ihren wichtigsten Freunden und Verwandten.

Längst haben verzweifelte Fischer ihre Boote an Schlepperbanden verkauft, die Flüchtlingen versprechen, sie nach Europa zu bringen. An der innerdeutschen Grenze mussten während der vierzig Jahre Teilung weit über 700 Menschen den Versuch, die Mauer oder den Zaun zu überwinden, mit ihrem Leben bezahlen. Eine oft zitierte Zahl, die die Unmenschlichkeit der DDR zeigt. An der EU-Außengrenze starben allein in den Jahren zwischen 1993 und 2003 mindestens 3777 Menschen, als sie versuchten, nach Europa zu flüchten. Jedes Jahr mehren sich die Berichte über die sogenannten Boatpeople, die im Mittelmeer oder im Atlantik zwischen der afrikanischen Küste und europäischen Inseln wie den Kanaren Schiffbruch erleiden.

Marokko hat das Problem als erster Staat erkannt und die Lizenzverträge mit der EU für die Fischerei nicht verlängert. Heute versucht man dort, eine eigene Fischindustrie aufzubauen, denn was hier gilt, gilt in allen Ländern entlang der afrikanischen Küste: Würde man den Fisch selbst fangen und frosten, statt dafür Fremdlizenzen zu vergeben, könnten die Westafrikaner auf dem internationalen Markt das Sechsfache von dem einnehmen, was die Lizenzen bringen – Geld, das Menschen mit einem Job in ihrer Heimat verdienen könnten.

«Europa ist kein Ort, sondern eine Idee», sagte der französische Philosoph Bernard-Henri Lévy einmal. Für alle, die nicht reingelassen werden, ist es allerdings ein höchst konkreter Ort. Die Idee des geeinten Europas, den Menschen Sicherheit, stabile Verhältnisse und vor allem Frieden zu sichern, darf sich nicht damit abfinden, dass sie Bedingungen schafft, die den Nachbarvölkern genau das Gegenteil bescheren.

Von all dem spürten Valérie und ich nichts; die Schengengrenzen, also die streng bewachten EU-Außengrenzen, schotten uns Europäer vom Elend der umliegenden Welt ab, solange die Betroffenen es nicht schaffen, mit Booten überzusetzen oder über den Zaun zu klettern.

Wir ließen uns durch die *Rua de São Mamede* und ihre Bars treiben, der DJ legte House auf, aber Valérie zog es immer wieder in die Fado-Cafés. Vielleicht hätten wir nicht so viel über die Flüchtlinge reden sollen.

Schließlich konnte ich sie mit einem Rekord aufheitern, den Portugal seit langem verteidigt: Das Land ist weltgrößter Exporteur für Tomatenmark! Okay, mit irgendeiner Disziplin kommt jeder ins Guinnessbuch der Rekorde. Die wirtschaftliche Lage Portugals ist nicht besonders rosig; das Land leidet ein wenig unter seiner Randlage, die Landwirtschaft ist das genaue Gegenteil von der der Niederlande. Dort arbeiten wenige Menschen in einer vollindustrialisierten Agrarwirtschaft, die die ganze Welt mit ihren Erzeugnissen überflutet. Hier arbeiten relativ viele Menschen auf den Feldern und produzieren dafür relativ wenig. Die Löhne sind niedrig, die Arbeitszeiten lang, und dennoch zieht es wenige Investoren in das Land kurz vorm Atlantik. Momentan ist es das ärmste der Altmitglieder der EU. Nur im Vergleich mit den Osteuropäern rückt Portugal in der Tabelle nach oben. Die Portugiesen nehmen es gelassen. Der Tejo fließt weiter entspannt ins Meer, außerdem gibt es nur in Portugal etwas, was man sich nicht mal in Dubai, Moskau oder Las Vegas leisten kann: eine große Portion *Saudade.*

GRIECHENLAND
DIE ERFINDER DES PARLAMENTS

Die Jugend von heute liebt den Luxus,
hat schlechte Manieren und
verachtet die Autorität.
Sie widerspricht ihren Eltern,
legt die Beine übereinander
und tyrannisiert ihre Lehrer.

Sokrates über die Generation um 389 v. Chr.

Wir verließen den Strand bei Lithochoro am Vormittag, nachdem wir dort eine ganze Woche nichts weiter gemacht hatten, als nichts zu machen. Die Haare noch nass vom Schwimmen, die Beine tiefbraun bis zum Ansatz unserer knielangen Hosen, begannen Tim und ich den Marsch zum Olymp, dem angeblichen Wohnsitz der Götter.

Eine Dose Cola, deren angenehme Kühle sich schneller verflüchtigte, als man ihren Inhalt trinken konnte, warf ich bereits am Rand des Dorfes mit einem warmen Rest hinter eine Mauer. Ja, ich weiß, das ist alles andere als umweltfreundlich, aber in Griechenland machten das alle. Leere Grundstücke und Bachtäler waren damals offenbar dazu da, alles hineinzuwerfen, was man nicht mehr brauchte: Waschmaschinen, Autowracks – und eben Coladosen. Schon der LKW-Fahrer, der uns Tage zuvor ein Stück mitgenommen hatte, forderte Tim und mich gestenreich auf, unsere ausgetrunkenen Flaschen aus dem Fenster zu werfen. Die Frage nach einem Glascontainer, in dem man die Flasche dem Wertstoffkreislauf zufügen kann, erübrigt sich hier. Das Land ist bei diesem Thema irgendwo in den siebziger Jahren stehengeblieben, damals fand man auch in deutschen Wäldern noch manche Waschmaschine. Schuld am Müll sind für viele Griechen eh die Touristen, dabei ist es schwerlich vorstellbar, dass Briten und Deutsche Autowracks im Flugzeug mitbringen, um sie hier in die Büsche zu schieben.

Gleich hinter Lithochoro stieg das Gelände an, es wurde einsam, und mit den Menschen verschwanden auch die Tüten und Kartons am Wegesrand. Im Gegensatz zu allen anderen Olymp-Besteigern fuhren wir nicht die ersten 1400 Meter mit dem Bus, um von dort nur das letzte schöne Stück zu gehen, sondern wanderten die ganze Strecke vom Fuße des Berges hinauf, wollten wir doch jeden der 2918 Meter, die sich der höchste Gipfel des Massivs, der Mytikas, über das Meer erhob, Schritt für Schritt erobern.

Was uns auf dieser Strecke widerfuhr, zeigt in aller Deutlichkeit, dass man auf keine Weise tiefer in ein Land eintauchen kann als eben wandernd. Nach vielen Stunden dämmerte es, unsere Rücken schmerzten, und es war Zeit, einen Platz fürs Zelt zu suchen. Hinter einer Biegung tollten vier Hunde herum; wir dachten uns zunächst nichts dabei. Sie folgten uns.

Mit der Zeit wurden aus den vieren sechs, darunter zwei ziemlich große Exemplare. Sie begannen zu knurren. Die nächsten Höfe waren Meilen entfernt, hier wohnte niemand.

Die Hunde waren irgendwann mal von ihren Besitzern verjagt worden und hatten sich in den Bergen zu einer wilden Meute vereinigt. In Griechenland vermehrten sich Hunde unkontrolliert, mal wurden sie an Ketten als Hofhunde gehalten, aber wenn man sie nicht mehr brauchte, ließ man sie laufen.

Ich trug eine Gitarre, verpackt in einer Plastikhülle, auf dem Rücken. «Halt sie uns vom Leib!», fluchte Tim, der für seine Verhältnisse erstaunlich lange ruhig gewesen war, vor allem wenn man bedenkt, dass er bereits schmerzhafte Begegnungen mit griechischen Hunden vorzuweisen hatte: Beim Versuch, von Thessaloniki aus in diese Gegend zu trampen, war er immer weiter einer unwirtlichen Ausfallstraße gefolgt, im gehetzten Tempo eines Anhalters, der sich, wann immer ein Auto auftauchte, umdrehte, um diesem seinen Daumen entgegenzuhalten. Dabei war ihm von einer Tankstelle ein Fiffi nachgelaufen, einer jener Schoßhunde, die einem nun wirklich keine Angst einjagten, da man sie jederzeit durch einen beherzten Tritt mit dem Wanderschuh in hohem Bogen davonfliegen lassen konnte. Doch dazu war Tim nicht mehr gekommen. Er hatte ihn einfach gar nicht beachtet, da biss ihn der Köter in die nackte Wade.

Und jetzt sahen wir uns gleich von einem ganzen ausgehungerten Hunderudel umzingelt. Ich hielt sie mit der Gitarre fern. «Solange sie nicht merken, dass wir Angst haben, tun sie uns auch nichts», sagte ich und wusste, wie wenig hilfreich dieser Hinweis für alle Menschen war, die gerade Angst hatten. Kein Zweifel, diese Meute hatte es auf uns abgesehen, sie kam immer näher. Auch ein beherztes Anschreien konnte sie nur kurzfristig auf Distanz halten. Hunde, erklärte mir Tim eindringlich, seien die Faschisten unter den Tieren.

Umso erleichterter waren wir, als wir nach einigen Kurven auf ein Kloster stießen, in dessen Hof uns die Hunde nicht folgen konnten. Ich wusste nicht, dass dieser Ort die Freundschaft zwischen Tim und mir auf eine harte Prüfung stellen sollte.

Die Gemäuer schienen unbewohnt, doch dann entdeckten wir einen einzelnen Mönch, der auf einer Terrasse saß, eine Reispfanne verspeiste und ein Glas Retsina trank. Neben ihm stand ein bis zum Anschlag aufgedrehtes Kofferradio und spielte griechische Schlager. Wegen des Lärms bemerkte er uns nicht gleich. Wir näherten uns, er zuckte kurz zusammen und fasste sich erschreckt an sein Herz. Dann grüßte er überschwänglich und bot uns genau das an, was wir dringend suchten: eine hundesichere Unterkunft. Der Mönch führte uns in einen Raum, der genauso aussah, wie man sich eine Mönchsklause vorstellt: ein weißgekalktes Zimmer mit zwei Betten und einem kleinen Tisch, auf dem unser Gastgeber jetzt eine Kerze entzündete. Es gab keinen Strom im Kloster, sieht man einmal von den Batterien des Kofferradios ab.

Legt ab, legt ab, forderte der Mönch uns mit einem Fingerzeig auf und fügte mit einer unmissverständlichen Bewegung hinzu, dass es noch etwas zu essen gebe, wenn wir wollten. Wir waren glücklich. Kein Wanderer im Bus zum letzten Parkplatz vor dem Gipfel kam an diesem Kloster vorbei, es war gänzlich touristisch jungfräulich. Schon für diese kultige Übernachtung hatte sich die Mühe gelohnt.

Wir legten das Gepäck ab und erfrischten uns mit Wasser, das von einem Bach in der Nähe abgezweigt wurde und ein steinernes Becken im Hof füllte. Auf der Terrasse hatte der Mönch für uns eingedeckt und füllte dampfenden Reis auf die Teller, dabei stieß er versehentlich das Kofferradio vom Tisch. Er war wohl schon etwas betrunken vom Retsina, den er nun auch in unsere Gläser füllte.

Wieso war dieses Land der Philosophen eigentlich nicht in der Lage, einen vernünftigen Wein herzustellen? Egal, welche Sorte man kaufte, sie war ungenießbar. Angeblich hatten die alten Helenen Probleme mit der Konservierung des Weines. Pinienharz und Öl sollten Abhilfe schaffen und gaben ihren penetranten Geschmack an den Wein weiter. Fragt sich nur, warum die Franzosen dieses Problem nicht hatten ...

Nun gut, man kann sich auch einen Wein schöntrinken, und das versuchten Tim und ich an diesem Abend. Wir waren glücklich über den unverhofften Ausgang unserer Wanderung, und der Mönch tat sein Übriges, um unsere Laune zu verbessern: Er lachte unentwegt, kraulte seinen Vollbart, kicherte oder gab Geräusche von sich, die man sicher mit «Ach, ist das schön» übersetzen konnte. Dann passierte etwas, das ich nie vergessen werde: Unser Gastgeber hatte meine Gitarre entdeckt und deutete an, ich sollte Gitarre spielen. Das war kein Problem, aber er wollte noch etwas. Wie? Tim sollte tanzen? Seine Gesten waren unmissverständlich: Er zeigte auf die Gitarre, dann auf mich und machte eine Schrumm-schrumm-Bewegung. Dann deutete er auf Tim, legte den

Kopf schief und machte eine Geste, als sei er besonders schön und schüchtern und deutete mit verschränkten Armen vor der Brust und zappelnden Füßen an, Tim solle zu meiner Musik tanzen. Ziemlich schnell wurde uns klar: Er hielt Tim für eine Frau. Für meine Frau. Dazu muss man wissen: Tim hatte damals noch schulterlanges Haar, eine Art Hippielook, der gut zu dem Zeug passte, das viele andere Hippies an den griechischen Stränden von Kreta, Mykonos und Rhodos rauchten. Ich musste mir das Lachen verkneifen.

Tim schüttelte energisch den Kopf, nein, tanzen wollte er auf gar keinen Fall. Doch der Mönch gab nicht nach, wiederholte unermüdlich die Gesten «du spielen» und «du tanzen». Schließlich sagte ich zu Tim: «Na komm, tu ihm den Gefallen, er hat uns eingeladen und vor den Hunden gerettet. Niemand sieht uns, und ich werde auch niemals jemanden davon erzählen.»

Tim war doch tatsächlich ein bisschen sauer, weil ich ihn zum Tanzen zwang, aber der Mönch hatte Spaß, lachte lauter als zuvor, ja krakeelte fast vor Freude und schlug mit den Handflächen im Rhythmus der Gitarre auf die Tischkante, als Tim auf und ab hüpfte.

Im Übrigen habe ich mein Versprechen bis heute eingehalten und niemandem davon erzählt – vom Schreiben war ja keine Rede.

Als wir unsere Mönchsklause bezogen und die Kerze löschten, fragte ich mich, wie es sein kann, dass von der Weisheit der alten Griechen, ihrem Geschick und ihrer Kultur in Griechenland selbst nur die Erinnerung der Historiker geblieben ist. Es ist ein etwas bitteres Gefühl, heute durch Athen zu streifen. Jedes Gebäude, das einem den Atem verschlägt, stammt aus der Antike. Warum ist so wenig geblieben?

Griechenland teilt mit Spanien und Portugal das Schicksal, dass die eigene glanzvolle und glorreiche Zeit schon lange zurückliegt. Aber im Gegensatz zu seinen südeuropäischen Brüdern muss man bei Griechenland das Rad der Geschichte nicht 500, sondern gleich über 2300 Jahre zurückdrehen. 300 000 Griechen lebten zu dieser Zeit in Athen, für damalige Maßstäbe eine Megametropole, die den gesamten Mittelmeerraum beherrschte. Die Griechen sind die Erfinder der Demokratie und des dazugehörigen Parlaments. Wenn Sie sich heute beklagen, dass die Politiker immer nur reden und nichts tun, vergessen Sie nicht, die Griechen sind schuld. Denn ein Parlament ist genau dafür gedacht: zum Parlieren und Palavern. Die Griechen erfüllten schon vor 2500 Jahren ihr Parlament mit einem undurchdringlichen Stimmengewirr. Politik, Architektur und Kunst hatten ein Niveau, das einem noch heute den Atem verschlägt. Smarte Philosophen wie Sokrates schlenderten über die Plätze, scharten Studenten um sich und spannen wohlfeile Gedanken, stritten sich natürlich und begründeten verschiedene Clubs. Die Platoniker erfanden die platonische, die nichtkörperliche Liebe, die Skeptiker stellten alles in Frage, und die Stoiker betrachteten entspannt jedes Palaver mit einer stoischen Ruhe. Euklid mit seiner Mathematik, Archimedes oder Aristoteles – Griechenland war voll von gescheiten Leuten, deren Gedanken bis heute die Welt prägen. Zur selben Zeit brachten es unsere Vorfahren, die Germanenstämme, nur auf eine Erfindung: den Knüppel, mit dem man anderen auf den Kopf schlug. Sie lebten in Horden im Matsch der Wälder, prügelten sich, und das war es schon; im Nachhinein ziemlich peinlich.

Das Griechenland von heute kann an diese großartige Geschichte nicht mehr anknüpfen. Die Gegenwart ist trotz blauem Himmel grau. Der Putz des heutigen Griechenlands blättert. Das Land hat neben Portugal die niedrigsten Löhne unter den alten EU-Mitgliedern, überall wird gekürzt. Immer wieder kommt es zu großen Streiks, sogar zum Generalstreik, bei dem fast alle im ganzen Land die Arbeit niederlegen. So was trauten sich die pflichtbewussten Deutschen zuletzt 1920.

Griechenland geriet nach dem Zweiten Weltkrieg direkt vom Regen in die Traufe, also von der Diktatur in den Bürgerkrieg. Kommunisten und Faschisten bekämpften sich langwierig, Erstere wurden eine Zeit lang von Tito aus Jugoslawien unterstützt, doch irgendwann kam raus, dass sich Churchill und Stalin schon früh darauf geeinigt hatten, dass Griechenland zu 90 % zum Westen gehören sollte. Was immer die 10 % bedeuteten, die Unterstützung der Sowjetunion für die Kommunisten in Griechenland fiel deshalb lau aus. Die Griechen zogen im letzten Jahrhundert fast nur Nieten aus der Lostrommel der politischen Optionen. So mussten auch sie wie die Spanier unter der Knute einer späten Diktatur in Europa leben, 1974 brach sie schließlich, fast parallel zum Franco-Regime in Spanien, zusammen. Wie dort war endlich der Weg nach Europa frei, seit 1981 gehört Griechenland offiziell zur Familie, fünf Jahre vor Bruder Spanien, von dem sie schnell überholt wurden, denn auf den Boom, der den Iberern die Laune beflügelt, müssen die Griechen noch warten.

Ich versuchte mit Tim über all diese Dinge zu sprechen, als wir nach unserer Nacht beim Mönch den Aufstieg fortsetzten, aber er war tatsächlich ein bisschen sauer. Gegen Mittag standen wir in luftiger Höhe auf dem Gipfel, stolz auf den schweren Marsch, und tranken übermütig eine Flasche Imiglykos, in dessen Namen irgendwie das Wort «Glykol» mitschwingt, eine Substanz, die in Deutschland schon mal Auslöser eines veritablen Weinskandals war. Aber wir gewöhnten uns daran, jeder griechische Wein schmeckt irgendwie nach Weinskandal. Der Mönch hatte uns den Tropfen zugesteckt, und nun, da die Flasche leer war, dachten wir, im Land der Philosophen und Götter sei es das Mindeste, einen Zettel mit einer Art selbsterfundener Theorie hineinzustecken. So kritzelten wir einige Thesen auf ein Papier, steckten es in die Flasche und verbargen diese unter einem großen Steinhaufen. Falls Sie mal auf dem Olymp sind, können Sie danach suchen, ich weiß nicht mehr, was für eine Botschaft wir für die Nachwelt hinterließen, schuld ist der geharzte Wein.

Wir waren nur eine Stunde dort oben, mussten uns aber diese Zeit mit rund 19 höchst selbstbewussten griechischen Göttern teilen. Sie wohnten auf den verschiedenen Gipfeln seit Urzeiten in einer Art

Wohngemeinschaft und waren damit viel lebensnaher als zum Beispiel der Gott der Christenheit, eine Art Yuppie, der den gesamten Himmel für sich allein als Riesenloft für Singles beansprucht. Bleibt auch die Frage, wie weise man sein kann, wenn es nur möglich ist, Selbstgespräche zu führen. Den Olymp erfüllte ein lebhaftes Palaver, das in unserer Phantasie deutlich zu hören war. Aphrodite, die Göttin der sinnlichen Liebe, fand ihren Gipfel zu klein und kratzte an der Autorität von Zeus, einer Art Kanzler, dem alle anderen Gottheiten unterstellt waren. Hestia war Familienministerin zusammen mit Demeter, Beauftragte für Fruchtbarkeit und Bioanbau, Poseidon für die Marine zuständig und dem Verteidigungsminister Ares unterstellt.

Die Griechen haben nicht nur bei ihren antiken Vorfahren geniale Geister gehabt, schon ihre Götter sind so vielseitig und spezialisiert wie ein Kabinett und könnten jederzeit die Regierungsgeschäfte in Athen übernehmen. Wie schade, dass man das so wenig für die Gegenwart zu nutzen weiß.

DIE SCHWÄGERIN

In unserem Land gibt es ein Einmaleins
für den Umgang mit Touristen.
Letzteres beginnt mit der Gleichung:
Ein mal eins macht drei fünfzig.

Raymond Broger

SCHWEIZ
MITTENDRIN UND DOCH SO FERN

Die Schweizer schmiegen sich mit ihren Häusern genauso in die Alpen wie die Österreicher, doch während sich Letztere mit ihren verschiedenen Staatsformen in der Geschichte mehrmals in die Nesseln gesetzt haben, insbesondere bei Versuchen, mit Deutschland zu kooperieren, gibt es die Schweiz der Eidgenossen schon seit über 700 Jahren – und bis heute ist sie ein Erfolgsmodell. Damals fanden sich die Urkantone Uri, Schwyz und Unterwalden zusammen, und seitdem ist man vor allem gerne unter sich. Zwar steckt man mitten in Europa, doch es hat sich gezeigt, es ist das Beste, die anderen ihre Streitereien für sich austragen zu lassen. Auch als es hart auf hart kam, die Schweiz im Zweiten Weltkrieg nur von den bösen Achsenmächten umgeben war, also vom Deutschen Reich, Italien und Österreich, und auch das besetzte Frankreich nicht anders handeln konnte, als es die Nazis wollten, führte die Neutralität zum Erfolg, d. h., es blieb friedlich in der Schweiz.

Nun gut, so ganz neutral war es natürlich nicht, den Deutschen und Italiener zu genehmigen, Züge mit Transporten von Panzern und Nachschub durch die eigenen Tunnel fahren zu lassen, doch im Gegenzug erlaubten diese auch Transporte der Schweizer, die für ein Land in umzingelter Lage absolut lebensnotwendig waren. Bis dato musste man die Hälfte aller Nahrungsmittel importieren, also wurde eine Möglichkeit gesucht, sich von diesen Importen unabhängig zu machen, sonst wäre es ein Leichtes gewesen, die Eidgenossen mit einem Embargo auszuhungern. Bei einer als *Anbauschlacht* in die Geschichte eingegangenen Kampagne wurde deshalb jeder Quadratmeter Grünfläche zum Gemüsebeet erklärt. Parkanlagen, Sportplätze – jeder Balkonkasten wurde mit Rüben und Kohl bepflanzt. Mit dieser Anstrengung konnten die Schweizer tatsächlich bis zum Ende des Krieges auf die Rationierung von Kartoffeln, Gemüse und Obst verzichten.

Doch auch in anderer Hinsicht ist die wunderbare Neutralität der Schweizer – neutral betrachtet – nicht ganz so neutral, wie sie scheint. Kaum wurde in Europa gerüstet, verdiente das Land ganz erheblich an Rüstungsexporten. Anfangs wurde noch an alle Kriegsparteien geliefert, die sich dann gegenseitig mit Schweizer Kanonen massakrierten. Auch mit der Aufnahme jüdischer Flüchtlinge, die vor allem aus Österreich in einer Welle kamen, als der Alpenstaat handstreichartig ins Deutsche Reich eingegliedert wurde, tat man sich schwer. Weil immer mehr jüdische Österreicher versuchten, in die Schweiz zu gelangen, wollte man für sie eine Visapflicht einführen. Da sie aber nach dem Anschluss Österreichs Reichsbürger waren, hätte man für alle Deutschen eine Visapflicht einführen müssen und befürchtete, dass dies Hitler nicht gefallen würde. So kam man auf den perfiden Gedanken, die Pässe der österreichischen Juden mit einem «J» zu stempeln und ihnen dann die Einreise zu verwehren, während andere Deutsche weiterhin kein Visum für die Schweiz benötigten. Ein dunkles Kapitel.

Die Tatsache, dass Hitler die Schweiz nicht angegriffen hat, obwohl es erhebliche Spannungen gab, liegt weniger in der von ihr proklamierten Neutralität begründet – schließlich hat diese Belgien, den Niederlanden und Norwegen auch nichts geholfen –, sondern darin, dass der Diktator schlicht nicht mehr dazu kam, den südlichen Nachbarn zu überfallen.

In Europa kann kein Land auf eine so kontinuierliche Geschichte zurückblicken wie die Schweiz, ihr eidgenössisches Staatsmodell funktioniert seit Jahrhunderten, trotzdem wurde es nie von anderen Ländern kopiert. In den Schweizer Kommunen gehen die Mitbestimmungsrechte so weit, dass man anderswo von Sozialismus sprechen würde.

Stellen Sie sich vor, man würde Sie bei einer Verfassungsänderung um Ihre Meinung fragen. Für das politische Berlin eine Schreckensvorstellung! Doch während es bei Umfragen in deutschen Fußgängerzonen nicht schwer ist, bereits ohne große Agitation eine Mehrheit für die Wiedereinführung der Todesstrafe zu finden, sind die Eidgenossen unglaublich vernünftig. Die Behörden vertrauen ihren Bürgern, wagen es sogar, jedem Mann nach seiner Wehrpflicht in der Armee eine Pistole mit Munition nach Hause mitzugeben, damit es im Ernstfall nicht so lange dauert. Nirgendwo auf der Welt gibt es eine so hohe Waffendichte pro Kopf wie in der Schweiz. In den USA fallen durch den leichten Zugang zu Waffen viele Menschen Schießereien zum Opfer, aber selbst Amerikaner sind ja noch vergleichsweise entspannt. Die Vorstellung, jeder Deutsche dürfte eine Waffe tragen, um seine Vorfahrtrechte durchzusetzen, lässt mir dagegen einen kalten Schauer über den Rücken laufen.

Die Schweizer stehen aber glücklicherweise im Ruf, alles eher gelassen zu sehen. Nachahmenswert ist in dieser Hinsicht auch das friedliche Miteinander von Schwyzerdütschen, Franzosen und Italienern in einer Epoche, in der weltweit jede Minderheit einen eigenen Staat haben will. Wie kann man überhaupt ein Nationalgefühl erzeugen, wenn man unterschiedliche Sprachen spricht und auch kulturell eher zu anderen Nationen gehört? Das Schlüsselwort ist *Willensnation*: Der gemeinsame Wille, eine Nation zu sein, vereint, nicht das gemeinsame Blut der Vorfahren. Letzteres wird im überholten deutschen Staatsbürgerrecht nach vorne gestellt. Deutschstämmige Aussiedler und deren Kinder aus seit sechzig Jahren zu Russland gehörenden Gebieten bekommen ebenso umstandslos einen deutschen Pass in die Hand gedrückt wie Sachsen aus dem rumänischen Siebenbürgen, deren deutsche Vorfahren schon vor 800 Jahren ausgewandert sind. Deutschland ermutigt diese Blutsverwandten zur Übersiedlung, und die lassen sich natürlich nicht zweimal bitten, wenn sie die Chance bekommen, in ein reiches Land zu wechseln. Und wer könnte es ihnen verdenken? Schlimm ist nur, dass Kinder, die in Deutschland geboren wurden und deren türkische Eltern hier seit vielen Jahrzehnten leben, nicht automatisch auch einen deutschen Pass erhalten, so wie es zum Beispiel in den USA der Fall ist. Die USA sind eine multinationale Nation, ihre Bürger stammen aus allen Ecken des Planeten, die Urgroßeltern kommen vielleicht aus Irland, aus Kenia, Russland oder China. Die Nation definiert sich darüber, dass die Menschen in Amerika leben und sich zur Verfassung bekennen, damit ist man Amerikaner, gehört zu einer Willensnation. Natürlich verwehren auch die USA heute vielen Immigranten den Pass, doch gerade wird mit einem bei uns unvorstellbaren Pragmatismus von Demokraten und Republikanern darüber diskutiert, ob man nicht mit einer Art Generalamnestie allen Illegalen einen Pass zugestehen sollte, die sich schon länger im Land aufhalten.

Auch wenn die Schweiz wie die USA unterschiedliche Volksgruppen erfolgreich unter einem gemeinsamen Dach vereint, ein Einwanderungsland ist sie deshalb keinesfalls. Dabei ist sie wegen der hohen Löhne gerade für Deutsche ein interessanter Ort zum Arbeiten geworden, besonders viele deutsche Ärzte haben inzwischen ihren Job in die Schweiz verlegt oder wollen dies noch tun.

Geschmack an einer Mitgliedschaft in der EU haben die Schweizer nie gefunden, für reiche Länder stellt sie naturgemäß keinen Anreiz da. Warum sollte man in einen Club eintreten, in dem man automatisch der Reichste ist und alle wollen, dass man ihnen Drinks ausgibt? Zweifellos wäre die Schweiz als eines der reichsten Länder innerhalb der EU sofort zu einem großen «Einzahler» geworden.

Eine Zeit lang mussten sich Schweizer dafür an europäischen Flughäfen an das Ende einer unkomfortablen Schlange stellen, gab es doch bei der Passkontrolle den Beamten für EU-Bürger, eine flotte Reihe, in der die Reisenden lässig ihren Pass schwenkten – sie waren ja im weitesten Sinne noch zu Hause –, während sich der Rest in der Schlange

«Nicht-EU-Bürger» die Beine in den Bauch stand. Geschäftsmänner aus Bern verbrachten hier viel Zeit hinter Passagieren aus Zimbabwe, Nordkorea und dem Iran, deren Passkontrolle etwas länger dauerte. Inzwischen dürfen aber auch Schweizer, trotz EU-Abstinenz, zur Komfortabfertigung. Wir sind da mal großzügig.

Polen
Tschechien
Slowakei
Österreich
Ungarn
COUSINS & COUSINEN

Ich kann nicht so viel Musik von Wagner anhören.
Ich hätte sonst den Drang, Polen zu erobern.

Woody Allen

POLEN
EIN HOCH AUF AMERIKA

Die Schneekoppe ist nicht wirklich ein Berg, den man bezwungen haben muss. Reinhold Messner hat kein Buch über sie geschrieben, vergeblich sucht man Freeclimber, selbst die Wanderung auf ihren Gipfel ist öde, denn er ist nicht mehr als ein überdimensionaler Hügel, vergleichbar mit dem Brocken. Nur ihre vermessene Höhe exponiert sie, macht Letzteren zum höchsten Punkt im Harz und Ersteren zum höchsten im Riesengebirge. Dabei kann man sie nicht mal Gipfel nennen, Gipfel recken sich in den Himmel wie der des Mont Blanc, malen eine zackige Linie ins Blau, die Schneekoppe ist nur ein langer Rücken, auf dem der Wanderer langsam emportrottet. Ich tat dies kurz nach dem Fall des Eisernen Vorhangs, überschritt die Grenze von Polen nach Tschechien, schaute mir als Hamburger höchst interessiert die Elbquelle an und lernte dabei so viel über die beiden Länder, dass ich die Reise dorthin auf keinen Fall missen möchte.

Gleich am Anfang wurde ich Zeuge eines Phänomens, das ich als «polnischen Service» bezeichnen würde. Hungrig hatte ich mich mit zwei Begleitern über Stunden die Schneekoppe hinauf zu einem Bergrestaurant geschleppt, ein kleines wohlgemerkt, das nicht mit Bussen und Seilbahnen angesteuert werden konnte, geschweige denn über eine Terrasse mit Hunderten von sonnenbebrillten Wadenzeigern verfügte.

Gerade als wir die letzten Meter bis zur Türschwelle zurücklegten, öffnete sich die Tür, ein dicker Mann kam heraus und stieg auf ein Moped. Mit routiniertem Griff schnallte er seinen Helm auf, startete den Zweitakter und knatterte gen Tal. Wir traten in das Dunkel der

Gaststube und fragten den Wirt, ob es noch etwas zu essen gebe. Wortlos ging er an uns vorbei ins Freie und stieß einen markerschütternden Schrei aus. Der Mann auf dem Mofa hatte sicherlich schon mehrere hundert Meter hinter sich gebracht, als der Ruf «Wojciech!» über die Geröllhalden schallte. Staunend sahen wir, wie das Mofa wendete und zurück zum Haus fuhr. Dort zog Wojciech, der Koch, nochmal seinen weißen Kittel an und bereitete uns ein wundervolles Abendessen.

Welch ein Glück, denn nichts ist schlimmer, als am Ende eines mühseligen und verschwitzten Tages in ein Restaurant zu kommen, um dort zu erfahren, dass die Küche schon geschlossen ist. In Deutschland ist mir das nach Vorstellungen oder Lesungen schon häufiger passiert. Die Gaststättenverordnung geht im Allgemeinen davon aus, dass jeder Deutsche bis 22 Uhr sein Abendbrot verspeist hat. Mir wurde also oft beschieden, ich käme zu spät. Einmal hatte ich in Goslar über zwanzig Minuten auf den Kellner gewartet, geschäftig war dieser hin und her gegangen, hatte es mit allen Tricks vermieden, an meinem Tisch zu erscheinen, um mir schließlich um 22 Uhr 2 zu erklären, die Küche habe um zehn zugemacht.

Auch das späte Frühstück ist bei uns schwer zu bekommen. Sicher, in Großstädten, und dort vor allem in einschlägigen Studentenvierteln, bekommt man durchaus auch noch gegen Mittag warme Croissants, Butter und Konfitüre, doch in der Provinz, in kleinen Städten und Pensionen, wird bis zehn Uhr gefrühstückt. Dies hatte mir auch schon mal eine Kellnerin im *Café Öringer* in Vechta bescheinigt, einer kleinen Stadt in Niedersachsen, die Europas höchste Geburtenrate verzeichnen kann, allerdings nicht für Menschen, sondern für Mastschweine. In diesem Café versuchte ich um elf Uhr vergeblich, ein Frühstück zu bekommen. «Ist doch nicht mehr Frühstückszeit», klärte sie mich mit schriller Stimme auf, und so musste ich mich mit einem deutschen Bohnenkaffee begnügen. Als fast im selben Moment ein alter Herr nach Kuchen fragte, fiel auch er durchs Raster: «Ist doch noch nicht Kuchenzeit!» Als Spätfrühstücker fühlte ich mich mit diesem Frühkuchenesser sehr verbunden.

Umso mehr mochte ich Wojciech, den serviceorientierten Koch von der Schneekoppe. Spätabends brutzelte er für uns deftige Bratkartoffeln mit Zwiebeln und Spiegelei. Keine Frage, hätte man ihn nachts geweckt und nach Frühstück gefragt, er hätte eins gemacht. Polen sind besonders flexibel. Während bei uns die Bereitschaft zur Mobilität, um einen Arbeitsplatz zu ergattern, eher gering ist, man lieber so lange wartet, bis ein angenehmer Job im Umkreis der eigenen Wohnung auftaucht, sind in den letzten Jahren Hunderttausende junger Polen auf Jobsuche nach Großbritannien gegangen, wo man ihnen den Arbeitsmarkt geöffnet hat – im Gegensatz zu uns.

Die Immigration der Polen stellt für die Briten die größte Einwanderungswelle dar, die es je gab. Dabei ist es nicht so, dass sich daheim für Polen kein Job fände, die Wirtschaft brummt und wächst doppelt so schnell wie unsere. Auch die Löhne steigen jenseits von Oder und Neiße rasant. Immer mehr Jobs, die früher Polen für uns gemacht haben, müssen wir nun selber erledigen, wie die Spargelernte oder auch das Papstamt. Es widerspricht auch dem alten Klischee der armen Polen, dass immer mehr polnische Firmen ihre Produktion hinter die deutsche Grenze ins strukturschwache Brandenburg verlegen. Dort gibt es Arbeitskräfte, und die Firmen können sich ein begehrtes Logo auf ihre Produkte drucken: «Made in Germany».

Eigentlich bräuchte auch Deutschland mehr Einwanderer, es fehlt an Fachkräften, an Kindern, überhaupt an Menschen, denn die Gesellschaft schrumpft. Aber Einwanderung ist bei uns ein Tabuthema, das nur mit extremen Standpunkten diskutiert wird. Der linke lautet: «Grenzen auf für alle», und macht sich verdächtig, nur deshalb vehement vertreten zu werden, weil man sich sicher sein kann, dass er niemals Wirklichkeit wird. Der rechte Standpunkt lautet: «Deutsche Arbeitsplätze nur für Deutsche», und er wird inzwischen nicht nur von rechten Parteien gefordert, sondern sogar von SPD und Linkspartei. Dabei liegt es auf der Hand, dass man bei einem akuten Ingenieurmangel nicht auf die Umschulung langzeitarbeitsloser Busfahrer aus Nordfriesland hoffen kann. Eine geregelte Einwanderung mit Greencards, die man aus den USA kennt, zur Hälfte für Menschen mit gefragter Ausbildung, aber zur Hälfte auch für andere, würde einem schrumpfenden Deutschland genau das Leben einhauchen, das es braucht, um zu wachsen; sie würde den Konsum ankurbeln und die Vermietung von Wohnungen, die ansonsten leerstehen.

Erst 2011 können Polen in Deutschland arbeiten, bis dahin ist ihre Heimat mit durchschnittlichen Wachstumsraten von 5% so weit entwickelt, dass eine gefürchtete Welle von Handwerkern und Billigkräften ausbleiben wird.

Dies bestätigte mir auch mein Krakauer Freund Tomasz, mit dem ich oben auf der Schneekoppe war und die Bratkartoffeln und das Bier aus Steingutkrügen genoss. Er steht exemplarisch für eine Generation junger Polen, die viel Wert auf Bildung legten und das Vorurteil vom armen, etwas tumben Polen ad absurdum führten: Er sprach nicht nur Polnisch, sondern auch fließend Deutsch und Englisch, studierte Wirtschaftswissenschaften, war flexibel, ständig unterwegs und immer auf der Suche nach neuem Input.

Durch ihn lernte ich auch Zsuzsanna kennen, eine Studentin aus Budapest, die mit uns auf die Schneekoppe gelaufen war. Gemeinsam wanderten wir durch das Riesengebirge, das oft als Motiv herhalten muss, wenn es in einer Zeitung um Waldsterben geht. Früher wehten von drei Seiten die schwefligen Wolken aus Polen, der Tschechoslowakei und der DDR zur Schneekoppe hinauf, hatte doch jeder Staat Industriekombinate am Fuße des Gebirges, ganze Hänge streckten nur noch Baumgerippe in den Himmel. Heute erholt sich der Wald zwar wieder, doch gibt es immer noch viele kahle Hänge und gruselige Ecken.

Tomasz bestellte drei Gläser *Ubrówka*, wir sprachen über Rübezahl und waren uns sicher, er konnte nicht weit sein. Denn die Sagenfigur des Riesengebirges ärgert hochnäsige Wanderer, führt sie in die Irre, hilft aber den netten Menschen, und zu diesen zählten wir uns. Dabei schlüpft der Waldgeist in immer neue Rollen. Begegnet man auf den Pfaden einem alten Weib oder einem Mönch, weiß man nie, ob es nicht Rübezahl ist, der einem eine Falle stellen will. Er kann aber wie gesagt auch Gutes tun und zum Beispiel in den Leib eines Kochs schlüpfen, der einen noch lange nach Feierabend bewirtet. Wir mussten uns also benehmen.

Kaum ein Land in Europa sieht auf eine bewegtere Geschichte zurück als Polen. Selten war es vereint, oft besetzt, mehrmals sogar komplett von der Landkarte verschwunden. Polens Grenzen wurden so oft gewaltsam verschoben, die Lage des Landes so oft verändert, als wäre es ein Hemd in einem Wäschetrockner. Wann immer die große Trommel rotierte, änderte auch das Hemd seine Position. Mal drehten die Russen an ihr, mal die Österreicher, dann die Preußen, später die Deutschen und selbst die Ungarn. Polen hat keinen Nachbarn, der nicht schon mal einmarschiert wäre. Und genau das ist der Unterschied zu Deutschland, das keinen Nachbarn hat, bei dem es nicht schon mal einmarschiert wäre. Die Schweiz bildet da die einzige Ausnahme, und auch nur, weil die Nazis bis zum Kollaps ihrer Herrschaft keine Zeit mehr dafür hatten.

Der letzte Raubzug, den Polen im Zweiten Weltkrieg erleben musste, geht auf das Konto der Deutschen, aber auch auf das der Russen. Stalin hatte sich mit Hitler auf einen gemeinsamen Überfall auf Polen verständigt, nachdem er lange Verbündete im Westen gesucht hatte, um der gewaltsamen Vergrößerung des Deutschen Reiches Einhalt zu gebieten.

Dabei sind die Polen eigentlich ein wehrhaftes Volk, das sich nicht so leicht unterbuttern lässt. Einst gewannen sie Schlachten gegen die Russen, und im Zweiten Weltkrieg fand der einzige große Aufstand in einem von den Deutschen besetzten Land in Polen statt. Darüber hinaus zählt der Aufstand im Warschauer Ghetto ebenfalls zu den größten, den es unter der verfolgten jüdischen Bevölkerung gab: Im Januar 1943 wagten tausend schlecht Bewaffnete den Kampf gegen die deutschen Schergen, der größere Aufstand der restlichen Warschauer jenseits der Ghettomauern erfolgte im Juli 1944. Angesichts der Übermacht der deutschen Besatzer spricht es für die Hartnäckigkeit der Polen, dass sie zwei Monate den Aufstand aufrechterhalten konnten. Der Sieg war zum Greifen nah, da auch der Hitler-Stalin-Pakt schon wieder Geschichte war und die russischen Truppen, die die Deutschen schon über Tausende von Kilometern nach Westen gedrängt hatten, kurz vor Warschau an der östlichen Seite der Weichsel standen. Die Detonationen ihrer Geschütze waren schon zu hören und beflügelten die Polen bei ihrer Mission. Doch da befahl Stalin seinen Truppen, anzuhalten und zu warten, bis der Aufstand durch die Deutschen niedergeschlagen war. Sie rückten erst weiter vor, als aller polnischer Widerstand gebrochen war. So war es für sie viel leichter, eine neue, ihnen genehme Führung zu installieren, die den Weg zu einem kommunistischen Polen einschlug.

Die Verbrechen, die Deutsche in Polen begingen, sprengen jede Vorstellungskraft. Sie wählten das Land aus, um hier die größten Konzentrationslager zu bauen für den größten Völkermord aller Zeiten, sie pferchten 500 000 Juden in ein winziges Ghetto, harmlos «jüdischer Wohnbezirk» genannt, sie massakrierten unzählige Männer, Frauen, Greise, Kinder und zerstörten ganz Warschau. Nach dem Aufstand sprengten sie Haus für Haus. Das ist inzwischen lange her, 65 Jahre, andererseits: Alle Deutschen und Polen und polnische Juden, die heute über 80 sind, können sich noch daran erinnern. Warschau musste Stein für Stein wieder aufgebaut werden. Kein Wunder, dass die Polen besonders empört sind, wenn Deutschland mit Russland heute eine Gaspipeline baut, die nicht durch Polen führt, sondern durch die Ostsee.

Warum ist es heute noch möglich, dass sich Russland und Deutschland über die Polen hinweg einigen?

Ebenso wenig verwunderlich ist die Verbundenheit der Polen mit den Amerikanern, von geheimen Camps der CIA in Polen war die Rede, und als die Amerikaner fragten, ob sie auf polnischem Boden ein Raketenabwehrsystem errichten dürften, kam die Antwort aus Warschau rasch: «Überhaupt kein Problem, im Gegenteil.» Die USA sind die Großmacht, die den Polen nie geschadet hat, sie steht für sie für Freiheit, und in Sachen Freiheit haben die Polen einen großen Nachholbedarf, deshalb scheuen sie sich auch nicht, im neuen Europa deutlich ihre Meinung zu sagen. War es nicht auch ungerecht, dass ausgerechnet das kämpferische Polen nach dem Zweiten Weltkrieg in das Herrschaftsgebiet der Sowjetunion fiel, während die Niederlande oder Dänemark das Glück hatten, in Freiheit und Demokratie zu leben? Was konnten die Polen dafür, dass sie im Osten und nicht im Westen lagen?

Nach dem Zweiten Weltkrieg änderten sich ein letztes Mal die polnischen Grenzen, das ganze Land rückte nach Westen. Der östliche Teil wurde von der Sowjetunion vereinnahmt, die Polen aus diesen Landesteilen wurden im neuen Westen angesiedelt, der bis dahin zum Deutschen Reich gehörte und aus dem zunächst die deutsche Bevölkerung vertrieben wurde. So tragisch dies für die Betroffenen war – wer hatte den Krieg angefangen? Wer hatte ihn verloren? Die neue Grenze wurde von der Bundesrepublik erst 1970 anerkannt, die Regierung von Willy Brandt machte es möglich. An dem Tag, als der Vertrag unterzeichnet wurde, überkam den damaligen Kanzler bei einer Kranzniederlegung am Mahnmal des Warschauer Ghettos das Gefühl, «dass einfach Stehen nicht reicht». Er kniete sich auf die Stufen und fand damit eine Geste, die viele bewegte und zum Symbol für seine Ostpolitik wurde.

Zu diesem Zeitpunkt standen sich in Europa zwei bis an die Zähne mit Atomraketen bewaffnete Lager gegenüber. Als die Übertragung des

Kniefalls im militärischen Hauptquartier der Sowjetunion über die Bildschirme flimmerte, hat der Verantwortliche für die Langstreckenraketen sicher kurz den Finger vom roten Knopf genommen und aufgeschaut. Jedes Zeichen der Versöhnung war wichtiger denn je. Trotzdem waren 48 % der Deutschen in einer Blitzumfrage der Meinung, Brandts Geste sei übertrieben gewesen. Hätte ein «'tschuldigung» oder «Hoppla, da sind wir wohl übers Ziel hinausgeschossen, ha, ha!» nach dem Zweiten Weltkrieg nicht gereicht?

Wann immer man sich mit Berichten aus dem Warschauer Ghetto, vom Holocaust oder über den Umgang der Wehrmacht mit Gefangenen und Zivilisten beschäftigt, kommt man binnen kürzester Zeit zu einem Punkt, an dem das Grauen die Grenzen des Fassbaren sprengt. Und der größte und schlimmste Teil dieser Ereignisse fand auf polnischem Boden statt. Kränze werden täglich irgendwohin gelegt, und Willy Brandt fand einen glaubhaften Ausdruck, der darüber hinausging.

Die DDR hatte die neue Ostgrenze Deutschlands natürlich schon viel früher anerkannt, und obwohl dies zusammen mit der Anerkennung durch Westdeutschland ja eigentlich hätte ausreichen müssen, den Polen das sichere Gefühl zu geben, dass diese Grenzen endgültig sind, wagte es der Bundeskanzler Helmut Kohl bei den Verhandlungen zur Wiedervereinigung, bei einem Besuch des US-Präsidenten George Bush senior zu fordern, dass das vereinigte Deutschland erneut die polnische Westgrenze anerkennen müsse, Debatte im Parlament darüber eingeschlossen. Dabei ging es in dieser Zeit ausschließlich darum, der Welt zu zeigen, dass ein vereinigtes und damit wieder größeres Deutschland keinen neuen Ärger machen würde. Der amerikanische Präsident brauchte keine zwei Sekunden, um zu erwidern, dass für die USA völlig klar sei, dass die Oder-Neiße-Grenze für immer so bleibt, wie sie ist.

In Polen hatten diese Äußerungen eine große Wirkung. Zum einen wurde den Polen klar, welch Fürsprecher sie in den USA hatten – schon kurz darauf kämpften sie im Irakkrieg an der Seite der Amerikaner.

Zum anderen schadeten diese Äußerungen ausgerechnet der ersten demokratisch gewählten Regierung Polens. Sie war aus der Gewerkschaftsbewegung Solidarnosc hervorgegangen, die den Wandel im kommunistischen Polen erst möglich gemacht hatte. Diese Öffnung – so warnten die Kommunisten – werde dazu führen, dass Polen erneut von Deutschland bedroht werden würde, und nun war diese Bedrohung dank des Problembären aus der Pfalz zum Greifen nah. Trotz Kohls langen Zauderns, die polnische Nachkriegsgrenze anzuerkennen, kam die Wiedervereinigung, sonst hätte ich nicht mit Tomasz und Zsuzsanna frei herumwandern können.

Tomasz persönliche Befreiung ließ noch auf sich warten. Als Schwuler musste er beim Christopher Street Day in Warschau höllisch auf sich aufpassen. Die Traditionsparade – in Westeuropa eine große Party – wurde in Osteuropa wieder das, was sie einmal war: eine wichtige Demonstration gegen die Diskriminierung Homosexueller. In Warschau, Moskau oder Minsk kann es einem bis heute passieren, dass einen während des CSD zunächst Rechtsradikale mit Baseballschlägern angreifen, dann Omas mit Regenschirmen und schließlich die Polizei mit Knüppeln, bevor sie einen auch noch festnimmt.

Gerade unter der rechten Regierung der berüchtigten Kaczynski-Brüder ging die Entwicklung ab 2006 in die falsche Richtung. Deren Kinderbeauftragte Ewa Sowinska forderte gar, die Ausübung bestimmter Berufe für Homosexuelle zu verbieten, wie zum Beispiel Lehrer oder Sporttrainer. Für viele Lacher sorgte ihre Forderung, die Ausstrahlung der Sendung «Teletubbies» im polnischen Fernsehen zu verbieten, da einer der vier Protagonisten schwul sei. Verdächtigt wurde die Puppe Tinkie Winky, ihres Zeichens eine Art lila Schneemann mit Dreieck auf dem Kopf, denn die empörte Ewa Sowinska hatte eine Handtasche am Arm der eigentlich männlichen Puppe entdeckt. Mit dieser Aktion landete sie immerhin auf Platz drei des – von der Washington Post ausgelobten – Wettbewerbs um den Titel «Idiot des Jahres 2007». Homosexuelle fragen sich zu Recht, wieso eigentlich Länder in die EU aufgenommen werden, die die elementaren Selbstbestimmungsrechte nicht für alle Menschen gewährleisten, wo diese doch in den bisherigen EU-Mitgliedsländern zu den unveräußerlichen Menschenrechten gehören.

Thomas Hermanns, Gründer des Quatsch Comedy Clubs bei PRO 7, forderte deshalb angesichts der dramatischen Ereignisse rund um den CSD in Osteuropa, die aus einer längst überwunden geglaubten Zeit zu stammen scheinen: «Wo Europa draufsteht, muss auch Europa drin sein.»

Es ist hoffentlich nur eine Frage der Zeit, bis das Land auch in dieser Hinsicht in der Gegenwart ankommt. Hier gleichen sich alle Länder des ehemaligen Ostblocks, die Verhältnisse für Homosexuelle sind schlecht, mal mehr, mal weniger. Auch bei anderen Themen, wie dem Umgang mit Russland, teilt sich Europa in die alten Blöcke auf. Auch wenn Polen ansonsten auf einem begeisterten Modernisierungskurs in die Zukunft fährt, immer wieder holt die Geschichte es ein. Umso wichtiger ist es, aus ihr die richtigen Schlüsse zu ziehen.

TSCHECHIEN UND SLOWAKEI
GETRENNTE ZIMMER

Durch Misstrauen gegenüber Worten kann entschieden weniger verdorben werden als durch übertriebenes Vertrauen in sie.

Václav Havel

Am nächsten Morgen überquerten wir die polnisch-tschechische Grenze, ohne dass wir einen Pass zeigen mussten. Unser Ziel war die Elbquelle, ein – ähnlich wie das Nordkap – etwas undefinierbarer Punkt, den man nicht erkennen würde, hätte nicht eine tourismusfördernde Behörde die Idee gehabt, ihn mit einem Betonklotz zu kennzeichnen. Ist es am Nordkap ein Quader, so erwartet einen hier ein Betonring, in dessen Mitte die Elbquelle vermutet wird. Ein scheußlicher Versuch, einer Matschwiese einen Mittelpunkt zu geben.

Zsuzsanna, Tomasz und ich klönten über die Hügel, und Tomasz führte uns in das Wirrwarr der unterschiedlichen Landesbezeichnungen ein. Tschechien war mal Tschechien, dann Tschechoslowakei, dann wieder Tschechei, Tschechoslowakei und nun wieder Tschechien. Mal gehörte die im Osten gelegene Slowakei mit dazu, mal nicht. Kurz vor dem Zweiten Weltkrieg erklärte sich die Slowakei für unabhängig und paktierte mit dem Deutschen Reich. Dies wurde vom britischen Premier Chamberlain zum Anlass genommen, die Schutzgarantien, die Großbritannien der Tschechoslowakei gegeben hatte, für nichtig zu erklären, denn diese galten ja für die Tschechoslowakei, dieser Staat habe sich nun aber aufgelöst. Dies war nur ein Akt im unwürdigen Schauspiel um das Sudetenland und dann um die restliche Tschechei, von dem später aus britischer Sicht noch die Rede sein soll.

Hitler wollte sich zunächst das Sudetenland, das zur Tschechoslowakei gehörte, und später die gesamte Tschechei unter den Nagel reißen und hat dies auch getan. Der 30. September 1938 ist ein schwarzer Tag in der tschechischen Geschichte: An diesem Tag einigten sich Großbritannien, Frankreich, Italien und das Deutsche Reich über die Köpfe der Tschechen hinweg darauf, dass das Sudetenland deutsch werden sollte. Der einzige Grund für Frankreich und Großbritannien, diesem Wunsch Hitlers zuzustimmen, war die Hoffnung, damit Deutschlands Expansionswillen zu befriedigen und einen Krieg zu verhindern. Umsonst, schon kurz darauf kassierte es ganz Tschechien.

Tomasz, Zsuzsanna und ich wanderten genau durch diese sudetische Provinz, um die es damals so viel Streit gab. Matschige Hügel, auf denen ein hartnäckiger Regen niederging, reihten sich aneinander. Die Sudeten waren rund 700 Jahre mehrheitlich deutsch besiedelt. Nach dem Ersten Weltkrieg wurden sie tschechisch, nach der Okkupation durch Hitler wieder deutsch, nach dem Zweiten Weltkrieg wieder tschechisch. Zunächst gab es keine Vertreibungen der deutschen Bevölkerung, aber genau deren Vorhandensein wurde zum Argument für Hitler, die Provinz dem tschechischen Staat zu entreißen. Welche Schlussfolgerung kann ein Staat daraus ziehen, wenn sich auf seinem Territorium eine größere Minderheit befindet? Sie könnte Souveränitätsansprüche stellen. Das passiert immer wieder. Und einer grausamen Logik folgend, versuchen viele Staaten dies zu verhindern, indem sie die Minderheit vertreiben. Eine Minderheit, die nicht mehr da ist, kann auch keinen Ärger machen.

Russland vertrieb nach 1945 alle Polen aus den östlichen Gebieten, die fortan zur Sowjetunion gehören sollten, und die Tschechen vertrieben zur selben Zeit die Deutschen aus dem Sudetenland: Nochmal wollten sie ihre Provinz nicht verlieren. Vertreibungen verstoßen gegen die Menschenrechte und gehörten trotzdem im Zweiten Weltkrieg zu den «kleineren» Verbrechen. Die Deutschen wollten die jüdische Bevölkerung auslöschen und die slawischen Völker Osteuropas versklaven. Ein Plan des SS-Führers Himmler sah vor, in den besetzten Gebieten nur noch eine vierklassige Volksschule zuzulassen: «Ziel dieser Schule hat lediglich zu sein: Einfaches Rechnen bis höchstens 500, Schreiben des Namens, eine Lehre, dass es ein göttliches Gebot ist, den Deutschen gehorsam zu sein. Lesen halte ich für nicht erforderlich. Außer dieser Schule darf es im Osten überhaupt keine Schule geben. Ziel dieser Maßnahme ist eine minderwertige Bevölkerung, die als Wanderarbeiter in Deutschland für Straßen, Steinbrüche und Bauten zur Verfügung steht.»

So weit der Herrenmenschenplan für die Heimat von Antonín Dvořák und Franz Kafka, für die von Fryderyk Chopin und Henryk Sienkiewicz, der schon 1905 den Literaturnobelpreis erhielt, um nur vier der berühmtesten Künstler zweier Länder zu nennen, die bis heute voll sind von wuseligen Literaten, Musikern und Theatermachern. Ihr Leben war auch in der Eiszeit des Stalinismus nach 1945 kein Zuckerschlecken, Künstler ohne Freiheit verenden wie Schlittenhunde, die man einsperrt. Trotzdem, alles ließen sie sich nicht verbieten, suchten und nutzten jeden Freiraum, und so waren die polnische und die tschechische Kunst-, Literaten- und Theaterszene immer aufregender als die der DDR.

Nachdem Zsuzsanna ob des strömenden Regens einen ganzen Tag so gut wie nichts mehr gesagt hatte und sowohl unsere Schuhe, Socken, Füße als auch unsere Jacken völlig durchnässt waren, fuhren wir kurz entschlossen nach Prag und trockneten unsere Klamotten auf der Heizung eines Zimmers im *Hotel Hejtman* in der Roháčova.

In der Hauptstadt nahm 1968 der sogenannte Prager Frühling seinen Anfang. Sicher, alle Ostblockstaaten hatten ihren Aufstand: Ungarn 1956, die DDR 1953, am berühmten 17. Juni. Die kämpferischen Polen begehrten gleich mehrmals auf und können mit dem Aufstand der Werftarbeiter in Danzig, deren Protest zur Gründung der Gewerkschaft Solidarnosc führte, auch den erfolgreichsten verbuchen, der die Wende einleitete. Aber nur die Tschechen und Slowaken können auf eine «Revolution von oben» zurückblicken

Im *Caféidoskop* in der Lazarská auf dunkelbraunen Sesseln vor dunkelbrauner Wandvertäfelung sitzend, erzählte uns Zsuzsanna vom Prager Frühling. Heißer Tee, frische Mohntorte und die Aussicht auf einen warmen Abend in den Schenken von Prag hatten sie wieder zum Leben erweckt. Mit Alexander Dubček war damals – quasi aus Versehen – ein überaus sympathischer Kommunist an die Spitze des Staates gekommen, der sich für den in die Geschichte eingegangenen Begriff des «Sozialismus mit menschlichem Antlitz» einsetzte. So wurde die Pressefreiheit garantiert, kleinere Firmen sollten privat geführt werden können, war doch die desolate Wirtschaftslage ein wichtiger Grund für die Reformen. Die Aussicht auf einen Sozialismus, in dem der Mensch wirklich frei war, elektrisierte nicht nur die Tschechen und die Slowaken, sondern auch die Studenten, die im Westen gerade in Berlin und Paris für die Revolution auf die Straße gingen. Allein, es war ein schwacher Frühling, ein Obstbauer würde sagen: Zu kurz, zu wenige Sonnentage, die nur wenige Knospen hervorlockten, die dann von einem starken Frost zunichte gemacht wurden.

Das berühmte Bild von dem Demonstranten, der sich vor einem russischen Panzerrohr in Prag das Hemd aufreißt und ihm die nackte Brust entgegenstreckt, steht für die Unterwerfung dieses Reformversuchs durch Truppen der Sowjetunion, Polen, Ungarn und Bulgarien. Deutsche Einheiten wurden von den Sowjets nicht herangezogen, obwohl der Staatsratvorsitzende der DDR, Walter Ulbricht, schon früh eine gewaltsame Unterwerfung der Reformen gefordert hatte. Wahrscheinlich verfügte irgendjemand in Moskau über so viel Feingefühl, den Tschechen, genau dreißig Jahre nach dem Einmarsch der Nazis, nicht erneut eine Kolonne mit deutschen Panzern zuzumuten, die durch die Sudeten in Richtung Prag fahren.

Übrigens gab es keinen Widerstand der Regierung Dubček gegen den Einmarsch der Truppen. Er war ein sanfter Visionär und zog das Scheitern des Experiments einem Blutvergießen vor. Doch die Bevölkerung protestierte, stellte Wegweiser um und übermalte Ortsschilder, damit die Verbände in die falsche Richtung fuhren. Es nützte alles nichts. Alexander Dubček wurde entmachtet und fristete fortan sein Leben als Waldarbeiter. Eine neue Eiszeit begann. Erst nach der Wende wurde er 1989 zum Parlamentspräsidenten gewählt, eine späte Ehre. Er starb 1992.

Prag erlebte nach der Wende seine Auferstehung, es ist heute eins der meistbesuchten Tourismusziele weltweit, die tschechische Wirtschaft brummt und kann mit einem Wachstum aufwarten, das fast doppelt so hoch ist sind wie das in Deutschland. Nicht nur die Skoda-Werke sind höchst erfolgreich, auch die tschechische Filmindustrie, die von jeher einen sehr guten Ruf hatte, spielt wieder ganz vorne mit. Die *Barrandov-Filmstudios* in Prag sind heute die größten der Welt. Längst werden nicht nur tschechische Kinderfilme im mährischen Wald gedreht, sondern große Hollywoodproduktionen. Eine unwiderstehliche Mischung aus niedrigen Löhnen und einer großen Filmhandwerkskultur, die über Bühnenbildner bis zu den Kostümschneidern reicht, auf deren Können Insider schwören, führten dazu, das schon sowohl Tom Cruise für «Mission Impossible» in Prag drehte als auch Barbra Streisand für «Yentl». Letzterer Film gehört zu den vielen historischen Produktionen, die auf alte Straßen und Häuser angewiesen sind. Sicherlich kann man auch im Studio und in Hollywood vieles nachbauen, aber in Prag ist es möglich, auch an Originalschauplätzen zu drehen.

Kaum denkbar, was passiert wäre, hätte Himmler die vierjährige Schule einführen können. Es gibt schon einiges, für das man sich als Deutscher schämen kann.

Am Bahnhof Holešovice bestieg ich nachts mit Zsuzsanna den Zug nach Budapest. Der Sommer war wieder da und schwängerte die Stadtluft mit Gerüchen aus Imbissen und der Kanalisation. Tomasz hatte nach Krakau zurückkehren müssen, um seine Koffer zu packen; ihn erwartete ein neuer IT-Job in Dublin.

Der Fernzug schaukelte über die Gleise, die Vorhänge tanzten im Wind, und Zsuzsanna machte es sich in meinem Arm gemütlich, so gemütlich, wie es geht, wenn man nur befreundet ist.

Nach fünf Stunden erreichten wir schließlich mitten in der Nacht Bratislava. Ähnlich wie Prag hat Bratislava als Hauptstadt der Slowakei anscheinend ein Recht darauf, dass der Zug eine Ewigkeit rumsteht, bevor er weiterfährt. Die Reise könnte mindestens eine Stunde schneller gehen, würde der Zug an den Bahnhöfen nur so lange anhalten, wie man braucht, um die Passagiere ein- und aussteigen zu lassen. Zsuzsanna entschloss sich, hier nicht aufzuwachen und gleich bis Budapest durchzuschlafen.

Damals kannten wir auch noch nicht die Hohe Tatra, ein vom Westen bisher weitgehend unentdecktes Skigebiet in der Slowakei. Hier konnte man nicht nur für einen Bruchteil des Geldes unterkommen, das man in der Schweiz oder Österreich schon für einen Becher Glühwein bezahlen muss. Das slowakische Gebirge liegt tief im Inneren des Kontinents, weit weg von den Einflüssen des Golfstroms, und wird stets mit kalten Wintern voller Schnee bedacht. Trotzdem ist die Slowakei kein Tourismusmagnet. Zwar erfreut man sich an spektakulären 10 % Wirtschaftswachstum, das damit noch höher liegt als das von Tschechien und Polen, aber Kinder wachsen eben schneller als Erwachsene, und die Slowakei hat viel nachzuholen. Immer mehr Autokonzerne produzieren hier, niedrige Löhne und die Lage in Zentraleuropa versüßen ihnen diesen Schritt. Pünktlich zum Erscheinen dieses Buches wird auch der Euro eingeführt.

Zwar gibt es vielversprechende junge Künstler wie den Maler Viktor

Frešo, die sich aber noch durchsetzen müssen. Die offizielle Website der Slowakei bemüht als berühmten Sohn des Landes Andy Warhol, der aber in den USA geboren wurde und auch dort gestorben ist. Schon seine Eltern, die tatsächlich aus der Slowakei kamen, kehrten dem Land den Rücken, um nach Amerika zu emigrieren. Warhol als Sohn der Slowakei zu bezeichnen ist also ein bisschen an den Haaren herbeigezogen – sagen wir, er ist ein berühmter Enkel des Landes. Immerhin gibt es heute in Bratislava ein Warhol-Museum, gefüllt mit seinen unvermeidlichen Bildern von Suppendosen.

Die Slowakei muss ihre Rekorde und Mythen noch finden, Weltmeister im Export von Tomatenmark ist schon Portugal. Aber der Weltmeister im Export von Bildern von Dosensuppen ist auf jeden Fall ein Sohn slowakischer Emigranten.

Wirtschaftlich ist das Land inzwischen in der Gegenwart angekommen, als Nation strickt es noch. Vielleicht vermissen die Slowaken auch ein bisschen die Tschechen, mit denen sie früher zusammen lebten und wirtschafteten.

UNGARN
DIE EIERDEMOKRATIE

Die Wahrheit geht manchmal unter,
aber sie ertrinkt nicht.
Ungarisches Sprichwort

Das Meer aus Weichen kurz vor dem Budapester Bahnhof Nyugati pályaudvar stößt den Zug und die Reisenden mal nach links, mal nach rechts und lässt die langsamen Waggons noch langsamer werden. Einzelne nutzen die Gelegenheit und springen schon hier ab, um den Weg nach Hause über das Kiesbett der Gleise anzutreten, bevor der Zug in Zeitlupe die große gläserne Halle des Sackbahnhofs erreicht. Budapest empfängt den Bahnreisenden in einem von drei ehrwürdigen Bahnhöfen. Dieser, der Nyugati pályaudvar, wurde von niemand Geringerem gebaut als von Gustave Eiffel, der kurze Zeit später anlässlich der Feierlichkeiten zum 100. Jubiläum der Französischen Revolution einen Turm baute, der nach ihm, seinem Erschaffer, benannt wurde und der bis heute das Wahrzeichen von Paris ist: den Eiffelturm.

Obwohl seit 1990 der Fastfood-Riese McDonald's eine Ecke des Budapester Bahnhofs beziehen durfte, scheint hier die Zeit ein wenig stehengeblieben zu sein. So erwirbt man sein Billett nicht in einem stylischen Reisecenter, sondern in einer Schalterhalle von der Größe eines Flugzeughangars. Jeder Schritt hallt von großen Steinfliesen wider, die seit 150 Jahren von den eiligen Schuhen der Fahrgäste blank poliert wurden. Im krassen Gegensatz zu den Ausmaßen des Raumes steht das kleine, halbrunde Loch in der weißverklebten Glasscheibe des Fahrkartenschalters, zu dem man sich weit hinunterbeugen muss. Man sieht nur die wurstigen Hände der Verkäuferin, die es eilig haben, wieder die Zigarette zum Mund zu führen.

Wann immer ich Zsuzsanna in den kommenden Jahren in Budapest besuchen wollte, stellte ich mich gegen zehn Uhr in Hamburg an den Horner Kreisel und trampte nach Berlin, das ich spätestens um fünf erreicht haben musste, denn dann setzte sich am Bahnhof Lichtenberg der Fernzug nach Ungarn in Bewegung. Da der Nachtzug voller Taschendiebe war, die sich erdreisteten, einem sogar den Rucksack wegzunehmen, auf den man sein Haupt gebettet hatte, liebäugelte ich mit dem Schlafwagenabteil. Die ungarischen Schlafwagenschaffner lehnten schon in Budapest in antiquierten Uniformen lässig an ihrem Waggon und boten mir nicht gebuchte Abteile für den halben Preis an – «Cash in the Täsch», versteht sich.

Einmal leistete ich mir tatsächlich die Reise im Schlafwagen, weil der Preis noch günstiger war als sonst, und bezog ein dunkel getäfeltes Abteil mit Bett, weißer Decke und Waschbecken. Was für ein Luxus! Ich fühlte mich wie Prinz Ferdinand auf dem Weg nach Wien. So schnell und rationell deutsche ICEs auch sein mögen, ihr Design mit Hartschalensitzen, grauem Plastik und giftgrünen Bezügen kommt bei weitem nicht an den Stil eines ungarischen Nachtzugs heran. Allein der Speisewagen ist eine ästhetische Rarität, mit schweren Vorhängen, dicken Tischtüchern und Messinglampen, die glatt aus dem Orientexpress stammen könnten. Hier wird einem von brummigen Kellnern eiskaltes Budweiser von der tschechischen Brauerei Budějovický serviert, dazu einfache Suppen und Eintopf. Morgens weckte mich der Schlafwagenschaffner mit einer Tasse Instantkaffee, und das Beste: Ich musste während der Reise nicht dreimal meinen Pass zeigen.

Das exotische Wort *Nyugati pályaudvar* heißt Westbahnhof, von dem aus uns jetzt die typisch gelbe Ostblock-Straßenbahn, die heute auch noch in Ostberlin verkehrt, nach Buda brachte, in den hügeligen Teil von Budapest jenseits der Donau. Hier lebte Zsuzsanna bei ihrer Familie. Sie studierte zwar bereits, aber in Ungarn konnten Studenten nicht mal eben so in eine WG ziehen, das war für die meisten viel zu teuer.

Wie immer wurden wir bei ihren Eltern mit einem langen Essen verwöhnt, bei dem es einen *Kekfrankos*, einen blauen Lemberger, zu trinken gab, über dessen Qualität László, Zsuzsannas Vater, längere Vorträge hielt, weil dieser Tropfen in einem kleinen Hobbyweinberg nahe der Stadt mit eigener Hand angebaut wurde. An jedem Wochenende fuhr László mit Zsuzsannas Mutter Ildikó in einem Trabbi dorthin, der damals günstig zu haben war. Dabei stapelten sich auf der Rückbank Rosenscheren und anderes Gerät, um die Reben zu pflegen. Nach all der Arbeit ließ sich zu jeder Flasche eine andere Geschichte erzählen, und es galt, das Glas so lange in den Fingern zu drehen und versonnen hineinzuschauen, bis einem noch etwas zum Lemberger einfiel.

Meine gemeinsame Zeit mit Zsuzsanna fiel in die Jahre kurz nach der Wende, in der für die Ungarn die kommunistische Herrschaft endete. Alle waren euphorisch und besorgt zugleich, ein vorsichtiger Schritt folgte dem nächsten, wir mittendrin. Eine große Liebe überwindet die Entfernung, hofften wir damals, um bald zu sehen, dass eine große Entfernung auch eine Liebe überwinden kann.

Als ich Zsuzsanna in dieser Zeit besuchte, dauerte es nicht lange, bis die ersten gelben Reklamen von McDonald's in der Stadt aufleuchteten. Aber die Fassaden der Häuser waren noch nicht renoviert, an vielen Stellen konnte man vielmehr die Einschusslöcher vergangener Epochen sehen, vielleicht von der Niederschlagung des Aufstandes gegen die sowjetischen Besatzer 1956, vielleicht auch noch von den Kämpfen im Zweiten Weltkrieg, in dem Ungarn mit Deutschland paktierte und deshalb als Verlierer ein gutes Stück schrumpfen musste.

Budapest beherbergt 1,7 Millionen Menschen und hatte das Glück, keinen Luftkrieg erleben zu müssen, so ist es heute ein einziges großes Baudenkmal mit Tausenden von Bürgerhäusern, inklusiver wunderschöner, zum Teil runder Hinterhöfe mit hölzernen Fahrstühlen, die in schwarzen Gitterkäfigen die Stockwerke hinaufrumpeln.

Leider ist heute auch die wirtschaftliche Lage Ungarns so rumpelig wie die alten Fahrstühle. Zwar produziert Audi in Györ, unter anderem die Motoren für das SUV-Flaggschiff Q7, und auch Daimler hat sich entschieden, in Südungarn im großen Stil zu investieren, aber insgesamt konnte die Regierung das Land nicht in Schwung bringen. Ungarn hat viele Schulden, müsste sparen, auch um bald den Euro einführen zu können – aber wo noch sparen, wenn schon jetzt das Geld so knapp ist? Jüngst ist auch noch das Wirtschaftswachstum eingebrochen.

Auch politisch geht es eher turbulent zu, seit der Wende zerbrach eine Regierung nach der anderen, und die erste, die es schaffte, wiedergewählt zu werden, sorgte für einen Riesenskandal, als der sozialistische Ministerpräsident Ferenc Gyurscány 2006 in einer Rede eingestand, gelogen zu haben, um an der Macht zu bleiben. Natürlich war dieses Geständnis nicht für die Öffentlichkeit bestimmt, es war eine interne, schonungslose Abrechnung mit der eigenen Politik vor den eigenen Abgeordneten der Fraktion. Irgendjemand muss sie mitgeschnitten und an eine Radiostation gegeben haben, die sie sendete. Das führte zu großen Protesten, in deren Verlauf sogar ein Sender von Demonstranten besetzt wurde. Die aufgebrachte Menge forderte den Rücktritt von Gyurscány. Dieser lehnte ab.

Entscheiden Sie selbst, ob Sie die Äußerungen empörend finden. Sie sind zumindest so ungewöhnlich für einen Politiker, dass es sich lohnt, sie sich mal näher anzuschauen: «[...] Wir haben keine Wahl. Und zwar weil wir es versaut haben. Nicht ein bisschen, sondern sehr sogar. In Europa hat kein Land so einen Unfug getrieben wie wir. Es mag dafür eine Erklärung geben. Wir haben offensichtlich in den vergangenen anderthalb bis zwei Jahren von Anfang bis Ende gelogen. Es war vollkommen klar, dass das, was wir sagten, nicht die Wahrheit war. [...] Und im Übrigen haben wir vier Jahre lang überhaupt nichts getan. Gar nichts. Ich kann euch keine einzige Regierungsmaßnahme nennen, auf die wir stolz sein können, abgesehen davon, dass wir am Ende das Regieren aus der Scheiße wieder hochbringen konnten. Überhaupt nichts. [...] Ich bin fast daran verreckt, anderthalb Jahre lang so tun zu müssen, als ob wir regiert hätten. Stattdessen logen wir morgens, nachts und abends. Ich will nicht mehr [...].»*

Selbstkritik ist für einen Politiker offensichtlich tabu, Kritik seiner eigenen Fraktion gegenüber sowieso. Helmut Kohl war zum Beispiel die sechzehn Jahre seiner Kanzlerschaft vor allem «zuversichtlich», was die Entwicklung Deutschlands betraf. Überall strahlen Politiker diesen Optimismus aus, und da jeder weiß, dass sie nicht immer ehrlich sind, werden die Reden akribisch interpretiert, um eventuelle Krisen auch heraushören zu können. Als der Präsident der Europäischen Zentralbank 2007 im ersten Sommer der aufkommenden Finanzkrise in den USA extra eine Pressekonferenz abhielt, nur um mitzuteilen, dass es «keinen Grund zur Beunruhigung» gebe, löste dies bereits blanke Panik an den Börsen aus.

So ist die Rede des ungarischen Ministerpräsidenten ein Dokument nackter Wahrheit. Könnte man alle Kneipen- und nächtlichen Bettgespräche von Regierungschefs im Radio hören, wären sicherlich nicht nur die Ungarn verunsichert.

Vier Jahre haben Ferenc Gyurcsány und seine Parteikollegen nichts getan, und heute ist das Regieren noch schwerer, da er nur noch eine Minderheitsregierung anführt. Erstarkt ist dagegen die Rechte Ungarns, die sogenannte Ungarische Garde, eine Organisation der rechtsextremen Partei Jobbik, die in schwarzen Uniformen selbstorganisierte Patrouillen durch Ortschaften geht und gegen «Zigeunerkriminalität» und das «globale Pack der Liberalen» hetzt. Auch wegen dieser neuen

---

* Aus der Rede von Ministerpräsident Ferenc Gyurcsány vom 26. Mai 2006 in der Fraktionssitzung in Balatonöszöd, Quelle: Ungarische Botschaft in Wien

rechten Kräfte ist es in Ungarn um die Akzeptanz von Homosexuellen schlecht bestellt. Zwar plant die Regierung Gyurcsány nach Tschechien und Slowenien auch für Ungarn eine eingetragene Partnerschaft für gleichgeschlechtliche Paare. Aber noch könnte das Verfassungsgericht einen Strich durch die Rechnung machen. Als es 2008 zu massiven Angriffen auf die Schwulenparade am Christopher Street Day in Budapest kam, bei denen Skinheads mit Steinen und sogar Brandsätzen warfen und die Polizei gerade noch eine Gruppe festnehmen konnte, die sich in einer Wohnung an der Umzugsstrecke mit Säureflaschen bewaffnet hatte, kam es zu einem kleinen, aber bezeichnenden Prozess. Der Chef von Microsoft Ungarn, ebenfalls Teilnehmer der Parade, war mit Eiern beworfen worden und konnte die Täter verklagen. Das Verfassungsgericht entschied aber, mit Eiern zu werfen gehöre zum Grundrecht auf Meinungsäußerung. Leider hatte niemand der Betroffenen Eier im Saal, um von diesem erstaunlichen Grundrecht gleich Gebrauch zu machen. Nun darf in Ungarn jeder jeden mit Eiern bewerfen, ohne rechtliche Konsequenzen befürchten zu müssen. Frustriert sagte der Ministerpräsident in ein Mikrophon: «Wir brauchen keine Eierdemokratie.»

Zuvor hatte das Gericht schon Gyurcsánys Gesetz kassiert, das die Verunglimpfung von ethnischen, religiösen und anderen Minderheiten unter Strafe stellen sollte, ein Gesetz, das in erweiterter Form als Antidiskriminierungsgesetz auch in Deutschland eingeführt wurde. Das Recht auf freie Rede könne nicht durch die Empfindlichkeiten irgendwelcher Gruppen beschnitten werden, befanden die Richter.

In diesen beiden Fällen zeigt die Regierung eine eher progressive Seite, die die Mehrheit der Ungarn nicht teilt. In Umfragen verurteilten nur 21 % der Befragten die Angriffe auf Homosexuelle in Budapest. Mehr als die Hälfte aller über Sechzigjährigen meinten in einer anderen Umfrage, Homosexuelle seien «total krank».

Steht man vor dem majestätischen Parlamentsgebäude an der

Donau, das dem britischen in London nachempfunden wurde, spürt man nichts vom kleingeistigen Hickhack ungarischer Tagespolitik.

Aber die Eleganz der Bauwerke, das Großbürgerliche, das in Budapest nicht nur hier, sondern von vielen Fassaden und auf Brücken leuchtet, stammt oft noch aus der Zeit der Donaumonarchie. Rund fünfzig Jahre gehörten Österreich und Ungarn zusammen, bis sich das kleinere Ungarn zur Republik erklärte. Die beiden Völker könnten auch unterschiedlicher nicht sein. Die Vorfahren der heutigen Ungarn, die Magyaren, waren früher ein quirliges Reitervolk. Sie kamen aus dem Ural, waren nicht sesshaft, sondern immer auf dem Pferd unterwegs und brachen regelmäßig zu Plünderungszügen durch ganz Europa auf. Sie raubten, was sie kriegen konnten, waren also eine Art Vorfahren von Rockerbanden, nur eben im Pferde- und nicht im Motorradsattel. Selbst untereinander muss es Streit gegeben haben, denn ein Teil der Magyaren bog auf dem Weg nach Westen plötzlich rechts, in Richtung Norden, ab und machte keine Pause, bis er in Finnland ankam und sich dort niederließ. Beide Sprachen haben eine so erstaunliche Ähnlichkeit, dass es für Ungarn ein Klacks ist, finnisch zu lernen und umgekehrt.

Als Magyaren zogen die Ungarn brandschatzend durch Osteuropa, als geknebeltes Volk wagten sie 1956 einen Aufstand gegen die Russen, als sogenannte Gulaschkommunisten gönnten sie sich eine etwas komfortablere Art des Sozialismus, und bei der Wende waren sie es, die mutig genug waren, als Erste den Eisernen Vorhang zu öffnen, und Menschen aus der DDR in den Westen reisen ließen.

Die Ungarn hatten, gerade im Vergleich mit Österreichern, immer Pfeffer im Hintern. Das Land ist zwar wirtschaftlich schwach, aber vielleicht ist die Talsohle bald erreicht. Dass die Ungarn es nicht schaffen, eine Regierung zu verjagen, mit der die Mehrheit unzufrieden ist, erinnert fast schon an Deutsche oder Österreichische Verhältnisse. Nur das Erstarken der Rechtsextremen kann nicht mit Verweis auf die neugewonnene Meinungsfreiheit geduldet werden, denn Parteien wie Jobbik haben alles andere im Sinn als Freiheit.

Insgesamt sind die Ungarn ein bisschen deprimiert, dass es mit dem Land nicht schneller weitergeht. Der Beitritt zur EU war ein großer Erfolg, aber nun? Ungarn sagen von sich selbst, dass sie nicht in der Lage seien, ihre Situation zu verbessern. Nicht umsonst erzählen sie sich gerne den folgenden Witz: Wie verhalten sich Deutsche, Russen und Ungarn in der Hölle? Deutsche schmoren brav weiter im Feuer, wenn ein Schild «Verlassen verboten» aufgestellt wird. Russen bleiben in der Hölle, wenn sie bewacht werden. Für Ungarn hingegen braucht man weder ein Schild aufzustellen, noch muss man sie bewachen: Wenn ein Ungar versucht, aus der Hölle zu fliehen, ziehen ihn die anderen Ungarn zurück.

ÖSTERREICH
ALPENIDYLL MIT RISSEN

Österreicher sind Geschöpfe der Agonie.

Thomas Bernhard, österreichischer Dramatiker

Wie anders die Österreicher im Vergleich mit den Ungarn ausfallen, sehen wir am besten, wenn wir uns auf den Weg in den zweiten Teil der verblühten Donau-, K. u. k.- oder auch Bindestrichmonarchie machen. Von Budapest bringt uns der Eurocity in drei Stunden nach Wien. Zwischendurch hält er am Grenzbahnhof Hegyesholm, in dessen Nähe sich am 27. Juni 1989 der ungarische Außenminister Gyula Horn mit seinem österreichischen Kollegen Alois Mock traf, um den Stacheldraht zwischen ihren Ländern durchzuschneiden und die Trennung von Europa in Ost und West zu überwinden.

Wien ist eine gute Adresse für Kabarettisten, aber auch für Autoren aller Art. Im *Café Hawelka* in der Dorotheergasse kann man stundenlang an einem kleinen Tischchen sitzen und sich Notizen machen, ohne das jemand Notiz von einem nimmt, nicht mal der Kellner, denn Wiener Kaffeehäuser sind vor allem eines: riesig. Sozusagen die Gegenthese zu Starbucks, bei dem sich die Gäste um drei Sessel balgen müssen. Auch ist es für Kaffeehauskellner völlig normal, dass verschrobene Literaten mangels fester Adresse die größte Zeit ihres Lebens auf einem Stuhl im Kaffeehaus verbringen, trinken und sinnieren und auch schreiben. Nur in dieser Atmosphäre, die draußen das Leben vorbeiziehen lässt, kann man als Künstler etwas zustande bringen. Völlig ausgeschlossen dagegen der Gedanke, dass es jemals jemand in der stressigen Kaffeefabrik von Starbucks gegeben hat, der ein Buch vollenden konnte.

Während bei den Magyaren schon die Siedlungsbewegungen im 9. Jahrhundert dank zahlreicher Verwüstungen dokumentiert sind, ist bei der Alpenrepublik nicht klar, wann sie durch wen besiedelt wurde. Gehässige Historiker behaupten, bei den zahlreichen Völkerwanderungen über die Alpen seien stets die Schwachen, Fußlahmen und Orientierungslosen an den Hängen liegen geblieben und bildeten die genetische Ursuppe für ein Land, von dem noch heute eine gepflegte Unangestrengtheit ausgeht.

Und wer schwitzt denn die Berge hinauf zu den Gipfelkreuzen? Touristen. Während sich Deutsche mit dem Satz «Es ist schlimm, aber nicht hoffnungslos» zu neuen Anstrengungen anspornen wollen, beruhigen sich die Österreicher mit dem Satz: «Es ist hoffnungslos, aber net schlimm.» Warum sich also aufregen über die Korruption großer Koalitionen, die in der letzten Dekade zur Dauereinrichtung zu werden schien? Es geht eh alles irgendwann vorbei; auch die glanzvolle Zeit der K. u. k.-Monarchie (deren Kürzel für den Kaiser von Österreich und den König von Ungarn stehen) ist lange verblasst. In sie fiel die Erfindung des Kaiserwetters, des Hurrapatriotismus mit dem schmissigen Tschingerassabumm der Militäraufmärsche, der jungen Offiziere und Leutnants in gestärkten Paradeuniformen, die mit stolzgeschwellter Brust und Säbel am Gürtel durch Promenaden und durch den Prater, Wiens Vergnügungspark, flanierten, wie jener Leutnant Gustl, den Arthur Schnitzler so wunderbar in seinem gleichnamigen Buch beschrieb. Durch den Scherz eines Bäckermeisters im Foyer der Oper gekränkt, versteigt sich der junge Soldat in immer absurdere und ausschweifendere Rachepläne, die die Verletzung seiner Ehre sühnen und selbige wiederherstellen sollen. Damit traf Schnitzler auf eindringliche Weise die Stimmung, die dazu führen konnte, dass sich ganz Europa im Ersten Weltkrieg mit Begeisterung in den Abgrund stürzte. Zunächst war das «Kaiserwetter» den Österreichern aber treu: Über vierzig Jahre herrschte Frieden in der Monarchie.

Als Thronfolger Franz Ferdinand und seine Frau Sophie bei einem Besuch in Sarajewo 1914 von einem Attentäter erschossen wurden, dachte man im empörten Wien, es sei nur ein kleiner, kurzer Feldzug nötig, um den Serben, zu denen das Verhältnis eh angespannt war, einen Denkzettel zu verpassen. Man hielt sie für die Drahtzieher des Attentats und erklärte Serbien den Krieg. Diese bescheuerte Aktion riss Europa in den Ersten Weltkrieg. Anscheinend hatte sich keiner der Strategen die Mühe gemacht, sich das komplizierte Bündnissystem der europäischen Staaten mal genauer anzuschauen. Das Deutsche Reich stand hinter Österreich-Ungarn, Russland jedoch hatte Serbien Schutz zugesichert und kämpfte nach wenigen Tagen gegen die Deutschen. Russland wurde wiederum von Frankreich unterstützt, und Großbritannien stieg ein, als das Deutsche Reich auf dem Weg nach Frankreich Belgien zertrampelte, dem wiederum die Briten Schutz gewähren wollten – und dies waren nur die «großen» Beteiligten am Krieg.

Und als wollte man das Unangenehme mit dem Unnützen verbinden, war es möglich, dass mehrere Millionen Soldaten im Kugelhagel starben und dabei nicht eine einzige einen Gefreiten namens Adolf Hitler traf, der fast die gesamten vier Jahre an der Westfront diente.

Da in der Geschichtsschreibung immer nur von den Bösen die Rede ist, von Kriegen und Herrschern, möchte ich an dieser Stelle einmal an Vaso Čubri erinnern. Er war einer der Attentäter von Sarajewo, denn es warteten ihrer gleich mehrere entlang der Protokollstrecke auf das Cabrio Prinz Ferdinands. Als jedoch der Wagen auf Vaso zufuhr, er nur seine Waffe ziehen und abdrücken musste, erblickte er neben dem österreichischen Thronfolger seine wunderschöne Frau Sophie, sah das liebliche Gesicht der Herzogin und hatte Mitleid. Den Revolver in der Hand, brachte er es nicht übers Herz zu schießen und wurde von der Menge überwältigt.

Zumindest aus der zweiten Katastrophe des 20. Jahrhunderts ist gelernt worden. Man hat die Gefährlichkeit von Künstlern erkannt. So fördert die öffentliche Hand in Österreich und Deutschland heute zahlreiche Literaturwettbewerbe und Stadtschreiberstellen, die das Leben von Schriftstellern erleichtern. Durch die Bestimmungen für Kunst am Bau muss bei Neubauten des Staates 1% der Kosten in Kunstwerke wie Skulpturen fließen, was Bildhauern einige Perspektiven eröffnet. Zahlreiche Stipendien, geförderte Kleinkunstbühnen und nicht zuletzt die Künstlersozialkasse, die eine Kranken- und Rentenversicherung für überschaubare Beiträge garantiert, sind nur eine Reaktion, nachdem ein frustrierter, an der Wiener Kunstakademie zweimal abgelehnter Maler ohne Job ganz Europa verwüstet hat.

Geradezu absurd erscheint es, dass im Geburtsland von Hitler ein rechtspopulistischer Politiker wie Jörg Haider von der Partei FPÖ mit bis zu einem Viertel aller Wählerstimmen erfolgreich sein konnte und dabei auf wenig Widerstand traf. Die Liste seiner rassistischen und antisemitischen Äußerungen ist lang. Mal behauptete er über Schwarze, bei ihnen sei «Hopfen und Malz verloren, selbst dort, wo sie Mehrheit haben, bringen sie nichts zusammen». Dann über Osteuropäer: «Wer nicht gelernt hat zu arbeiten, der wird auch in der Zukunft kein Wohlstandsgebiet aufbauen können.» Polen waren für ihn «arbeitsscheu», dafür scheute sich der Haider-Jörg nicht, eine Rede vor SS-Veteranen zu halten. Als ein Abgeordneter ihn als «politischen Ziehvater des Terrorismus und Verharmloser der NS-Vergangenheit» bezeichnete, blieb immerhin eine Klage von Haider erfolglos. Die Aussagen seien «durchaus gerechtfertigt», befand der Oberste Gerichtshof.

Ernst wurde es, als die Partei FPÖ zusammen mit der konservativen ÖVP 1999 die Regierung stellte. Der Aufschrei in Brüssel war groß – sollte man Österreich nicht lieber aus der EU rausschmeißen? Tatsächlich verhängten die restlichen der damals vierzehn EU-Staaten Sanktionen gegen Österreich. Bilaterale Kontakte zum mitte-rechtsregierten Österreich waren bis auf weiteres tabu, das Land im Herzen Europas isoliert. Ein erstaunlicher Vorgang, waren doch Sanktionen bisher Maßnahmen gegen Schurkenstaaten wie Nordkorea oder Iran. Gehörte das idyllische Österreich etwa zur «Achse des Bösen»? Lange währte der Spuk indes nicht. Schnell zerstritt sich die Koalition und zerbrach schon nach der Hälfte der Legislaturperiode.

Vor allem die fehlende Aufarbeitung der NS-Zeit ist es, die österreichische Künstler immer wieder auf die Palme bringt. Das Land wurde nach großem Druck durch Hitler 1938 dem Deutschen Reich einverleibt, es war gewissermaßen das erste Opfer des Diktators. Interessanterweise wurden die Deutschen dabei jubelnd empfangen – und es war kein inszenierter Jubel, viele Österreicher waren begeisterte Nazis. Trotzdem zogen sich die meisten Österreicher nach dem Krieg auf den Opferstatus zurück, nahmen also für sich in Anspruch, von den Deutschen 1938 gewaltsam besetzt worden zu sein und nicht etwa begeistert den Anschluss ans Deutsche Reich gefeiert zu haben. Zur Frage der eigenen Schuld, für die Aufarbeitung der eigenen Geschichte wurde deshalb wenig getan. Als sich Kurt Waldheim 1986 für das Amt des Präsidenten nominieren ließ, entbrannte eine Debatte über seine NS-Vergangenheit. Als Offizier hatte er von Deportationen zumindest Kenntnis gehabt und diese gebilligt. Trotz langwieriger Untersuchungen konnte dem Politiker keine ausreichende Schuld nachgewiesen und er selbst Präsident werden. Daraufhin sagte der österreichische Bundeskanzler a. D. Fred Sinowatz resigniert: «Ich stelle fest, dass Kurt Waldheim nie bei der SA war, sondern nur sein Pferd.»

Österreichische Künstler haben immer wieder den Finger in diese und andere Wunden gelegt. Thomas Bernhard provozierte mit seinen Stücken derartige Skandale, dass Politiker samt Medien, namentlich die *Kronen Zeitung*, seine Ausbürgerung forderten. So bei der Uraufführung seines Dramas «Heldenplatz» am Wiener Burgtheater. Es spielt im Wien von 1988, also im Jahr seiner Premiere. Der jüdische Professor

Schuster begeht Selbstmord in seiner am Heldenplatz gelegenen Wohnung. Hier hielt Hitler fünfzig Jahre zuvor eine Rede zum Anschluss Österreichs an das Deutsche Reich. Im Stück sind die Sieg-Heil-Rufe auf dem Heldenplatz auch fünfzig Jahre später noch nicht verstummt, immer lauter werden sie während des Stückes inszeniert und symbolisieren die Weigerung der Österreicher, sich ihre Schuld einzugestehen.

Daraufhin kippten Bauern Jauche vors Foyer, Konservative entrollten Protestplakate von den Logen. Als «Vaterlandsverletzer» und «Nestbeschmutzer» wurde Thomas Bernhard beschimpft. Natürlich lieben Künstler auch den Skandal, eine herrliche PR, wenn eigene Inszenierungen nur unter Polizeischutz gezeigt werden können. Als der Künstler 1989 starb, erließ er ein verbittertes Aufführungsverbot für seine Werke in Österreich. Kein Einzelfall. Auch die 2004 mit dem Literaturnobelpreis ausgezeichnete Schriftstellerin Elfriede Jelinek wurde als Nestbeschmutzerin beschimpft, so wegen ihres Stückes «Burgtheater», in dem sie die Kooperation der beliebten österreichischen Schauspielerin Paula Wessely mit den Nazis anprangerte. Auch Jelinek erließ aus Wut über ihre Heimat ein Aufführungsverbot für ihre Stücke in Österreich, z. B. als die FPÖ an die Regierung kam. Der österreichische Kabarettist Josef Hader, wie die genannten Kollegen genial und abgründig zugleich, nimmt es mit Humor: Die Verbissenheit, mit der der Österreicher und für ihn vor allem der Ostösterreicher an der Vergangenheit festhält und sich gegen Neues sperrt, stehe diesem förmlich ins Gesicht geschrieben, in seinem Blick, der sagt: «Haben wir nicht, kennen wir nicht, machen wir nicht, fangen wir gar nicht erst an!»

Wenn es mich heute nach Österreich zieht, dann ins herrlich geruhsame Wien, wo ich im *Schmähstadl* von Nik Formanek auftrete und immer wieder halb verwundert, halb belustigt feststelle, wie langsam die österreichischen Kollegen auf der Bühne sprechen. Sind die Menschen hier doch geerdeter als anderswo? Hat Koffein bei ihnen durch die unzähligen Generationen, die ihr Leben in Kaffeehäusern verbrachten, seine beschleunigende Wirkung verloren? So oder so, diese Mentalität entspannt ungemein. Jedem gestressten Manager aus Frankfurt oder München mit Verdacht auf Burn-out-Syndrom sollte eine Woche in einem Büro in Wien zugestanden werden – das muss Wellness pur sein.

Ich bin nur froh, dass ich bei Gastspielen inzwischen in netten Hotels untergebracht werde und nicht mehr mit den kleinen Pensionen vorliebnehmen muss, die ich früher mit meinen Eltern auf Wanderurlauben bezog. Wie beinahe jedes Kind in den Achtzigern kam ich ein paar Jahre im Sommer zum Wandern nach Österreich. Nicht ganz freiwillig, versteht sich, ich wurde von meinen Eltern «gezwungen» – wenn man zehn Jahre alt ist, hat man wenig Einfluss auf das Ziel. Wir erklommen alle niedrigeren Gipfel der Voralpen, stempelten unsere Wanderpässe an Gipfelkreuzen und holten uns die dazugehörigen Metalltrophäen, die man sich an den Wanderstock nageln konnte. Es war anstrengend, langweilig und total uncool.

Heute ist Wandern wieder ein Megatrend. Wer wandert, kann sein Leben «entschleunigen», selbst die Deutsche Bahn hat den Entschleunigungstrend in ihren Service aufgenommen.

Wanderer haben ein Ziel, und das erhebt sie über alle anderen Sportler, die auf Crosstrainern und Laufbändern auf der Stelle zappeln oder als Jogger und Walker debile Kreise drehen. Der Wanderer durchquert Täler, überwindet Pässe und besteigt Gipfel. Doch irgendwann muss er übernachten, und dann lauert Gefahr am Wegesrand: Pensionen. Wenn Sie bisher eher in stylischen Wellnesshotels oder Clubanlagen übernachtet haben, könnte Ihre erste Übernachtung in einer österreichischen Pension nach einem langen Marsch zur Grenzerfahrung werden. Keinen Deut besser sind Garni-Hotels, dabei bedeutet der Zusatz «garni», dass – wenn Sie nach sechs auftauchen – gar-niemand mehr da ist, bei dem Sie einchecken könnten.

Ob Ihre Unterkunft für Sie als Wanderer ein Quell der Erholung und der Labsal wird oder noch anstrengender als die Wanderung selbst, erkennen Sie am Zimmerschlüssel. Ist dieser eine Art Scheckkarte, eingefasst von einem Kuvert aus edler Pappe, lässt dies auf Badeschlappen und Bademantel sowie einen Roomservice hoffen, der Ihnen auch nachts um zwei noch Schnittchen bringt. Besteht Ihr Schlüssel dagegen aus einer grauen Lochkarte, so handelt es sich um ein anonymes Kettenhotel der unteren Kategorie. Hier erwarten Sie immerhin noch ein Nachtportier, eine Minibar und Pay-TV, vorausgesetzt, die Kassetten sind zurückgespult. Leider gibt es diese beiden Hotelvarianten in den Alpen selten, die Gefahr, in einer Pension zu landen, ist also groß. Spätestens wenn Sie einen Schlüssel bekommen, der an einem pfundschweren Messingkolben hängt, in den eine große 12 eingraviert ist, heißt es: aufgepasst! Wahrscheinlich sind Sie in dem Zimmer gelandet, in dem schon meine Eltern im Jahr 1982 mit mir gewartet haben, dass es aufhört zu regnen. Es ist ungeheizt, dafür mit Trockensträußen und Bildern von weinenden Harlekinen dekoriert, hat kein eigenes Bad, dafür einen tonnenschweren Fernseher, der nach einer Warmlaufzeit von zwei Stunden nur Schneeregen zeigt, da kein Antennenstecker existiert. Als Entschädigung liegt auf dem Gerät ein höchst apartes Häkeldeckchen, und die Matratzen sind weich wie Götterspeise. Bringen Sie sich bloß was zu trinken mit, denn von einer Minibar hat man hier noch nie etwas gehört, und wenn Sie sich nachts noch einmal in das dunkle Erdgeschoss trauen, in der Hoffnung, irgendwo einen Tresen zu finden, begegnen Sie womöglich dem Pensionshund, so wie es meinem Vater im *Alten Hirschen* im Ötztal passiert ist. Gerade als er in der Finsternis hinter der Rezeption meinte, das Summen eines Kühlschranks zu vernehmen, schreckte ihn ein lautes Knurren auf, und Carlo hatte ihn in die Hand gebissen. «Das hat er noch nie gemacht», erklärte uns die Wirtin am nächsten Morgen und schmierte Marmeladenbrote. «Eigentlich», schnaufte sie, «will er immer nur spielen.»

Was folgt daraus? Sobald Sie sehen, dass Ihre Unterkunft einen

Namen hat, in dem Tiere und Pflanzen vorkommen, wie Hirsche, Ochsen oder Eichen, sollten Sie sofort umdrehen; eine Nacht auf einem Hochsitz im Wald ist allemal komfortabler. Vertrauen Sie jemandem, der noch heute jedes Jahr mindestens 150 Nächte in Hotels und Pensionen verbringt.

Trotz unzähliger Pensionen dieser Machart kann Österreich jedes Jahr auf astronomische Übernachtungszahlen stolz sein. Über 120 Millionen waren es 2007, allerdings müsste man von dieser Zahl die unfreiwilligen Übernachtungen derer abziehen, die in ihrer Unterkunft gegen ihren Willen festgehalten wurden und sich oft erst nach vielen Jahren befreien konnten.

Für den Sensiblen hat das Alpenidyll etwas Zweideutiges, hier Kuhglocken, Almen und Heimatfilme, dahinter ein Land, das sich nach 1938 weigerte, Heimat für seine jüdischen Bürger zu sein. Nach 1945 besann man sich wieder ganz auf das Alpenidyll und versuchte unter den Kuhglocken, den Almen und schönen Bergen all diese Abgründe zu verstecken. Eine Fassade, in die die Jelineks und Bernhards zu Recht gepikst haben und in die hoffentlich noch viele Löcher gepikst werden.

Natürlich sind die Alpen, die ja nichts dafür können, unvergleichlich schön und passten gut zur alten Doppelmonarchie. Doch die Grenzen haben sich seitdem oft geändert. Als ich vor einigen Jahren meiner Oma, die immerhin über neunzig wurde, in ihrem Pflegestift den Fernseher anstellte und gerade ein Fußballspiel lief, fragte sie, wer denn spiele. Ich schaute kurz auf den Bildschirm und sagte: «Österreich–Ungarn», worauf sie krächzte: «Ja gut, aber gegen wen?»

NEFFEN & NICHTEN

Patriotismus ist Liebe zu den Seinen,
Nationalismus ist Hass auf die anderen.

Richard von Weizsäcker

ESTLAND, LETTLAND, LITAUEN
TICK, TRICK UND TRACK AN DER OSTSEE

Kennen Sie die Neffen von Donald Duck? Sie teilen mit den baltischen Republiken das Schicksal, immer nur zusammen genannt zu werden, dabei gibt es nichts, was sie mehr hassen, als ständig in einen Topf geworfen zu werden. Doch sie bilden nun mal zu dritt die baltischen Republiken, außerdem haben sie einen großen Teil gemeinsamer Geschichte, kurz: Wenn wir uns ihnen nähern, sollten wir sie erst mal in einen Topf werfen!

Die Nachbarschaft zum Riesen Russland, der von jeher nicht gerade für einfühlsame Diplomatie bekannt ist, führte dazu, dass die Balten den größten Teil messbarer Geschichte unter der Herrschaft russischer Zaren und später kommunistischer Machthaber leben mussten.

Sosehr heute jeder der drei Neffen auf seine eigene Unverwechselbarkeit pocht, ihren Weg in die Unabhängigkeit gingen sie gemeinsam, mit einer ganz eigenen Art von Revolution. Neben der friedlichen in der DDR, der samtenen in der Tschechoslowakei und der eher schmirgelpapierrauen in Rumänien gelang es den Balten, eine völlig neue Revolution zu erfinden: die singende Revolution. Auf Sängerfesten mit den Ausmaßen eines katholischen Kirchentages wurden gemeinsam Lieder gesungen, die die eigene nationale Identität unterstrichen und die Unabhängigkeit von Russland forderten. Um die Massen in Chorposition aufstellen zu können, wurden sogar neue Stadien gebaut. Man verbündete sich mit den baltischen Nachbarn, die die gleichen Träume umtrieben, und schaffte es, eine singende Menschenkette zu organisieren, die von Tallinn bis Vilnius den Verkehr lahmlegte. Dass singende Menschen trotz friedlicher Absichten auch bedrohlich wirken können, weiß man nicht erst seit dem Grand Prix de la Chanson, Entschuldigung, dem European Song Contest. Schon die Schotten wussten, wie man einen Feind mit Musik in die Flucht schlägt, und ließen ihre Dudelsackspieler in der ersten Reihe in die Schlacht marschieren. Wer jemals direkt neben einer *Great Highland Bagpipe* stand, hat für den Rest seines Lebens ein helles Pfeifen in den Ohren. Deshalb plant die EU in ihrem grenzenlosen Verlangen, Schädliches von den Menschen fernzuhalten, eine Vorschrift, die Dudelsackspielern zum Tragen eines Gehörschutzes verpflichtet – eine Verordnung, die bald auch Heavy-Metal-Bands und Ravern blühen könnte.

Dies wussten die Demonstranten damals noch nicht, als sie auf der Straße den Anschluss an Europa suchten. Russland war erwartungsgemäß nicht einverstanden und ließ manchen Muskel spielen. Dennoch entließen sie letztlich die Balten in die Unabhängigkeit, vielleicht auch nur, damit endlich das Gesinge aufhört. Die Troubadix-Strategie war aufgegangen.

Heute haben sich die baltischen Republiken zu selbstbewussten Nationen gemausert. Als ich deren Hauptstädte Tallinn, Riga und Vilnius besuchte, stieß ich auf drei dynamische Völker, deren Herzen ohne Zweifel für Europa schlagen.

Estland, mit 1,3 Millionen Einwohnern der kleinste Neffe, liegt am östlichsten und profitiert von seiner direkten Nachbarschaft zu Finnland. Über sechzig Fährverbindungen pro Tag bringen die Menschen in weniger als zwei Stunden Fahrt zueinander, ein Umstand, der die Wirtschaft belebt, aber auch die estnischen Wirtschaften. Jeden Vormittag werden sie von einer Horde Finnen gestürmt, denn Alkohol ist hier im Vergleich zu Finnland ganz, ganz billig.

In das Postkartenidyll der Hauptstadt Tallinn mit ihren Gässchen, Marktplätzen und mittelalterlichen Hausfassaden passen sie nicht hinein, die sturzbetrunkenen Männer in Shorts und T-Shirt, die auf dem Kopfsteinpflaster liegend ausnüchtern, vor historischen Holztüren schlafen oder schlimmstenfalls als randalierende Horde in Blumenkübel pinkeln und Cafétische umreißen, um so einen Junggesellenabschied zu feiern. Es scheint, die Estländer haben sich mit dieser neuen Realität noch nicht abgefunden: Man kann immer noch Postkarten kaufen, auf denen keine Finnen zu sehen sind.

Dass eine europäische Metropole nicht groß sein muss, sieht man auch im lettischen Riga. Die putzmuntere Hauptstadt hat alles, was eine Hauptstadt braucht: Botschaften aller Staaten der Welt, Niederlassungen großer Konzerne, und sie generiert mit 727 000 Einwohnern ein Verkehrsaufkommen, das auch in der Lage wäre, an einem Freitagnachmittag London lahmzulegen. Die Letten hupen, als ginge es schneller, je mehr Krach man macht.

Derweil kann man in den kleinen, abgeschirmten Gassen des Zentrums ein weiteres typisch lettisches Geräusch von den Wänden alter Häuser widerhallen hören: das feine, spitze Klacken hoher Absätze. Die Lettin, ob Krankenschwester oder Sprecherin der Regierung, legt Wert auf ein damenhaftes Äußeres zu jedem Anlass. Highheels sind ein Muss – ob zum Date, zum Shoppen oder um russische Truppen aus dem Land zu vertreiben – man kann nie schön genug sein.

Etwas provinzieller geht es in Litauen zu. Vielleicht liegt es auch daran, dass sich seine Kapitale Vilnius nicht an der Ostsee, sondern im Landesinneren befindet, deshalb ist in Vilnius ungefähr so viel los wie an einer Tankstelle, die nicht an der Straße, sondern tief im Wald versteckt liegt.

Als Hafen muss eine Kleinstadt namens Klaipėda herhalten, die man mit einem längeren Spaziergang erkunden kann. Wer dabei an einem Flohmarkt vorbeikommt, wo Litauer auf der Motorhaube ihres Lada dies und das verkaufen, ahnt nicht, dass man hier neben der Stand- auch eine Schutzgebühr an die Mafia zahlen muss, denn die ist in Litauen schneller gewachsen als der neue Staat. *Rekiet* heißt dieses

Schutzgeld, und das muss hier jeder bezahlen, selbst Kinder, die nur ihr Spielzeug verkaufen wollen.

Das erste in Litauen eröffnete chinesische Restaurant, das *Golden Dragon*, wurde von der litauischen Mafia schneller bedroht, als die für diese Restaurants eigentlich zuständige chinesische Mafia anreisen konnte. Mehrere Handgranaten wurden im Eingang gezündet und verschreckten die wenigen Gäste.

Die Polizei hat ihr Gewaltmonopol aufgegeben oder weiß noch nicht, welchen Sinn eine Polizei überhaupt hat. Als ein Journalist auf der Wache einen Einbruch und den Diebstahl seines Computers meldete, nahmen ihm die Beamten seine Fingerabdrücke ab – wohlgemerkt dem Journalisten, dem Geschädigten.

Eine gutorganisierte Mafia hat zumindest den Vorteil, dass man sich an sie wenden kann. In einschlägigen Kneipen sitzen den ganzen Tag dunkle Gestalten mit den entsprechenden Verbindungen. Als ein Geschäftsmann darüber klagte, dass sein Mercedes gestohlen worden sei, konnten ihm einige der Gäste schnell helfen, ihn wiederzufinden – für sechstausend Euro Finderlohn, versteht sich.

Noch nicht von der litauischen Mafia, sondern vom Staat kontrolliert wird das Kernkraftwerk *Ignalina*. Das historische Bauwerk stammt noch aus Sowjetzeiten und hat die unangenehme Eigenschaft, mit dem Katastrophenreaktor aus Tschernobyl baugleich zu sein. Wenn man Brüssel fragt, sollte der Problemmeiler vom Netz gehen, bevor die UNESCO auf die Idee kommt, ihn zum Weltkulturerbe zu erklären. Er ist ein latentes Sicherheitsrisiko, so gab es zum Beispiel Probleme mit einem defekten Schalter. Dieser Schalter war nicht etwa für die Garagentore oder die Beleuchtung der Kantine zuständig, sondern für das Ein- und Ausfahren der Steuerungsstäbe, die die Kettenreaktion im Reaktorkern kontrollieren sollen. Noch tun sich die Behörden schwer mit einer Stilllegung, 80 % des Strombedarfs kommen von hier. Doch die Litauer täten gut daran, sich nach einem Ersatz für den Meiler umzuschauen oder für einen Ersatz von Litauen. Das Land ist klein, und das Gebiet, das im Umkreis von Tschernobyl radioaktiv verseucht worden ist und bis heute nicht bewohnt werden kann, ist genauso groß wie der gesamte Staat Litauen. Ginge etwas schief, müsste die gesamte Nation als Untermieter in Polen oder Estland einziehen und ca. vier Millionen Jahre warten, bis die Halbwertszeit des Fall-outs erreicht ist.

Wäre doch schade. Denn die baltischen Neffen mussten alle drei lange auf ihre Unabhängigkeit warten, die Euphorie Europa betreffend ist ungebrochen und das Ende der Ostsee am finnischen Meerbusen abwechslungsreicher denn je.

ZYPERN
DÖNER GEGEN GYROS

In Monaten ohne «r» gieße Wasser zum Wein

Griechische Regel aufgrund der Sommerhitze

Auf der Familienfeier fallen sie oft nicht auf, die Neffen und Nichten Europas. Sie sind so klein, und doch machen einige durch ein solches Geschrei auf sich aufmerksam, dass man meinen muss, sie seien schon erwachsen. Zum Beispiel Zypern, die heiße Insel zwischen Griechenland und der Türkei, könnte einfach nur eine kleine sonnige Insel der Seligen mit einem einträglichen Tourismus sein. Doch trägt sie einen Konflikt mit sich herum, der so groß und unversöhnlich ist, als gehöre er nicht hierher, sondern nach Nordirland oder Palästina.

Aber was kann man als kleiner Neffe namens Zypern schon groß ausrichten, wenn sich immer nur die beiden großen Verwandten zu Wort melden? Der eine wohnt in Athen, der andere in Ankara, und beide haben eines gemeinsam: einen Holzkopf, geschnitzt aus einem steinharten Olivenstamm. Und sie sind vor allem eines: heillos zerstritten. Die kleine Insel wird seit über dreißig Jahren von einem Eisernen Vorhang getrennt, einer Grenze, die hier genauso absurd erscheint wie die damals mitten durch die Stadt Berlin. Und es gäbe eigentlich auch überhaupt kein Problem, wenn sich die Bewohner der Insel auf den Kern besinnen würden, das, was sie ausmacht: Sie sind alle Zyprioten. Im Großen und Ganzen verstand man sich auch immer gut.

Einst war Zypern englische Kolonie, aber kaum waren die Briten 1960 weg, träumte ein Teil der Zyprioten, derjenige mit den griechischen Wurzeln, von einer Vereinigung mit Griechenland. Der andere, überwiegend im Norden wohnende Teil, sehnte sich zu seinen türkischen Ursprüngen zurück.

Das Trennende wurde durch Separatisten befördert, die die Angst voreinander schürten. Es gab Übergriffe, wie immer in solchen Konflikten auf beiden Seiten. 1974 marschierte schließlich das türkische Militär ein und gründete einen eigenen Staat mit dem eingängigen Namen *Kuzey Kıbrıs Türk Cumhuriyeti,* kurz: Türkische Republik Nordzypern. Als die Türkei um Anerkennung für diesen Staat warb, erging es ihr wie den fliegenden Händlern mit ihren Imitaten von Rolex-Uhren und Louis-Vuitton-Taschen, die am Strand von Antalya für wenig Geld angeboten werden: die Akzeptanz blieb aus. Bis heute wird die Türkische Republik Nordzypern weltweit von nur einem Land anerkannt. Raten Sie mal. Richtig, von der Türkei.

Kofi Annan, damals Generalsekretär der UNO, hatte sich die Karte von Zypern ins Büro schicken lassen und versuchte, das Puzzle zusammenzusetzen. Er hatte Großes mit der kleinen Insel vor, eine Wiedervereinigung und Mitgliedschaft in der EU. Das war eigentlich eine leckere Wurst, die den Zyprioten da vor die Nase gehalten wurde, wissen wir doch schon von anderen Ländern, dass arme Neumitglieder nicht nur einen warmen Geldregen aus Brüssel erhoffen dürfen, sondern mit einem regelrechten Wolkenbruch rechnen können, mit dem sich der Staub vergangener Jahrzehnte wegwaschen lässt.

Kofi Annans Angebot war indes ebenso kompliziert wie der Konflikt. Eine Föderation sollte es werden, mit zwei autonomen Regionen, der Dönerrepublik im Norden und der Gyrosrepublik im Süden; jede hätte ein eigenes Parlament bekommen, dazu noch obendrauf ein gemeinsames. Jeder Zypriot wurde bei einem Referendum befragt, die Türken sagten ja, die Griechen nein zur Wiedervereinigung. Zur Strafe für so viel Uneinsichtigkeit hätte man eigentlich nur den türkischen Norden in die EU aufnehmen sollen, aber Politik ist selten gerecht. Seit 2004 ist Zypern in der EU; da der griechische Süden aber gegen die Wiedervereinigung war, gehört der türkische Norden nicht dazu. Das ist gemein. Die türkischen Zyprioten sind in jeder Weise von Europa abgeschnitten auf ihrer kleinen Scholle, dabei hatten sie schon die Hand zur Versöhnung gereicht. Übrigens leben noch Menschen aus 180 weiteren Nationen auf der Insel, so haben die Briten bis heute zwei Enklaven unter Kontrolle; falls sie mal nach Zypern fahren und Lust haben, bei 40 Grad im Schatten eine Tasse Tee und ein Toastbrot einzunehmen, schauen sie dort vorbei. Die anderen 179 Nationen finden sich in einer Pufferzone, in der Blauhelm-Soldaten der UNO die Grenze stabilisieren.

Geologen warnen allerdings davor, Zypern in noch weitere Teile zu zerschneiden, sonst – so fürchten sie – könnte sich die Insel in Krümel auflösen und im Mittelmeer versinken.

MALTA
DREI BOJEN IM MEER

Malta ist der Nabel des Meeres

Homer

Habe ich eben gesagt, Zypern sei klein? Das ist ungerecht. Im Vergleich zu Malta ist Zypern ein Kontinent, über eine Million Menschen leben dort, in Malta nicht mal die Hälfte. Trotzdem können die Zyprioten von den Maltesern (ja, so heißen die!) lernen. Wie kann man sich nur so zerstreiten? Auf Malta und den dazugehörenden Eilanden Gozo und Comino hat man es richtig gemacht: Ursprünglich waren die winzigen Inseln, die südlich von Sizilien im Mittelmeer schwimmen und von großen Schiffen schon versehentlich für Bojen gehalten wurden, von sechs Volksgruppen bevölkert: von Phöniziern, Griechen, Römern, Arabern, Sizilianern und Normannen, also fast so vielen unterschiedliche Ethnien wie in Jugoslawien. Aber statt sich gegeneinander abzugrenzen und die Insel in sechs Scheiben zu zersägen, haben sich schon vor vielen Jahren die ersten Phönizier in griechische Mädchen verliebt und Araber mit Römerinnen Kinder bekommen. Deren phönizisch-griechische Söhne verliebten sich in Töchter, deren Väter Sizilianer und deren Mütter Normanninnen waren, kurz und gut, nach kürzester Zeit konnte man nicht mehr sagen, wer zu welcher Volksgruppe gehörte. Heute sind alle Malteser. Wenn man sieht, wie friedensstiftend dieses Vermischen ist, sollte die UNO eigentlich weltweit für jedes neugeborene Kind, dessen Eltern zwei verschiedenen Ethnien angehören, einen feinen Scheck ausstellen.

Die bewohnte Boje im Mittelmeer vereint zwei völlig gegensätzliche

Extreme, zum einen wohnen dort nur wenige Menschen, Malta ist das kleinste Land der EU, die Hauptstadt Valletta hat nicht mal siebentausend Einwohner, das gilt woanders gerade mal als Dorf. Auf der anderen Seite haben die Menschen auf der Insel so wenig Platz, dass Malta zugleich eine der höchsten Bevölkerungsdichten der Welt hat. Nur Manhattan ist noch dichter besiedelt. Im Gegensatz zum amerikanischen In-Viertel haben viele Europäer die Existenz Maltas erst bei der Ausstrahlung des Eurovision Song Contest wahrgenommen: Ach, die dürfen auch mitmachen? Dann gehören sie wohl zu Europa?

DIE TANTE

Großbritannien

Wir sind alle nur Würmer,
aber ich bin ein Glühwürmchen.

Winston S. Churchill

GROSSBRITANNIEN
GEBT DER TANTE EINEN KUSS

So sind Tanten halt: Sie kommen zu Besuch und legen einen schrillen Auftritt mit befremdlichem Geschenk und einem zu nassen Kuss hin. Glücklicherweise hat man die Gewissheit, dass die Tante auf jeden Fall auch wieder geht. Sie gehört zur Familie, lebt aber ihr ganz eigenes Leben und mäkelt an fast allem, was man tut, herum. Dafür kennt man sich schon ewig.

Großbritannien ist seit der ersten Erweiterung der EG im Jahre 1972 mit von der Europa-Partie, hat sich aber seinen Eintritt teuer abkaufen lassen. Wie einst Bayern nur bereit war, seine Selbständigkeit im Deutschen Reich aufzugeben, wenn selbiges größtmögliche Zugeständnisse machte und ein bayerisches Heer ebenso akzeptierte wie eine eigene Post und selbstverständlich gemäßigte Steuern für bayerisches Bier, hat Großbritannien dafür gesorgt, dass es weiterhin in einer «splendid isolation» leben und wirtschaften kann, also in einer großartigen Abgeschiedenheit. Heute gibt es den Eisenbahntunnel nach Frankreich, aber wenn zuvor Stürme und wilde See auf dem Ärmelkanal die Abgeschiedenheit der Briten noch abgeschiedener machten, da die Fährverbindungen unterbrochen waren, schrieben englische Zeitungen selbstbewusst: «Kontinent abgeschnitten!» Erst der Abstieg von der größten Kolonialmacht der Welt hin zu einer Nation, die nicht in der Lage ist, am eigenen Flughafen Koffer zu sortieren, so wie es am neuen Terminal in Heathrow passiert ist, macht die Annäherung möglich. Zugegeben, das ist vielleicht etwas übertrieben, denn im Moment brummt die britische Wirtschaft. Deshalb gehen Experten davon aus, dass London erst dann weiteren Integrierungsmaßnahmen, wie etwa der Einführung des Euro, zustimmen wird, wenn es davon einen handfesten Vorteil hat.

Wie weiter oben erwähnt, war es der englische Premier Winston Churchill, der bereits 1946 eine europäische Einigung forderte; die Lehre aus einem schwarzen Jahrhundert voller Krieg und Leid. Churchill wird auch der Kriegspremier genannt, da er den Zweiten Weltkrieg mit den Briten gewann. Übermenschliches hat diese Nation geleistet, den Kopf für die französischen Nachbarn hingehalten, die sie traditionell eigentlich nicht mag. Churchill löste den glücklosen Premier Neville Chamberlain ab, dessen Politik des Appeasements, der Befriedungspolitik, versagt hatte. Appeasement taugt nichts, wenn man es mit jemandem zu tun hat, der keinen Frieden will. Das hätte zumindest Churchill gesagt. Für ihn war Appeasement der Versuch, ein Krokodil in Schach zu halten, indem man es füttert. Und was macht das Krokodil, wenn man nichts mehr zu verfüttern hat? Es frisst einen selbst. Das konkrete Krokodil hieß Hitler, und Chamberlain hatte mit seiner Politik dafür gesorgt, dass er einen Brocken nach dem anderen ungestraft schlucken konnte: Zunächst war das Rheinland nach dem Ersten Weltkrieg entmilitarisierte Zone. Hitler ließ es besetzen, und Chamberlain dachte, der aggressive deutsche Diktator würde vielleicht etwas friedlicher werden, wenn er das Rheinland im Sack hatte. Wurde er aber nicht. Stattdessen forderte er mit aller Macht den Anschluss Österreichs an das Deutsche Reich, nutzte seinen Einfluss dafür, in Wien die faschistische Partei zu stärken, und als er Österreich annektierte, mit Panzern und Wagenkolonnen in die Hauptstadt der Alpenrepublik fuhr, dachte Chamberlain, das Krokodil würde nun ja wohl endlich Ruhe geben. Weit gefehlt, schon kurz darauf forderte Hitler den Anschluss des Sudetenlandes, das in der Tschechoslowakei lag. Obwohl Chamberlain schon zweimal gesehen hatte, dass Hitler nicht satt wurde, ließ er beim unheilvollen Abkommen von München 1938 zu, dass das Deutsche Reich, quasi mit dem Segen Großbritanniens, der Tschechoslowakei eine große Provinz entriss. Die Tschechen wurden dabei nicht um ihre Meinung gefragt, sie waren nicht mal zur Konferenz eingeladen.

Russland hatte zu dieser Zeit noch angeboten, gemeinsam mit Frankreich und Großbritannien die Tschechoslowakei unter Schutz zu stellen. Es wäre eine starke Schutzmacht gewesen, aber die Westmächte wollten auf keinen Fall mit dem bösen Russland paktieren, das schließlich von einem anderen Diktator regiert wurde, nämlich Stalin. Und so warf ein uneiniges Europa dem Krokodil den nächsten Bissen ins Maul, und mit diesem Bissen fiel den Deutschen auch noch das große Rüstungswerk von Skoda in die Hände. Churchill, der noch nicht in Downing Street Nr. 10 wohnte, ärgerte sich: «Das Äußerste, was der Premierminister durch all seine ungeheuren Anstrengungen für die Tschechoslowakei herausschlagen konnte, ist, dass der deutsche Diktator, anstatt die Speisen vom Tisch zu rauben, sich damit zufriedengibt, sie sich nun Gang für Gang servieren zu lassen.»

Hitler versicherte Chamberlain, die Einverleibung des Sudetenlandes sei der letzte territoriale Anspruch, den er in Europa erhebe. Aber wie das so ist, wenn Verbrecher etwas versprechen, es war kein Verlass darauf. Schon kurz darauf überrollten die Deutschen auch das restliche Tschechien und brachten es als «Reichsprotektorat Böhmen und Mähren» in ihre Gewalt. Die Tschechoslowakei wurde zerfleddert, die Slowakei erklärte sich für unabhängig, und es fanden sich auch noch zwei Aasgeier, die sich nicht zu schade waren, aus dem Opfer kleine Stücke herauszureißen. Ungarn sicherte sich den östlichsten Rand, genannt Karpathorussland, und auch Polen muss man hier erwähnen, das in der europäischen Geschichte oft Opfer war, sich in diesem Moment aber die Provinz Teschen unter den Nagel riss. Erst jetzt dämmerte es Chamberlain, dass Appeasement bei Hitler nicht funktionierte. Als Folge stand Großbritannien eine lange Zeit ganz allein gegen die kriegerischen Deutschen, die sich anschickten, ein Land nach dem anderen zu unterwerfen. Europas Grenzen von heute und die Einsicht, dass auf diesem Kontinent und seiner vorgelagerten Insel endlich alle an einem Strang ziehen müssen, wurde in diesen dramatischen Jahren geboren. Inzwischen war Chamberlain von Winston Churchill ersetzt worden. Dieser war der Meinung, man hätte viel, viel früher und viel entschlossener handeln müssen. «Das Glück ist mit die Doofen», sagt ein blödes Sprichwort, und tatsächlich konnte Hitler aus seiner Sicht einen Erfolg an den anderen reihen. Endlich rafften sich Großbritannien und Frankreich auf, sicherten Polen ihren Schutz zu, das auf dem nächsten Platz der deutschen Eroberungsliste stand. Als 1939 offiziell der Zweite Weltkrieg begann und Deutschland erwartungsgemäß auch Polen überfiel und besetzte, erfolgte eine Kriegserklärung von Großbritannien und Frankreich an das Deutsche Reich. Russland, das lange darum gebeten hatte, gemeinsam mit den Briten eine Position in Europa einzunehmen, wurde von diesen so oft zurückgewiesen, dass es gar nicht anders konnte, als sich nach anderen Partnern umzuschauen. Dass man mit einem Diktator Geschäfte machen kann, hatten ja schon die demokratischen Briten gezeigt, da musste Stalin nicht lange zögern. Er hätte aber auch sehen können, was Absprachen mit Hitler wert sind, denn der Nichtangriffspakt zwischen Russland und dem Deutschen Reich währte nicht lange. Zumindest das räuberische Teilen funktionierte zunächst; kaum waren die deutschen Truppen an den abgesprochenen Linien in Polen angekommen, rückten auch die Russen nach, und Polen wurde geteilt. Frankreich und Großbritannien hatten sich jetzt zwar zu einer Kriegserklärung gegen das Deutsche Reich durchgerungen, trauten sich aber noch nicht, gegen Deutschland zu kämpfen. Erst nach und nach musste die eigene Rüstungsindustrie in Gang gesetzt werden. Dabei, konstatierte Churchill schon damals, wäre der Moment zum Angriff ideal gewesen, da die Deutschen die meisten ihrer Kräfte im Osten in Polen hielten. Ein Einmarsch der beiden großen Nationen hätte in diesem Augenblick der Geschichte von den Deutschen nicht gestoppt werden können. Doch man wartete und wartete. Zumindest boten die

Briten den Niederländern und Belgiern an, Truppen bei ihnen zu stationieren, falls der deutsche Diktator auf die Idee kommen sollte, diese kleinen Länder anzugreifen. Doch die verbaten sich die Hilfe, schließlich waren sie neutral. Ein schlimmer Fehler. Man wartete und wartete, und schließlich hatten die Deutschen viele Divisionen im Westen konzentriert, überrollten die kleinen Staaten mit einem Handstreich und drangen bis Paris vor.

Auch das neutrale Norwegen lehnte es ab, seine Häfen durch britische Truppen sichern zu lassen, und schwups kamen die Deutschen und besetzten auch Norwegen. Schließlich fielen sie – trotz gegenteiligem Versprechen – auch in Russland ein.

Da sich die USA lange zierten, in den Zweiten Weltkrieg einzutreten, war es tatsächlich Großbritannien, das als einziges freies Land gegen das Deutsche Reich kämpfte. Die anderen zählten entweder zum faschistischen Lager, wie Italien, Spanien, Ungarn oder die Slowakei; waren besiegt, wie Frankreich, Belgien, die Niederlande, Norwegen, Tschechien, Polen; waren erfolgreich neutral, wie die Schweiz und Schweden, oder wurden gerade überrollt, wie Russland.

Auch Großbritannien wurde von den Deutschen angegriffen, mit unzähligen Bombern, aber niemals stand auch nur ein deutscher Soldat auf britischem Boden, es sei denn, er stürzte ab und wurde gefangen genommen.

Zum Glück ließen die Kräfte der Deutschen irgendwann nach, und vor allem die Russen schafften es, das Schwert umzudrehen und immer weiter ins vormalige Reichsgebiet einzudringen. Vielleicht waren deshalb die Amerikaner irgendwann bereit, ihr Handtuch in den Ring zu werfen, und die Briten, auch auf dem Boden zu kämpfen. Stalin wäre wahrscheinlich in der Lage gewesen, die Deutschen allein zu besiegen und bis Paris vorzurücken. Was das wohl für das *Moulin Rouge* bedeutet hätte?

Am sogenannten D-Day überquerten im Juni 1944 Amerikaner und

Briten in Tausenden Booten den Ärmelkanal nach Frankreich, um den Russen möglichst weit östlich in Europa die Hand schütteln zu können. Das Wetter war ungewöhnlich schlecht, die See so stürmisch wie selten, vor allem für die Jahreszeit. Die Landung entpuppte sich zunächst als ein Fiasko, bei dem beide Länder große Verluste hinnehmen mussten, doch ein Jahr später war der nationalsozialistische Terror endlich vorbei.

Die Russen waren zuerst in Berlin, in der Ruine des Reichstages hinterließen ihre Soldaten mit Kohle gemalte Sprüche. Bei der Restaurierung des Reichstages anlässlich der Wiedervereinigung entdeckte man diese Hinterlassenschaften unter den Wandverkleidungen. Es stellte sich die Frage: übertapezieren oder erhalten? Die CDU war gegen eine Konservierung, dabei sind sie doch die Konservativen. Die Mehrheit der Parlamentarier sprach sich jedoch für eine Erhaltung aus, und so kann man sie noch heute lesen, geschützt hinter einer Glaswand. Eine der Inschriften lautet: «Mütterchen Russland wolltet ihr haben, einen Scheißdreck habt ihr bekommen!»

Als sich die Briten nach dem Krieg wieder um ihre Insel kümmern konnten, stellten sie fest, dass der Staat durch die Rüstungsausgaben schwer angeschlagen war. England rutschte in eine Wirtschaftskrise. Eigentlich muss der Verlierer eines Krieges die Zeche zahlen, aber im Europa ab 1945 begann sogleich der Kalte Krieg, kaum dass sich die Rauschschwaden des heißen verzogen hatten. Nun standen sich der Ostblock unter der Führung Russlands und die Westmächte mit den USA an der Spitze wegen ihrer unterschiedlichen Weltanschauungen unversöhnlich gegenüber. Auch wenn kein offener Krieg geführt wurde, versuchte man in den darauffolgenden Jahren alles Erdenkliche, um den politischen, gesellschaftlichen und ökonomischen Einfluss des Gegners einzuschränken. Für die Westmächte hieß es, mit Hilfe des sogenannten Marshallplans den Westen Deutschlands schnellstens aufzubauen, eigentlich war die Bundesrepublik zu diesem Zweck gegründet worden.

Was mag es für Briten, Franzosen, Polen oder Tschechen bedeutet haben, dass das neue Deutschland so schnell wieder zu wirtschaftlicher Stärke heranwuchs, während man selbst immer noch Scherben zusammenfegte? Zumindest Briten nehmen vieles mit Humor. 1937 erwarb Churchill einen Papagei, taufte ihn «Charlie» und brachte ihm sofort Flüche bei. Papageien können alt werden, und so starb Charlie erst 2006 und überlebte ihr Herrchen um 41 Jahre. Nach dem Tod Churchills im Jahre 1965 fand sich kein neuer Käufer mehr, und die Papageiendame verbrachte ihre letzten Jahrzehnte in einem Gartencenter. Vielleicht lag es an den Flüchen, die ihr Churchill beigebracht hatte und die sie jeden Tag wiederholte, kaum dass morgens die Decke über ihrem Käfig weggezogen wurde: «Fuck the nazis» und «Fuck Hitler».

Die schnelle wirtschaftliche Erholung Deutschlands war den Briten suspekt. Der Abstieg ihres eigenen Landes bis in die Niederungen der achtziger Jahre, in denen eine erneute, heftige Rezession die Insel beutelte, war ein sehr langer. Eigentlich ist England Erfinder des Kapitalismus, wenn nicht sogar des Raubtierkapitalismus, der nach den alten Industriekombinaten auch Manchester-Kapitalismus genannt wird. Kinder, die in Stollen arbeiten, weil Erwachsene nicht hineinpassen, und die nur alle 14 Tage an die Oberfläche geholt werden; düstere, verpestete Fabriken, in denen eine weitgehend rechtlose Arbeiterschaft schuftete und ihre Gesundheit ruinierte, das alles gehörte zum England des 17. und 18. Jahrhunderts, genauso wie ein weltumspannender Besitz von Kolonien, für die man ständig neue Truppen benötigte. Kein Wunder, dass auch die Gewerkschaften eine englische Erfindung sind. Sogar der Kommunismus wurde hier als Idee entworfen, Karl Marx schrieb einst in London «Das Kapital». Das hielt die Premierministerin Margaret Thatcher in den achtziger Jahren nicht davon ab, sich wenig um Arbeiterrechte zu scheren. Nach dem Motto «Reformen sind lang und schmerzhaft wie die Geburt einer Giraffe, wenn da der Kopf zu sehen ist, heißt das noch gar nichts» mutete sie ihren Landsleuten große Entbehrungen zu. Die Löhne sanken, die Gewerkschaften wurden entmachtet, viele Briten waren bitterarm. Gleichzeitig wurden Sozialleistungen gestrichen. Als ich Ende der achtziger Jahre von London nach Schottland trampte und in den Arbeitervierteln von Birmingham und Glasgow hängenblieb, empfand ich sie als sehr bedrückend. Graue Reihenhäuser, die sich als ihr endloses Ebenbild über die Hügel zogen. Überall traurige Wäsche in schmutzigen Hinterhöfen. Alles war aus dem Leim gegangen, die Fenster undicht, Zentralheizungen waren nicht vorhanden. Deutsche Sozialbauten wie die Siedlungen der zwanziger Jahre oder auch all die schmucklosen Nachkriegsbauten sind dagegen geradezu hell und freundlich. Armut ist in der Natur am schönsten.

Bald erreichte ich Schottland, den stolzen Norden – nein, nicht Großbritanniens – sagen Sie dies niemals in einer schottischen Kneipe! – nein, eben Schottland, denn Schottland ist Schottland. Ich traf gleich mehrere Schotten, die immer, wenn sie auf den Kontinent fuhren, den Weg durch England mieden und lieber die Fähre von Glasgow benutzten. Hier oben hatte man zwar auch lange kein Geld, nicht mal Bäume standen mehr auf den Bergen, allesamt abgeholzt für die englische Flotte vergangener Jahrhunderte, ohne dass jemand daran gedacht hätte, neue Setzlinge auszubringen. Aber man hatte Zeit, konnte zehn bis zwanzig Jahre darauf verwenden, eine gute Flasche Whiskey zu komponieren, wie auf der Insel Skye, wo bis auf Gras, regnerischen Wind und Felsen, gegen die sich das Meer wirft, eigentlich auch nichts ist. Von hier kommt der Talisker, für den man in Hotelbars in Berlin oder Paris gerne sechzehn Euro hinblättert – wohlgemerkt für ein Glas.

Das Verhältnis zwischen Deutschland und den Briten blieb gespannt. Maggie Thatcher mochte Helmut Kohl nicht, und er mochte sie nicht, sie passten einfach nicht zusammen. Wohl selten ist es passiert, dass sich die Regierungschefs zweier Staaten getroffen haben, der eine eine

Rede hält und der andere ihn irgendwann unterbricht und sagt, er habe nun genug geredet, jetzt sei man selber mal dran. Es war Kohl, der Thatcher unterbrach.

Angeblich konnten sich die beiden so wenig leiden, dass Ersterer bei einem Besuch der Premierministerin nach nur einer Stunde Gespräch behauptete, er habe noch einen weiteren wichtigen Termin und müsse die Unterhaltung beenden. Als Thatcher eine halbe Stunde später den deutschen Kanzler in einem Café dabei erwischte, wie er genüsslich ein Stück Kuchen vertilgte, explodierte sie.

Vielleicht hätte Kohl sich ein wenig mehr mit der «eisernen Lady» anfreunden können, wenn sie nicht noch fast seine geliebte Wiedervereinigung verhindert hätte. Mit Händen und Füßen wehrte sie sich dagegen, selbst als George Bush, Michail Gorbatschow und François Mitterand aus Frankreich schon zugestimmt hatten. Aber das war für Thatcher noch lange kein Grund, um aufzugeben. Die Franzosen waren für sie kraft- und saftlos, die deutsch-französische Freundschaft ein Witz, aus ihrer Sicht machte Mitterand sowieso alles, was Kohl von ihm verlangte. Sie sagte so lange nein zur Wiedervereinigung, bis sie von ihrer eigenen Regierung überstimmt wurde.

Ihr vehementes «No» begründete sie damit, dass das neue Deutschland, mit achtzig Millionen Einwohnern wieder deutlich größer als Frankreich und Großbritannien, das politische Gleichgewicht in Europa durcheinanderbringen könnte. Und konnte man denn mit Sicherheit sagen, Deutschland würde nicht wieder zu altem Größenwahn und totalitärem Gedankengut zurückkehren? Schon um gar nicht erst auch nur den leisesten Verdacht aufkommen zu lassen, übte sich das politische Berlin in zwanghafter Bescheidenheit. Als das neue Kanzleramt eingeweiht wurde, bemängelte selbst Harald Schmidt die Feierlichkeiten. Wolfgang Thierse hat dabei festlich ein Bändchen durchgeschnitten, es gab einen Tag der offenen Tür, mit Sekt und Würstchen, und dann gingen alle früh ins Bett.

War das der angemessene Rahmen für die Eröffnung des neuen Regierungssitzes der drittgrößten Wirtschaftsnation der Welt? In Frankreich, so Schmidt, hätte man zu diesem Anlass eine Staffel Mirage-Flugzeuge die Nationalfarben in den Himmel malen lassen und eine zünftige Parade über die Champs Elysées geschickt, mit Panzern und allen Atomraketen, die man auf Lager hat.

Dennoch, nach dem Grauen des Nationalsozialismus ist es kaum vorstellbar, dass die Bundeswehr mit schwerem Kriegsgerät an Angela Merkel vorbeidefiliert und Tornado-Flugzeuge schwarz-rot-goldene Streifen ausstoßen. Deutschland ist zu Recht bescheiden, ob im Kanzleramt oder zu Hause. Als zur Fußballweltmeisterschaft 2006 erstmals viele Deutsche ihr Auto mit Nationalfahnen schmückten, war die Linke sofort alarmiert: Jetzt, hieß es, sei es wieder auferstanden, das nationalistische und chauvinistische Deutschland. Haben sich die Deutschen die letzten sechzig Jahre so gut benommen, dass sie wieder ihre Flagge hissen dürfen?

Maggie Thatcher riss auch innenpolitisch Gräben auf und hatte kein Problem damit, dass die Menschen auf die Straße gingen, sich empörten und protestierten. Vielleicht dachte sie bei sich: Als arbeitsloser Brite kann man sich ja immer noch an der Glorie der englischen Krone wärmen, gleich ein Heer von Illustrierten lebt nur von den Geschichten der Royals. Obwohl inzwischen selbst die Queen aufs Pfund schauen muss und ihren eigenen Jet eingespart hat, bleibt noch genug, an dem man sich erfreuen kann. So unterhält die Königsfamilie eine große Segelfregatte, auf der fast 300 Matrosen das ganze Jahr damit verbringen, Decks zu schrubben und die Messingbeschläge zu polieren, für den Tag, an dem die Queen zu ihrem Sommerschloss in Schottland aufbricht. Stilecht segelt sie einmal im Jahr die liebliche Westküste gen Norden hinauf und nimmt ihren Tee vorne vor dem Klüverbaum ein. Wer das noch nicht extravagant genug findet, sollte wissen, dass diese

Fregatte noch von drei Panzerkreuzern der britischen Marine begleitet wird – könnte ja sein, dass einige verrückte Iren die Queen entführen wollen. Schaut man zur parlamentarischen Sommerpause dagegen auf Berlin herab, sieht man, wie Angela Merkel das Kanzleramt abschließt und mit ihrem privaten Trabant in ihre Datsche nach Mecklenburg-Vorpommern zuckelt. Größenwahn sieht anders aus.

In einer Umfrage gaben 80 % der Briten jüngst an, die Deutschen seien ihnen von allen europäischen Völkern am sympathischsten. Heilt die Zeit letztlich doch alle Wunden? Ich denke nicht. Aber: Je mehr Zeit vergeht, desto weniger gibt es, die sich erinnern können. Und in der Tat sind sich Briten und Deutsche ähnlicher, als sie gemeinhin glauben. Beide gelten als besonders organisiert, etwas pedantisch und nüchtern und stehen nicht im Verdacht, *fashion victims* zu sein – um einen taufrischen Begriff zu benutzen, der übersetzt so viel heißt wie: Sie sind kein Opfer der Mode, leben frei von modischen Zwängen, kurz: laufen in unmöglichen Klamotten umher. Auch in der weltweiten Hitparade der unbeliebtesten Touristen liegen die beiden Nationen dicht beieinander. In einer Umfrage des Branchenblattes *Caterer and Hotelkeeper* wählten tausend Befragte aus dem Hotel- und Gaststättengewerbe die Deutschen auf Platz 1. 23 % fanden sie am ungehobeltsten. Dabei ging es noch nicht mal um die deutsche Zwangshandlung Nummer eins, das Reservieren von Liegen am Pool im Morgengrauen. Britische Zeitungen hatten schon oft kritisiert, dass die Deutschen Europa zwar nicht mehr mit Panzern besetzten, dafür aber mit Handtüchern. Den Umstand, dass ein Deutscher Papst wurde, können sich viele europäische Nachbarn auch nur damit erklären, dass Benedikt ein Handtuch auf den freigewordenen Papststuhl gelegt haben muss. Aber die befragten Hotelangestellten bemängelten, Deutsche hätten immer etwas auszusetzen, selbst wenn der Standard sehr hoch sei. So habe sich eine Deutsche in einem 5-Sterne-Hotel darüber beschwert, dass sich die Kellner geweigert hatten, ihren Rücken mit Sonnenschutzmittel einzucremen.

Auch ich habe versucht, im Ausland nicht als Deutscher aufzufallen, und lernte extra einige Sätze Spanisch, um auf Mallorca meinen guten Willen zu zeigen. Doch als ich an einer Strandbar ein Pils bestellte mit den – wie ich fand, durchaus galanten – Worten: «Una cerveza por favor», sagte die Kellnerin nur ungerührt: «Zwei fünfzig.»

Auch der Sommerhit des Jahres 2008 in den Niederlanden handelte von Deutschen am Strand, die es nicht lassen können, Strandburgen zu bauen. Einige seien sogar mit Schildern versehen, auf denen z. B. stehe: «Familie Hoffmann bis 24. August». Bei so viel Hohn und Spott ist es doch beruhigend zu wissen, dass unsere britischen Nachbarn gleich auf Platz 2 der Unbeliebtheitsskala kommen, mit nur einem Prozentpunkt Unterschied.

Also, liebe Leserin, lieber Leser, es lohnt sich, wenn wir uns im nächsten Urlaub wieder anstrengen, besonders freundlich zu sein, vielleicht können wir das Blatt noch wenden. Die Briten sind schließlich auf dem besten Wege, die Hitparade bald anzuführen. Sie wurden bei den Befragten mit den Wörtern «arrogant, dumm und betrunken» beschrieben, und es wurde beklagt, dass sie Geld für angeblich schlechte Speisen zurückverlangten, die sie zuvor aber restlos aufgefuttert hatten. Immerhin versuchen diese Touristen, das Klischee vom Engländer zu widerlegen, der keine Ahnung von Küche hat.

Was den Alkoholkonsum betrifft, sind die Briten wirklich die Russen des Westens. Während es in Deutschland nicht nur in Kneipen und Kinos, sondern auch in Speisewagen der Bahn möglich ist, ein gepflegtes Pils zu trinken, ja selbst Handwerker in der U-Bahn in der Lage sind, nach Feierabend absolut ruhig eine Dose Bier zu kippen, führt Alkoholkonsum in Großbritannien immer zu Schlägereien. Lange Zeit dachte man, dies liege am «Last Order» um 23 Uhr, nach dem alle Betrunkenen gleichzeitig die Kneipen verlassen mussten und so, ihrer bierseligen Heimat gnadenlos beraubt, nichts Besseres zu tun wussten, als sich gegenseitig zu verprügeln und Wartehäuschen an Bushaltestellen zu zertrümmern. Deshalb wurden die Gesetze den Last Order betreffend gelockert. Das führte dazu, dass nun die ganze Nacht Betrunkene auf die Straße wanken, sich gegenseitig verprügeln und Wartehäuschen an Bushaltestellen zertrümmern. Vielleicht macht auch dieses Verhalten die Briten zu auffälligen Touristen. Auf der griechischen Insel Rhodos sorgen sie für so viel Aufsehen, dass Großbritannien inzwischen im Sommer englische Polizisten an die einschlägigen Strände Griechenlands schickt, um im Rahmen eines EU-Sicherheitsprogramms die heimischen Beamten zu unterstützen. Diese mussten täglich prügelnde Gruppen trennen, Schnapsleichen aus Bars und Straßen ziehen und Blow-Job-Contests am Strand unterbinden.

Aber wie gesagt, auch daheim ist die Trinkkultur fragwürdig. Was bei uns extra als After-Work-Party promoted wird, ist in jedem Londoner Büro Standard. Nach 17 Uhr gehen viele sofort im Anzug mit Schlips in den Pub, um dann bald darauf von einer Kneipe zur nächsten zu ziehen. Eine bedrohliche Entwicklung – denn da betrunkene Männer nicht mehr in der Lage sind, Sex zu haben, ist die britische Geburtenrate drastisch gesunken.

Dabei wäre es doch wirklich schade, wenn sich unsere Nachfahren nicht mehr mit unseren Inselnachbarn darüber streiten könnten, wer die bessere Fußballnation ist, nur weil es hier und dort ein Ale zu viel gab.

DIE KINDER

Der Vater ist der Gast im Hause.

Bulgarisches Sprichwort

BULGARIEN
1 WOCHE, 3 STERNE, 99 EURO

An manchen Flughäfen verlässt man die klimatisierte Ankunftshalle und wird von der klebrigen Sommernacht einer Großstadt empfangen, von ihrer schmierigen Hitze, die vom Teer und aus Gullydeckeln emporsteigt und einen so plötzlich und überschwänglich umarmt, als kenne man sich schon lange, als hätte man mal etwas miteinander gehabt. In Sofia, der bulgarischen Hauptstadt, ist das anders. Dort war bei meiner Reise bereits der Flughafen nicht klimatisiert, und die abgestandene Luft der Stadt erreichte mich schon, als ich über den PVC-Boden des Ankunftsterminals lief. Kaum öffnete sich die letzte Tür des Transitbereichs, schallte mir das vielstimmige Geschrei der Taxifahrer entgegen: «Taxi!» – «Taxi!» – «Hey man, Taxi, very cheap!» Der erste Fahrer, mit dem ich Blickkontakt aufnahm, führte mich zu seinem Wagen, einer weißen Lada-Limousine, mit Sitzen ohne Kopfstützen und einem quietschenden Kofferraumdeckel. Ich versuchte mich genau an die Vorgaben des Reiseführers zu halten und den Taxifahrer auf einen Festpreis in die Innenstadt festzunageln, sonst, so hieß es, würde man abgezockt. «To *Hotel Rodina*, in the General Totleben Boulevard? How much? What price?» Der Fahrer tippte auf sein Taxameter. «No problem», sagte er, und mir als Deutschem schien ein Taxameter die Inkarnation der Unbestechlichkeit zu sein. Wenn die Taxifahrer in Sofia Taxameter hatten, war Bulgarien wirklich ein großer Schritt nach vorne gelungen. Gut, die grölende Menge der Fahrer hätte man auch durch eine Schlange zivilisiert wartender Taxis ersetzen können.

Im Grunde kann man den Entwicklungsstand eines Landes an den Taxifahrern ablesen: je aufdringlicher, desto ärmer die Gegend. In Oslo würde ein Fahrer nicht den kleinsten Finger rühren, selbst am Flughafen ist die Zahl der Wagen überschaubar, manchmal ist auch keiner da, dann muss man warten, bis sich endlich einer der kleinen Könige in den teuren Volvos die Ehre gibt, heranrollt und mit der Fernbedienung den Kofferraum öffnet. Osloer Taxifahrer geben einem das Gefühl, als seien sie Physikprofessoren oder Direktoren eines Wirtschaftsinstituts, die einfach in ihrer Freizeit ein bisschen Taxi fuhren, um den Kopf freizubekommen.

Aber in Sofia schien mir schon ein Taxameter vertrauenswürdig. Allein, in Bulgarien gilt der Lew, und ich konnte mit dem, was das Taxameter anzeigte, nur darauf schließen, dass es wahnsinnig billig sein musste. Als wir auf dem General Totleben Boulevard vor dem Hotel standen und der Fahrer immer wieder Vollgas gab, damit der Motor nicht absoff, war ich erfreut, dass die gute halbe Stunde Fahrt nur 7 Lew, also rund 3,50 Euro, kosten sollte. «No, it is a bit more, because of the inflation», lachte der Fahrer, als ich ihm einen Fünf-Euro-Schein reichte. So musste ich 35 Euro bezahlen, was im ärmsten Land der EU eine Menge Geld ist und ein Beweis dafür, dass man am Flughafen von Sofia bei Taxifahrern unbedingt einen Festpreis abmachen muss. Wozu hatte ich eigentlich diesen verdammten Reiseführer gekauft?

Das *Hotel Rodina* hatte in einem Onlineforum besonders viele Kritiken bekommen, ob diese positiv oder negativ waren, konnte ich nicht beurteilen, da sie von russischen Gästen stammten. Ein Blick ins Foyer, das laut Onlineprofil auch über Sitzgelegenheiten verfügte (eigentlich kein erwähnenswertes Feature von Hotelfoyers), ließ mich schnell die Straßenseite wechseln, wo ich im *Hotel Mariana* ein Zimmer bekam. Mariana vermietete alle Räume ihrer weitläufigen Altbauwohnung mitten in der Stadt und öffnete mir die Tür in einer Art Morgenmantel. Es ging eine gewisse Verruchtheit von ihr aus, außerdem war das Zimmer derart günstig, dass ich befürchtete, der Preis gelte nur für eine Stunde und Mariana könnte, kaum das ich eingeschlafen war, klopfen und nachkobern. Aber als ich am Morgen erwachte und mich in der Dusche am Ende des Ganges erfrischte, wusste ich zwei Dinge sicher: Erstens, das *Hotel Mariana* war absolut seriös, und zweitens, Mariana trug immer einen Morgenmantel.

Ganze drei Wochen wohnte ich in einem kleinen Eckzimmer im dritten Stock mit Blick auf eine Straße, in der sich Bars und einfache Restaurants befanden und durch die sich eine nie abreißende Autokolonne quälte. Sofia ist eine Millionenstadt, das Herz Bulgariens und total chaotisch.

Dennoch gibt es für Schreibende nichts Besseres, als sich in einer fremden Stadt aufzuhalten. Nichts kann einen ablenken, das Gemurmel der Menschen an Nachbartischen nervt erst, wenn man es versteht, und da ich keinen blassen Schimmer vom Bulgarischen habe, blieb es für mich ein angenehmes Hintergrundgeräusch. Der Kellner des *Café Chicago* akzeptierte auch, dass ich stundenlang an einem Tisch vor einem Notebook hockte und nur sporadisch Cappuccino und später Bier bestellte. Ich erklärte ihm, dass ich ein Buch schrieb, was in einem kultivierten Land wie Bulgarien durchaus zu den akzeptierten Tätigkeiten gehört, die ein Mensch machen kann. Der Kellner erlaubte mir sogar die Benutzung einer Steckdose für meinen Akku. Genau dieser Wunsch hatte in Hamburg mal zu einem Eklat geführt. Im *Café Rex* an der Elbe entdeckte eine Kellnerin mein Kabel in einer Steckdose und verbot mir, diese zu benutzen. «Sie können hier nicht einfach unseren Strom verbrauchen», piepste sie. Hätte ich eine elektrische Heizung mitgebracht, hätte ich sie noch verstanden, aber so ... Ich drohte, sie in meinem nächsten Buch zu beschimpfen, was ich hiermit tue: Die Kellnerin im *Café Rex* in Hamburg (die mit den blonden Zöpfen) ist ein Scheusal. So.

Bulgarien hat es in die EU geschafft. Im Gegensatz zu anderen Kandidaten, die sich mit Reformen und einer Annährung an europäische

Standards schwertun, war die Regierung in Sofia trickreicher: Sie täuschte zunächst einen beherzten Kampf gegen die Korruption vor, um nach der Aufnahme im Januar 2007 in korrupte Strukturen zurückzufallen, die einem den Atem rauben. Als ärmstem Land der EU stehen Bulgarien viele Milliarden Euro Unterstützung aus Brüssel zu, doch unter dem Präsidenten Georgi Parwanow sind über dreißig Millionen Euro spurlos verschwunden. Ermittler vermuten, er habe mit ihnen unter anderem seinen Wahlkampf finanziert. Brüssel ist stinksauer und hat fast eine Milliarde Euro Subventionen eingefroren. Solch drastische Sanktionen gab es gegen ein Mitglied noch nie.

Viele Beobachter sind deshalb der Meinung, dass das Land zu früh aufgenommen worden ist. Selbst Bulgaren bescheinigen ihrem Land, es habe nur widerwillig Reformen für Rechtssicherheit und gegen Korruption eingeleitet und diese Anstrengungen seien nach der Aufnahme wieder auf null zurückgefallen. Auch die Wirtschaft kommt nicht in Schwung.

Spanien kann sich in schlechten Zeiten auf seine endlosen Sonnenstrände verlassen, die viele Touristen anziehen, und Bulgarien könnte ebenfalls aus seiner beeindruckenden Natur, einer feschen Küste und zwei Gebirgen durchaus Kapital schlagen. Durch korrupte Strukturen entsteht zwar ein Neubauprojekt nach dem anderen, doch handelt es sich dabei jedes Mal um bunkerartige Riesenhotels, die zum Teil so hässlich sind, dass sich Reiseveranstalter weigerten, sie in ihre Kataloge aufzunehmen.

Gerade in einer Zeit, in der die Skeptiker in Europa vor weiteren Mitgliedern warnen, wiegt das Missgeschick, Bulgarien aufgenommen zu haben, obwohl es definitiv noch nicht so weit war und auch nicht sein wollte, umso schwerer. Ob dies nur an der aktuellen Regierung liegt oder die Strukturen grundsätzlich verkorkst sind, wird sich noch zeigen müssen.

RUMÄNIEN
DIE UNSANFTE REVOLUTION

Ihr seid doch alle meine Kinder!

Elena Ceauşescu

Der Hubschrauber landete im Regen etwas unbeholfen auf dem Dach des Bukarester Palastes. Man schrieb das Jahr 1989. Im Schutze eines Schornsteins kauerten zwei Gestalten. Sie konnten nicht hören, was ihnen die Leibwächter zuriefen, zu laut waren die Rotorblätter und peitschten die Nässe auf. Aber als die Männer winkten, setzten sie sich in Bewegung. Es waren Nicolae Ceauşescu und seine Frau Elena, die sich unentwegt ihr Kopftuch festhielt. Sie rutschte auf der Teerpappe aus und fiel hin, doch als sie auf der Bank des Hubschraubers Platz nahmen, jemand die Tür schloss und ihnen eine Wolldecke über die Knie legte, schöpften sie wieder Hoffnung. Jeden Moment hätten Aufständische das Treppenhaus emporstürmen, die Tür zum Dach aufbrechen und sie lynchen können. Die Minuten im Schutz des Schornsteins waren ihnen ewig vorgekommen. Mühsam hoben sie ab, während unten die Massen wütend in das Gebäude eindrangen, bis in die Privaträume von Elena, dort ihre Pelze anzogen und in Schränke und Betten urinierten.

Das Ehepaar Ceauşescu sah von oben auf den großen Platz vor dem Palast hinab. Er war schwarz vor Menschen. Minuten zuvor hatten sie Nicolae Ceauşescu noch ausgebuht. Wie war das möglich? Er hatte die Demonstration doch selbst organisieren lassen, es sollte eine große, klare Absage des Volkes an alle Umstürzler sein. Mindestens jeder zehnte Mann auf diesem Platz war vom rumänischen Geheimdienst Securitate, und trotzdem fingen die Leute an zu pfeifen; kaum dass er den Balkon betreten hatte, schrien ihm Sätze voller Hass entgegen. Endlich schien da unten jemand durchzugreifen, sie hörten Schüsse, sahen, wie die Menge auseinanderstob. Der Hubschrauber senkte seine Nase gen Süden, und der Pilot gab Gas.

Irgendwie mochten die Leute Nicolae Ceauşescu nicht mehr, dabei war er lange der Strahlemann gewesen. Als er 25 Jahre zuvor das Ruder übernommen hatte, öffnete er Rumänien vorsichtig für Reformen. Sein Land hatte zu diesem Zeitpunkt eine wechselvolle Geschichte hinter sich, an der Seite der Deutschen im Zweiten Weltkrieg viel Schuld auf sich geladen und alles verloren, danach unter Russlands kommunistischer Knute wenig Spielraum gehabt.

Endlich konnte Ceauşescu allen zeigen, was er draufhatte, nachdem er eine Unendlichkeit in der zweiten Reihe hatte dienen müssen. Er brachte es fertig, die Märkte und Geschäfte mit Waren zu füllen, sogar Wein, Schokolade, Fleisch und andere Luxusprodukte waren erhältlich. Theaterstücke und Bücher konnten erscheinen, ohne dass der Staat jede Zeile überprüfte. Sollten die Künstler doch ein bisschen Freiheit genießen, die meisten waren sowieso harmlos, und sofern sie den Sozialismus oder seine Führung nicht grundsätzlich in Frage stellten, konnte Ceauşescu auch darüber lachen, wenn er mal parodiert wurde. Er war stark, und wer stark ist, kann auch versöhnlich und großzügig sein. Kein Staatschef im Warschauer Pakt außer ihm wagte es, den Sowjets Truppen zu verweigern, als diese Unterstützung für die Unterwerfung des Prager Frühlings anforderten. So viel Charisma hätte wohl niemand einem Kommunisten zugetraut.

Von Politikern aus dem Westen schlug ihm eine Welle der Sympathie entgegen. Sie besuchten ihn, luden ihn ein, selbst der amerikanische Präsident Jimmy Carter traf sich mit ihm. Nur weil er ab und zu ein kritisches Wort über die UdSSR sagte, erhielt Ceauşescu Einladungen nach Frankreich, Schweden und Österreich, auch nach Westdeutschland.

Wie war es möglich, von hier zu einem Punkt zu kommen, an dem Ceauşescu international absolut isoliert dastand und sein eigenes Volk nichts sehnlicher wünschte, als ihn und seine Frau zu beseitigen? An einem Punkt, an dem die staatliche Anstalt Reportagen von den Straßen Bukarests zeigte, die allesamt mit dem Schriftzug «Revolution live» unterlegt waren, in denen aufgedrehte Zivilisten fröhliche Statements vor der Kamera abgaben, ihre Freude über den Umsturz kundtaten und Vorschläge für die Zukunft Rumäniens machten? An dem der Dichter Mircea Dinescu, der eigentlich unter Hausarrest stand, eine Rede hielt und sagte, der Tyrann sei geflohen, das Volk habe gesiegt?

Die Ursachen waren vielfältig, ein Hauptgrund waren jedoch die radikalen Maßnahmen, die Ceauşescu durchführen ließ, um Rumänien in die Moderne zu katapultieren. Sie hinterließen schmerzhafte soziale und wirtschaftliche Einschnitte, beinhalteten die Verfolgung politischer Gegner und waren zudem nicht von Erfolg gekrönt.

Um seine Macht zu festigen, ließ sich Ceauşescu 1974 zum Staatspräsidenten mit besonderen Befugnissen ernennen. Alles, was er befahl, bekam per Dekret Gesetzeskraft – davon konnten selbst Kollegen wie Erich Honecker nur träumen.

Anfang der achtziger Jahre drohte Rumänien schließlich der Staatsbankrott, weil man nicht mehr in der Lage war, die Auslandskredite zu bedienen, die Ceauşescu für seine ehrgeizigen Pläne, Rumänien von einer Agrar- in eine Industrienation umzuwandeln, aufgenommen hatte. Der Diktator ließ in der Folge alles zu Geld machen, was sich zu Geld machen ließ. Fleisch wurde fast vollständig außer Landes gebracht, auf den rumänischen Märkten bekam man nur noch Schweinefüße. Es erging den Rumänen wie heute den Menschen in Tansania, die aus dem Victoriasee den gleichnamigen Barsch fischen, um seine Filets nach Europa, Amerika oder in den Osten zu exportieren. So wie für die Rumänen vom Schwein nur die Füße übrig blieben, bleibt für die meisten Einwohner Tansanias auf den Märkten nur das vom Victoriabarsch bezahlbar, was nach der Entfernung des Filets übrig ist: eine Gräte mit Kopf und Schwanz, die erst frittiert und dann gekaut wird.

Für die Rumänen wurde Fleisch in dieser Zeit zum ganz großen Luxus, auch alle anderen Lebensmittel rationierte man. Die Armut stieg dramatisch, doch Ceauşescus Größenwahn hielt an: Er ließ sich inzwischen Conducător nennen, Führer, und trotz der katastrophalen wirtschaftlichen Lage, der unübersehbaren Armut der Bevölkerung ließ er sich in den achtziger Jahren einen riesigen Palast bauen, das sogenannte *Haus des Volkes*. Für das viertgrößte Gebäude der Welt wurden allein aus Siebenbürgen eine Million Kubikmeter Marmor für Treppen und Bodenbeläge herangeschafft. Will man heute um die über 60 000 Quadratmeter große Manifestation der Macht herumgehen, benötigt man dafür eine Stunde. Auch die Straße, die auf den Palast zuführte, durfte natürlich nicht zu bescheiden ausfallen. Sie sollte «Straße des Sieges des Volkes» heißen, wurde von den Bukarestern aber im Scherz «Straße des Sieges über das Volk» genannt. So wie die Armut Rumäniens nicht zu diesem Palastneubau passte, so wie dieser Vorgang eindringlich für den Realitätsverlust von Ceauşescu stand, so symbolisch war auch der Umstand, dass die Kraftreserven für den Ausbau der Prachtstraße nicht reichten. Zeitweise flossen 40 % der Wirtschaftskraft des Landes allein in diese eine Baustelle.

Zu dieser Zeit war Ceauşescu bereits ebenso verhasst wie seine Frau Elena, die wichtige Ämter in der Regierung ihres Mannes bekleidete, u. a. Vorsitzende der Akademie der Wissenschaften war, sich einen Doktortitel verleihen und als «Gelehrte von Weltruhm» feiern ließ. Dabei hatte sie die Schule schon mit vierzehn verlassen und konnte überwiegend nur schlechte Noten vorweisen – außer im Fach «Nähen».

Als Ceauşescu die Geburtenrate der Rumänen steigern wollte, gab er sich nicht mit den Maßnahmen ab, die Anreize geschaffen hätten, mehr Kinder zu bekommen. Der Diktator erließ vielmehr kurzerhand ein Abtreibungsverbot – das allein wäre noch keine Besonderheit gewesen, denn Abtreibungsverbote gab es in vielen Ländern, aber Ceauşescu verbot Empfängnisverhütung gleich mit. Dieses Gesetz wurde laufend weiter verschärft. Antibabypillen und Kondome waren nur noch auf dem Schwarzmarkt erhältlich, lediglich Frauen ab vierzig, die schon vier Kinder bekommen hatten, durften sie beantragen, später nur noch Frauen, die fünfundvierzig Jahre alt waren und mindestens fünf Kinder zur Welt gebracht hatten. Aber auch das war ihm nicht genug Kontrolle, so wurden schließlich Zwangsuntersuchungen beim Arzt vorgeschrieben, bei denen Frauen überführt werden sollten, die sich ihrer Pflicht entzogen hatten, die Gebärquote zu erfüllen. Dies führte zu massenhaften Abtreibungsversuchen im privaten Rahmen, die oft fehlschlugen. Viele Mütter starben dabei, es wurden viele behinderte Kinder geboren, die alsbald Waisenhäuser bevölkerten, in denen katastrophale Verhältnisse herrschten.

Nach dem Aufstand gegen das Regime und der Flucht der Ceauşescus griff die Miliz das Ehepaar auf und brachte es in eine Kaserne, wo der Prozess gegen sie eröffnet wurde. Der entmachtete Diktator wurde für den Tod von 64 000 rumänischen Bürgern verantwortlich gemacht, die in den Jahren zuvor an Hunger, Kälte und schlechter medizinischer Versorgung gestorben waren. Für einen solchen Prozess braucht das Kriegsverbrechertribunal in Den Haag normalerweise Jahre. Jetzt musste es schneller gehen, denn die Soldaten, die den Prozess in der Kaserne bewachten, waren ängstlich. Noch war die Lage unklar. Jeden Moment, fürchteten sie, konnten Truppen auftauchen, die dem Diktator gegenüber loyal waren – bis vor kurzem hatten sie selbst schließlich noch hinter Ceauşescu gestanden, es durfte also nichts schiefgehen. Als Ceauşescu das Gericht beschimpfte und es für nicht zuständig erklärte, klingelte das Telefon. Es war Belgrad. Eine bis heute unbekannte hochrangige Person befahl, Tempo zu machen. Und dann ging tatsächlich alles ganz schnell, das Todesurteil wurde gesprochen. Um drei Uhr nachmittags am ersten Weihnachtstag des Jahres 1989 flehte Elena Ceauşescu die jungen Soldaten des Erschießungskommandos an: «Ihr seid doch alle meine Kinder. Ich habe euch aufgezogen.» Ceauşescu selbst drohte: «Die Geschichte wird mich rächen.» Das waren ihre letzen Worte.

Ein fairer Prozess sieht anders aus.

Als die Nachricht von ihrem Tod in Bukarest eintraf, hörten die Kämpfe zwischen Demonstranten und Anhängern der Securitate sofort auf. Die Geheimdienstler kapitulierten und flüchteten. Rumänien hatte es geschafft, sich von der kommunistischen Diktatur zu befreien – nicht mit einer samtenen, friedlichen Revolution, sondern mit einem gewalttätigen Drama. Bis heute kämpft das Land mit den Spätfolgen der Ceauşescu-Ära, auch wenn es sich langsam wirtschaftlich erholt.

Ich nutzte die offenen Grenzen und unternahm 1991 mit Zsuzsanna und zwei ihrer Freunde eine Reise nach Rumänien, was vorher für Ungarn äußerst schwierig gewesen war, da die große ungarische Minderheit in Rumänien von Ceauşescu brutal unterdrückt worden ist. Nun setzte ein reger Grenzverkehr ein, denn viele Familien konnten sich wieder besuchen. Zsuzsanna hatte eine Großtante in Siebenbürgen, der wir jetzt einen Besuch abstatten wollten.

Wir überquerten die Grenze hinter Debrecen, und ich war schockiert über die Brutalität der rumänischen Zöllner. Sie ließen den Zug über eine Stunde anhalten, schrien die ganze Zeit herum, bohrten mit spitzen Metallstäben in jeden Hohlraum und nahmen den Reisenden auf dem Nachbargleis, die sich auf dem Weg nach Budapest befanden, alle möglichen Gegenstände ab und warfen sie auf dem Bahnsteig auf einen Haufen. Darunter befanden sich filigrane Holztruhen, Dosen und Figuren, aufwendig bestickte Westen, Tischdecken und Wandfriese, die die Rumänen in der Hoffnung, sich ein wenig Geld verdienen zu können, in Budapest an Touristen verkaufen wollten. Unter dem Vorwand, der Export von Kunst sei illegal, raubten die Zöllner diesen

Menschen alles, was sie in den Wochen zuvor mühsam hergestellt hatten – und damit auch die Aussicht auf ein paar Devisen. Rumänien war viel ärmer als Ungarn. Zwar fuhren in beiden Ländern die dröhnenden Busse der Marke Ikarus jenes ungarischen Herstellers, der zeitweise den Busbedarf des gesamten Ostblocks abdeckte, aber während die Busse in Ungarn funktionierten, fehlten in Rumänien Türen und manches Fenster, sodass die Menschen im Fahrzeug Wind und Wetter ausgesetzt waren. Auch die Züge waren auf rumänischer Seite in einem bemitleidenswerten Zustand, sie hatten kein Licht, der Schaffner kam mit einer Taschenlampe vorbei, und auf den Sitzen sammelte sich der Schnee, der durch die kaputten Fenster hereinwehte. Und trotzdem: Je weiter die Grenze hinter uns lag, je weiter wir nach Siebenbürgern kamen, wo die robuste Diesellok die Waggons durch die Kurven der Hügel zog, desto idyllischer wurde es. Schließlich stiegen wir an einer winzigen Station aus, schritten durch den festen Schnee und fanden, nachdem wir zweimal falsch geklopft hatten, das Haus der Großtante Erzsébet. Eine goldige Oma, die mich an die russischen Holzbabuschkas erinnerte. Sie lebte mit ihrem Mann Boldizsár auf einem kleinen Hof, der sie mit dem Nötigsten versorgte. Erzsébet und Boldizsár hatten einen großen Garten, drei Schweine, zwei Ziegen, Hühner, Gänse, die allesamt frei herumliefen und auch mal auf dem Hauptweg anzutreffen waren. Wir wurden mit selbstgebranntem Schnaps bewirtet, der aus großen Wassergläsern getrunken wurde, mit Eintopf und Fleischklößen, süßen Kuchen und Saft. Auch Sohn Elöd war zu Besuch, und die Eltern erzählten, wie stolz sie waren, ihm einen ungarischen Namen gegeben zu haben, denn auch das hatte Ceaușescu zu verhindern versucht.

Am nächsten Tag schien die Sonne kräftig auf den weißen Schnee, und die Natur zeigte sich von ihrer unpolitischen Seite. In den Bergen kann man nicht sagen, ob man sich gerade in West- oder Osteuropa befindet, erst wenn man Menschen, Autos oder eine Stromleitung sieht. Ich entdeckte die Häuser der Siebenbürger Sachsen, einer deutschen

Volksgruppe, die vor über 800 Jahren nach Rumänien umsiedelte, und fühlte mich sofort heimisch. Anscheinend gibt es doch ein Ordnungsgen. Wie konnte es sonst sein, dass die Siebenbürger Sachsen, seit Jahrhunderten von Deutschland getrennt, genau so pingelig lebten wie Schwaben in Nürtingen? Jede Zaunlatte stand gerade, alles Brennholz und Material war fein säuberlich gestapelt, der Rasen gemäht, die Hecken geschnitten.

Die Lage der Minderheiten wie die der Siebenbürger Sachsen hat sich inzwischen verbessert; für die Aufnahme in die EU musste das Land seinen Minderheiten Schutz garantieren. Rumänien hat es wie Bulgarien zwar geschafft, seit 2007 sind sie in der EU, doch diese Mitgliedschaft kam auch hier zu früh, wie Beobachter sagen. So servierte das Establishment in Bukarest ausgerechnet die mutige Justizministerin Monica Macovei ab, die bis zur Aufnahme in die EU für den Kampf gegen die Korruption stand. Das Land hat den Rückwärtsgang in einem Moment eingelegt, in dem es eigentlich noch vieler Reformen bedarf: So sichert ein neues Gesetz Immunität, die gängigerweise nur für aktive Parlamentarier gilt, auch Anhängern bisheriger Regierungen zu. Das kommt einer Amnestie für alle Politiker gleich, die in den letzten Jahren die Möglichkeit hatten, sich durch Korruption zu bereichern. Auch die Architektin Anca Petrescu wurde rehabilitiert. Einst hatte sie für den Diktator den größten Schandfleck Rumäniens entworfen, seinen Monsterpalast, der nach der Wende Heimat für die Straßenhunde Bukarests wurde. In den vergangenen Jahren wurde sie damit beauftragt, das Gebäude fertigzustellen. Dabei gab es zahlreiche Vorschläge aus der Bevölkerung, wie mit dem verhassten Symbol der Macht und Unterdrückung zu verfahren sei. Wenn man es schon nicht abreißen wolle, könne man doch prima das größte Bordell der Welt oder – für Kommunisten noch schlimmer – eine Börse in den Mauern unterbringen. Heute ist der inzwischen Parlamentspalast genannte Klotz die Touristenattraktion Nummer eins in Bukarest.

UNVERHOFFTE KINDER

Ich regiere ein Land mit
zwei Alphabeten,
drei Religionen,
vier Sprachen und
fünf Nationalitäten, die in
sechs Republiken leben, von
sieben Nachbarn umgeben sind
und mit
acht Minderheiten auskommen
müssen.

Josip Broz Tito

SLOWENIEN
DER FEINE RAHM EX-JUGOSLAWIENS

Als ich in Ljubljana in den Bus stieg, war es schon spät. Die warme Luft stand in den Straßen und rührte sich nicht. Lange vor dem Start ließ der Fahrer den Motor an, dabei standen wir in einer Halle. Ich überlegte, ob er uns wohl alle umbringen wollte, zumindest schaute er zu allem entschlossen drein, derweil er einen Koffer nach dem anderen in den Laderaum wuchtete und dabei seine Zigarette nicht aus dem Mund nahm. Der Busbahnhof der slowenischen Hauptstadt war von sozialistischer Stattlichkeit, unzählige Bussteige waren einst für die Abfertigung angelegt worden. Das Gebäude strahlte eine Düsterkeit aus, die Gänge waren kaum beleuchtet, und aus dem groben Beton lösten sich Steine. In der Schalterhalle hing hoch über den Köpfen eine metallene Wandskulptur, auf der alle wichtigen jugoslawischen Städte verzeichnet waren. Einer Sonne gleich führten die Strahlen von Belgrad nach Skopje, Priština, Zagreb und zu anderen Städten, es war eine Art künstlerische Graphik der wichtigsten Verbindungen.

Am Rand des Busbahnhofs, an dem eine Mauer halb umgekippt war und ein zerfallener Bürgersteig ins Nichts führte, sah es ein bisschen so aus, als hätten Bomber der Nato eine militärische Einrichtung verfehlt. Einen solchen Vergleich konnte ich indes damals noch nicht anstellen, denn meine Reise von Ljubljana nach Dubrovnik machte ich 1990 kurz vor dem Ausbruch des Bürgerkriegs, also noch durchs alte Jugoslawien. Die Strecke sollte über zehn Stunden dauern. Erleichtert stellte ich fest, dass der relativ moderne Bus der Marke Setra über eine Toilette verfügte. Zuletzt wurde auch der Gang zugestellt, mit Koffern und Ostblock-Taschen, ich nenne sie so, weil es sie nur hier gibt, aus kräftiger Plastikfolie, immer kariert und immer riesig, es lassen sich locker zwei Winterreifen darin transportieren. Ein Mann schleppte sogar einen Fernseherkarton mit sich. Entweder wollte er einen Fernseher nach Dubrovnik bringen, oder er benutzte den Karton als Koffer der etwas anderen Art.

Als der Fahrer endlich einstieg, knackte das Mikrophon, er sagte etwas Unverständliches, und es ging los. Mein Sitznachbar, ein Herr aus Rovinj, hatte schon mal bei VW in Wolfsburg gearbeitet und übersetzte: «Toilette kaputt, aber er macht Pause.»

Slowenien gehört zu den unverhofften Kindern Europas, die allesamt aus Jugoslawien hervorgegangen sind. Als besonders wohlgeratenes Land ist es das einzige der insgesamt sieben Kinder, das schon in die EU aufgenommen worden ist. Seine Pubertät verursachte einen Erdrutsch auf dem Balkan.

Was, glauben Sie, passierte, wenn die deutsche Regierung die Provinz Kurdistan im Nordirak als eigenständigen Staat anerkennen würde? Genau: Diese sensationelle Unterstützung aller Kurden, die für einen eigenen Staat kämpfen, würde wahrscheinlich dafür sorgen, dass diese ihren aggressiven Kurs für die Unabhängigkeit noch selbstbewusster vertreten würden. Für die Türkei wäre es eine katastrophale Nachricht.

Ich will auf einen Vergleich hinaus, merke aber, dass er hinkt, denn die Kurden – zumindest die, die in der Türkei leben – werden von Ankara unterdrückt und haben deshalb eine nachvollziehbare Motivation, für ihre Autonomie zu kämpfen. Aber was ist mit den Minderheiten in Staaten, die gerne selbständig wären, die aber nicht wegen ihrer ethnischen Zugehörigkeit Repressalien ausgesetzt werden? Oder anders gefragt: Was würde passieren, wenn die deutsche Regierung erklärte, sie könne sich durchaus einen selbständigen baskischen Staat vorstellen, einen korsischen oder schottischen? Die Separatisten könnten mit dieser Unterstützung richtig Gas geben. Und genau diesen Rückenwind bekamen 1990 Mazedonier, Kroaten und Slowenen aus Deutschland und Österreich. Wenn sie einen eigenen Staat gründeten, so die Nachricht aus der damaligen deutschen Hauptstadt Bonn, stünde einer Anerkennung nichts im Wege.

Jugoslawien war von Anfang an ein Vielvölkerstaat. Gelitten haben die Menschen unter den typischen Drangsalierungen eines sozialistischen Staates und vor allem unter der dauerhaften Wirtschaftskrise. Da war die Unabhängigkeit für Slowenien, dem feinen Rahm Jugoslawiens, natürlich der kürzeste Sprung in die westeuropäische Gegenwart. Klein, strukturstark und wendig, hatte man zudem den Vorteil, dass sich auf der slowenischen Scholle trotz der vielen Völker Jugoslawiens fast nur Slowenen befanden. Als es 1991 in Ljubljana hieß: «Wir sind ein eigenes Land!», marschierte die jugoslawische Bundesarmee in die Stadt ein. Da die slowenischen Soldaten verständlicherweise sofort überliefen, aber auch Kroaten und Mazedonier sich weigerten, gegen die Slowenen vorzugehen, wurde die Armee stark geschwächt und war schnell in Auflösung begriffen. Fast 4000 Soldaten liefen in wenigen Tagen über. So klappte die Staatsgründung 1991. Der Unabhängigkeitskrieg hatte nur zehn Tage gedauert, ein trügerisches Versprechen für die anderen in Jugoslawien ansässigen Minivölker, die es bald den Slowenen nachmachen wollten. Danach ging es mit Vollgas weiter, Slowenien ist heute als einzige ehemalige Provinz Jugoslawiens in der EU und hat auch schon den Euro. Ein wirtschaftlicher Musterknabe, auf den man in Brüssel richtig stolz ist. Jugoslawien? Das ist lange her.

KROATIEN
EINE FERIENANLAGE SCHREIBT SCHWARZE ZAHLEN

Wenn wir ihn nicht gewollt hätten,
dann hätte es keinen Krieg gegeben.

Franjo Tudjman, kroatischer Präsident

In den Serpentinen der Adriaküste hinter Rijeka wurde mir klar, wer der Held Jugoslawiens war, wer das Land durch seine Zähigkeit und sein Pflichtbewusstsein zusammenhielt: der Busfahrer. Durch die seltenen Bahnstrecken auf dem Balkan kam ihm eine gewisse Führungsaufgabe zu. Es gab seiner zwei Sorten, den Kapitän der Landstraße, der mit der Würde eines Airbuspiloten im weißen Hemd hinter dem Hula-Hoop-Reifen-großen Lenkrad saß. Er trug stets Krawatte und vier goldene Streifen auf den Schulterklappen, als sei er ein Kapitän. Zu der zweiten Sorte von Busfahrern gehörte unser Fahrer. Er hieß Željko und hatte sein Cockpit mit Postern von nackten Frauen und Rallyetrucks dekoriert. Seine Unerschrockenheit lehrte uns wiederum den Schrecken, stets fuhr Željko in die Spitzkehren und Tunnel hinein, als wäre das Wort «Gegenverkehr» etwas für Schwächlinge. Tauchten doch mal Ladas oder Dacias auf, so war es ihre Aufgabe, Platz zu machen. Aber er hielt sein Versprechen, es gab zwei Pausen. Eine um Mitternacht auf der Höhe der einzigen Ferieninsel, die ohne Vokale auskommt: Krk. Dort stoppte er vor einem Restaurant mit der Aufschrift *Autogrill*, mit dessen Wirt er wohl eine Abmachung hatte. Željko lieferte Gäste, die keine andere Wahl hatten, als hier etwas zu bestellen, und erhielt dafür mehrere Paletten mit Flaschen irgendeines Inhalts.

Während der Pause entdeckte ich auf der Rückseite des Setra eine

Reihe von Piktogrammen, die alle Funktionen des Busses darstellten, die zurzeit nicht funktionierten: Aircondition, WC und Comfort.

Bei der zweiten Pause am Straßenrand kurz vor Ploće versuchte ich in einer Reihe mit Kroaten, Serben und Bosniern in die Büsche zu pinkeln. Ehrlich gesagt stehe ich nicht auf solche Rituale. Ich bevorzuge eher eine eigene Kabine, doch die gab es nicht, und so stellte ich mich in die vom Bus mit Fernlicht angestrahlte Gruppe. Allein, ich konnte mich nicht entspannen, erst recht nicht, als ich nach wenigen Minuten der Letzte war, der noch in die Böschung starrte, und mich Željko mit dem Doppelhorn zur Eile mahnte. Zurück in Reihe acht, versuchte ich ein entspanntes Gesicht aufzusetzen, während ich innerlich platzte. Unerklärlich blieb mir, warum die mitreisenden Frauen niemals auf Toilette mussten, die ganze Fahrt über nicht.

In Dubrovnik erwartete mich bereits mein Freund Tim. Wir wollten eine Floßfahrt auf der Tara machen, dem angeblich letzten Trinkwasserfluss Europas. Er holte mich am Bus ab und schwärmte sofort von den Frauen, die in Dubrovnik auf und ab flanierten: Die Jugoslawin an sich sei wirklich schön. Als ich ihn darauf hinwies, dass es *die* Jugoslawin gar nicht gebe, eher die Serbin, die Kroatin oder die Bosnierin, erwiderte er nur, dann sei halt die Serbokroatin eine Schau, und schaute einem neuen, an uns anmutig vorbeigehenden Beweis für seine These hinterher. Vielleicht war ich noch etwas von der Fahrt gerädert, als ich Tim vorwarf, rassistisch zu sein, doch er ließ sich nicht beirren. Rassistisch sei, Menschen aufgrund ihrer ethnischen Zugehörigkeit zu diskriminieren; wenn er aber Frauen aufgrund ihrer ethnischen Zugehörigkeit über den grünen Klee lobe, sei das hochanständig.

Ich kann nur allen Reisenden empfehlen, nicht jedes Hotel schon daheim zu buchen. Dann landet man in größeren Anlagen, traurigen Apartment-Gettos vor den Toren der Städte – gerade im ehemaligen Jugoslawien gibt es davon reichlich. In Dubrovnik ist es viel besser, nach der Ankunft einfach eines der zahlreichen Zimmerangebote zu checken – das ist ja auch viel aufregender, als schon Monate vorher zu wissen, wo man schläft. Die Wirte selbst halten an den Bahnhöfen und Busstationen ihre Schilder in die Luft, und so hat man die Chance, ein Kleinod direkt in der winzigen Altstadt zwischen den dicken Mauern zu bekommen. Unseres lag in der Strossmayerova. Von einem kleinen Balkon aus konnten wir auf das Gewühl der Tagesgäste hinabsehen, die hier in Massen durch die Gassen schlichen. Im Gegensatz zu ihnen blieben wir über Nacht, wurden allerdings jeden Morgen um vier von einem bedrohlichen Geräusch geweckt, einem fiesen Piepen, Rauschen und Dröhnen, als sei ein Raumschiff gelandet. Es stammte von einer Reinigungsmaschine, die sich, von einem kleinem Mann gesteuert, mit einem Höllenkrach und in Zeitlupentempo durch die Straßen bewegte und mit elektrischen Bürsten das Pflaster putzte. Besonders viel Mühe gab sie sich direkt unter unserem Balkon

Abends, in der Bar *Lokanda Peskarija*, sprach ich mit Tim bei einigen Gläsern Plavac Marjan über den zweiten großen Helden Ex-Jugoslawiens, gleich nach den Busfahrern, nämlich Josip Broz Tito, Anführer des Widerstandes gegen die deutschen Besatzer im Zweiten Weltkrieg und späterer Staatschef. Eigentlich gab es am Ende des Zweiten Weltkriegs auf dem Balkan eine sensationelle Entwicklung: Nur hier gelang es den Partisanen, aus eigener Kraft die Nazis aus Italien und Deutschland gänzlich zu vertreiben.

Mit den Methoden des stalinistischen Terrors unterwarf Tito als Präsident später jedes pluralistische Experiment, brach aber auch mit Stalin selbst, sodass Jugoslawien das einzige blockfreie, neutrale Land Europas mit einer sozialistischen Staatsform wurde. Tito stand ewig an der Spitze des Landes, von 1945 bis zu seinem Tod 1980, und war dabei so prägend, dass sein Staatsmodell Titoismus genannt wird. Es ließ kleinere private Betriebe zu und erlaubte den Belegschaften der großen staatlichen Kombinate mehr Einfluss auf die Produktion. Ich merkte dies sofort in den kleinen Verkaufsstellen auf dem Lande. Während in anderen sozialistischen Ländern vor allem öde Konserven angeboten wurden, gab es in Jugoslawien eine große Auswahl von Keksen und Waffeln, also im Grunde nur Kekse und Zitronenwaffeln, auf einige Grundnahrungsmittel wurde dafür verzichtet. Warum auch kochen, wenn man Waffeln essen konnte?

Als ich so mit Tim in der Altstadt von Dubrovnik in einer Kneipe saß, dachte ich nicht im entferntesten daran, dass nur wenige Jahre später die serbisch-montenegrinische Artillerie auf Dubrovnik feuern würde. Der Grund: 1991 erklärte nicht nur Slowenien seine Unabhängigkeit, sondern auch Kroatien. Hier gab es aber Landesteile, in denen die serbische Bevölkerung die Mehrheit stellte, wie zum Beispiel in der Krajina. Nach dem Motto «Warum soll ich in deinem Staat eine Minderheit sein, wenn du in meinem Staat eine Minderheit sein kannst?» versuchten serbische Milizen, unterstützt von der Bundesarmee, die «Republik Serbische Krajina» auszurufen. Die wollte aber in der EU niemand anerkennen.

Damit man in den neugeschaffenen Staaten keine Rücksicht auf große Minderheiten nehmen musste, begannen die Vertreibungen der Bevölkerung ganzer Dörfer und Landstriche, bei denen zahllose Gräueltaten verübt wurden und es Tausende von Toten gab – auf beiden Seiten.

Mit Franjo Tudjman hatten die Kroaten einen skrupellosen Typen zum Präsidenten gewählt, der in seiner Brutalität, was die Verbrechen an Serben betraf, dem serbischen Staatschef Slobodan Milosević in seinem Umgang mit Kroaten in nichts nachstand. Sogar in einer Anklageschrift des Internationalen Gerichtshofs gegen den kroatischen General Gotovina wird Tudjman als Teil einer kriminellen Vereinigung bezeichnet. Insofern wäre es jederzeit möglich gewesen, dass Tudjman das gleiche Schicksal ereilt wie Milosević oder den Kriegsverbrecher Karadzić und er von einem Rollkommando der eigenen Justiz nach

Den Haag ausgeliefert wird. Doch die Kroaten verehrten ihn als den Präsidenten, der ihnen die Unabhängigkeit brachte.

Mal gewannen die Serben im Kampf um das ehemals serbisch-kroatische Gebiet die Oberhand und vertrieben die kroatischen Einwohner aus ihren Häusern, dann eroberte die neugegründete kroatische Armee das Land zurück und vertrieb serbische Familien aus ihrer Heimat. Am Ende dieses Krieges war der serbische Bevölkerungsanteil in diesen Gebieten von 12 % auf nur 3 % gesunken – freiwillig sind sie nicht gegangen. Trotzdem ist die Wahrnehmung gerade in Deutschland damals wie heute, dass die Kroaten die «Guten» und die Serben «die Bösen» sind. Das stimmt nicht.

Erst langsam wächst Gras über das Drama. Nach dem Tod Tudjmans musste das Land mühsam zur Demokratie finden, es hatte sie zwar auch vorher faktisch schon gegeben, aber der autokratische Führungsstil Tudjmans musste erst überwunden werden. Er hatte auf alles Einfluss genommen, konnte sogar bestimmen, wer in der Fußballnationalmannschaft spielen durfte und wer nicht. Das Land war nach seinem Tod von Korruption geschwächt und politisch gelähmt. Heute profitiert Kroatien von seiner endlosen Küste, die zwar nur wenige Strände zu bieten hat, aber trotzdem Touristen anlockt, nicht zuletzt durch Dubrovnik und Rovinj und andere alte Städte, die auf Halbinseln der Küste vorgelagert sind und unvergleichlich schön dazu. Auch zum offiziellen Beitrittskandidaten der EU hat es Kroatien geschafft, einen Aufnahmetermin gibt es indes noch nicht.

Fassen wir noch einmal zusammen: Es gab Slowenen, die Glück hatten, schnell und mit wenigen Opfern zur Unabhängigkeit zu gelangen. Es gab Kroaten, die das auch probierten, und es gab Serben, die Jugoslawien nach ihren Vorstellungen erhalten wollten. Und jetzt nähern wir uns der nächsten Stufe eines der kompliziertesten Konflikte in Europa. Willkommen in:

BOSNIEN-HERZEGOWINA
DER SARAJEWO-BLUES

Ein einiges Europa wäre das Ende der Kriege, und es wird kommen, aber wann?

Ernst Ludwig Kirchner, 30. Dezember 1924

Bevor wir uns jetzt in noch mehr Volksgruppen verstricken, eine Vereinfachung vorab: Bosnier und Herzegowiner sind keine Ethnien, sondern die Bewohner eben Bosniens oder Herzegowinas. Die beiden Bezeichnungen sind in etwa so genau wie der Begriff «Süddeutsche». So wie Süddeutsche Schwaben, Franken oder Bayern sein können, sind Bosnier – und jetzt kommt's – entweder bosnische Serben, bosnische Kroaten oder bosnische Muslime, auch Bosniaken genannt. Sie alle wohnen in Herzegowina. Wie? Sie haben schon wieder den Überblick verloren? Halb so schlimm, selbst den Beteiligten des Dramas ging es zwischenzeitlich so.

Der kroatische Unabhängigkeitskrieg griff schnell auf das Gebiet von Bosnien und Herzegowina über, denn Serben wie Kroaten waren jeweils der Meinung: «Der größte Teil gehört uns!» Zunächst kämpften die bosnischen Muslime auf der Seite der Kroaten gegen die Serben, doch schon bald auch gegen die Kroaten. Alle zwei Wochen rief irgendjemand irgendeinen neuen Staat aus. Zunächst die Serben die *Republik Srpska* – bei deren eiliger Schaffung meiner Meinung nach mindestens zwei Vokale erschossen worden sind –, dann die Kroaten die *Republik Herceg-Bosna*, danach der bosnische Muslim Fikret Abdić die *Autonome Provinz Westbosnien*, die nur die Stadt Bihać umfasste.

Bei diesem Kampf jeder gegen jeden erlangte die Stadt Sarajewo traurige Berühmtheit: Durch ihre Mitte verlief die Front zwischen Serben und Kroaten, die Grenze beider Einflussgebiete. Sie musste die längste Belagerung aushalten, die es je in einer Stadt im 20. Jahrhundert gegeben hat, fast vier Jahre lang feuerten Serben in den kroatischen Teil und umgekehrt. Die Bilder der Toten und Verletzten auf den Straßen und die der schlichten Hochhäuser aus den siebziger Jahren, in denen große Löcher klafften, die mal brannten, mal in sich zusammensackten, wurden in den deutschen Nachrichten oft gezeigt und zum Symbol für das zerstörte Sarajewo.

Es war besonders armselig, dass die europäische Diplomatie nicht in der Lage war, den Konflikt zu entschärfen. Im Gegenteil, die frühe Anerkennung von Slowenien und Kroatien durch Deutschland und andere EU-Mitgliedstaaten hat das Feuer erst richtig angefacht. Die damals fünfzehn Mitglieder hatten fünfzehn unterschiedliche Meinungen zum Balkankonflikt, es gab keine gemeinsame Strategie, keine gemeinsame Armee und keinen gemeinsamen Außenminister.

Sarajewo ist von der deutschen, französischen oder auch italienischen Grenze nur ein paar Autostunden entfernt. Mitten bei uns in Europa, in der Nachbarschaft, direkt hinter dem eigenen Grundstück, brannte es lichterloh, und man war nicht in der Lage, etwas zu tun.

Der Friedensvertrag zwischen Kroatien, Serbien und Bosnien-Herzegowina wurde 1995 im weitentfernten Dayton im Bundesstaat Ohio in Amerika unterzeichnet. Der damalige US-Präsident Bill Clinton als Vertreter der Supermacht USA konnte den nötigen Druck auf die Kontrahenten ausüben und zwang die Streithähne zu Verhandlungen. Nach einer über zweiwöchigen Klausur, während deren sie keinen Kontakt mit der Heimat haben durften, konnten sich die Beteiligten schließlich einigen. Wie schwer es ihnen fiel, spiegeln auch die Fotos wider, die die Weltöffentlichkeit von der feierlichen Unterzeichnung des Friedensvertrages zu sehen bekamen. Wie zwei zerstrittene Schuljungen, die von den Lehrern gezwungen werden, sich die Hände zu reichen, sitzen Serbenpräsident Slobodan Milosević und Kroatenpräsident Franjo Tudjman am Tisch und unterschreiben zusammen mit dem bosniakischen Präsidenten Izetbegović das Schriftstück. Hinter ihnen stehen in einer Reihe Bill Clinton, Helmut Kohl, Jacques Chirac und John Major mit finsterer Miene, scheinen bereit, die Kriegsherren zur Unterschrift zu zwingen, notfalls ihre Hand zu packen und den Stift aufs Papier zu drücken.

Bosnien-Herzegowina ließ sich einfach nicht auseinanderdividieren, und so ist eine Föderation mit einem serbischen und einem kroatisch-bosniakischen Teil entstanden. Sarajewo wurde die Hauptstadt. Nach dem Frieden von Dayton war dort jeder dritte Mensch ein Flüchtling, aber das Land konnte endlich wieder versuchen, auf die Beine zu kommen. Nur wie? Mit Tourismus? Absurderweise hat die Föderation Bosnien und Herzegowina nur knapp über 20 Kilometer Adriaküste abbekommen, die Kroaten dafür fast 1500 Kilometer, es dürfte also etwas eng werden am Strand. Immerhin konnte man die Scherben des Bürgerkriegs zusammenfegen.

Bis heute ist der Staat ein instabiles Gebilde, ohne nationale oder irgendeine andere Identität, die so was wie ein Staatszugehörigkeitsgefühl auslösen könnte. Die Wirtschaft liegt am Boden und eine Mitgliedschaft in der EU in ferner Zukunft, nicht zuletzt weil die Gemeinschaft im Moment einen Erweiterungskater hat. Für weitere Familienmitglieder findet sich im Moment kein Zimmer.

MONTENEGRO
VOM NATIONALPARK ZUM NATIONALSTAAT

Einen Menschen töten heißt nicht, eine Lehre zu verteidigen, sondern einen Menschen töten.

Sebastian Castellio

Als Tim und ich von Dubrovnik hinauf zur Taraschlucht fuhren, teilten sich noch all die genannten Volksgruppen einen Bus, man war verheiratet, verschwägert, und davon, dass manche spätere Frontlinie direkt durch die Familien lief, war nichts zu spüren.

Wir hatten Glück und einen Fahrer der Kategorie «Kapitän» erwischt. Die Taraschlucht mit ihrem reißenden Fluss liegt etwa 80 Kilometer von der Adriaküste entfernt. Wir stiegen an der Haltestelle aus, die an der Brücke über die Drina liegt. Hier war zwar kein Dorf, nur ein paar Häuser, aber wir hatten die Rucksäcke mit Zitronenwaffeln für eine ganze Woche und etwas Nudeln beladen. Auf den Pfaden hinauf Richtung Durmitorgebirge fluchten wir in der Hitze über unsere Dummheit. Warum waren wir nicht in den Cafés Dubrovniks geblieben, im Schatten der dicken Stadtmauern? Aber nur durch diesen Marsch in die entferntesten Winkel des Landes konnten wir die Gastfreundlichkeit von Montenegrinern kennenlernen, die einem geradezu den Atem verschlägt.

Auf dem Hochplateau, wenige Kilometer vor der Schlucht entfernt, winkte uns ein Hirte heran und bestand darauf, uns sein Haus zu zeigen. Der lehmige Boden rund um die weißen Steinwände war hart wie Pflaster, eine schmutzige Ziege begrüßte uns meckernd, und die vier Kinder, die vor dem Haus spielten, liefen sofort hinein, als sie uns erblickten.

Wenige Minuten später wurden wir aufs köstlichste bewirtet, es gab eine Reispfanne mit Fleischeinlage, Schafskäse, Tomaten und schwarzen Tee, alles wurde nach und nach von der Frau des Hirten herangeschafft. Wir waren beschämt. Auch zur Übernachtung lud er uns ein. Es war nicht möglich, diese Einladung auszuschlagen, ohne den Gastgeber zu beleidigen, und so schliefen Tim und ich jeder in einem Federbett eines Häuschens, das nur zwei Räume hatte.

Am nächsten Tag überlegten wir, wo wohl der Gastgeber, seine Frau und die vier Kinder übernachtet haben mochten. Auf der Veranda? Im Garten? Jedenfalls nicht in ihren Betten, denn über ein Gästezimmer verfügten die armen Bauern natürlich nicht, sie hatten für uns ihr Schlafzimmer geräumt. Ich fragte mich, ob ich als Deutscher, nur weil eine Familie aus Montenegro schwer bepackt an meinem Haus vorbeikommt, diese bekochen, in meinem Bett schlafen lassen und selber eine Nacht im Garten verbringen würde.

Und diese Gastfreundschaft war kein Einzelfall. Bei unserem Aufstieg auf den *Bobotov Kuk*, den höchsten Gipfel des dinarischen Gebirges, erwachte ich eines Morgens, weil Tim mich unsanft weckte. «Da stehen Männer vorm Zelt!», flüsterte er aufgeregt. Durch den geöffneten Reisverschluss sah ich zwei große Männer und einen Jungen, sie standen fünfzig Meter vor dem Zelt und fixierten uns. Es schien brenzlig zu werden, hier war Campen wohl illegal, schließlich befanden wir uns in einem Nationalpark, der auch damals schon zum Weltnaturerbe gehörte. Andererseits sahen die drei nicht wie Ranger aus, eher wie Kriminelle; düstere Typen, die wohl überlegten, ob sie uns erst lynchen und dann ausrauben sollten oder umgekehrt. Wir zogen uns im Liegen an, gingen dann mit einer Wir-wollten-sowieso-gerade-gehen-Miene auf die Gruppe zu und versuchten, möglichst freundlich dreinzublicken. Sie lächelten uns an, überreichten uns ein Paket mit Fladenbrot, Ziegenkäse und hartgekochten Eiern. Ihr Sohn hatte uns beim Herumstromern entdeckt, erklärte er mir mit Zeichensprache und Worten, die ich nicht verstand, aber trotzdem nach jedem aufmunternd nickte, und da hätten sie uns was zu essen bringen wollen. Und als sei das nicht schon der Höflichkeit genug, hätten sie – als sie merkten, dass wir noch schliefen – abgewartet, bis wir aufwachten.

Auch sie wurden später gefragt, ob sie sich lieber aus Jugoslawien herauslösen wollten. Kurz nachdem die Referenden in Slowenien und Kroatien das große «Wir für uns!» erbracht hatten, entschieden sich die Montenegriner erstaunlicherweise für einen Verbleib im Verbund mit Serbien. Erst 2006 fand sich eine hauchdünne Mehrheit für die Selbständigkeit. Bis dahin war Serbiens Image auf den Nullpunkt gesunken, es war geschwächt, die Symbolfigur für das Böse, Slobodan Milosević, zwei Monate zuvor in der Haft in Den Haag gestorben. Da konnten sich die Montenegriner ohne große Gefahr aus dem Staub machen. Ob das für ein Miniland mit einer Bevölkerung von gerade mal 620 000 Einwohnern wirklich klug war, bleibt die Frage. Montenegro hat keine Industrie, keine Dienstleister, die das Bruttosozialprodukt beflügeln könnten, es ist wenig mehr als ein Nationalpark, der zum Nationalstaat wurde. Noch hat sich nicht herumgesprochen, dass ein Kaff namens Podgorica die Hauptstadt eines europäischen Landes ist. Schreiben Sie es auf, falls Sie mal an eine Fünfzig-Euro-Frage geraten sollten.

Längst kooperieren die ehemaligen Feinde auf dem Balkan wieder miteinander – wohin soll man denn auch Waren exportieren und woher welche beziehen, wenn nicht zuerst zu und von seinen direkten Nachbarn? Dabei wurde Montenegro zur Drehscheibe des europäischen Zigarettenschmuggels. Die Schattenwirtschaft ist die einzige, die existiert.

Für Tim und mich stand damals die sagenhafte Natur im Vordergrund, während wir durch Montenegro reisten. Wir waren ganz verzaubert, als wir an die Kante der Taraschlucht traten, bis zu eintausend Meter fällt das Ufer senkrecht ab, ein schwindelerregender Blick ins Bodenlose, dann fanden wir einen Bachlauf und einen Pfad, stiegen hinunter, rutschten, fluchten und versuchten, Halt zu finden. Doch die

Mühe lohnte sich, eben noch im grünen Dickicht der Baumkronen verschwunden, tauchte die Tara hinter den Bäumen wieder auf. Wir waren überwältigt, als wir die Rucksäcke in das Kiesbett des Ufers fallen ließen und uns ins Wasser stürzten. Ein heller blauer Strom schoss dahin, schäumte von den Wänden wider, hielt aber auch Becken mit eiskaltem Wasser zur Erfrischung bereit. Wir konnten bis auf den Grund sehen, sechs Meter, sieben Meter. Nun waren wir sicher: So musste er aussehen, der letzte Trinkwasserfluss Europas. Die Gegend ist nicht umsonst zum Weltnaturerbe erklärt worden, aber wer weiß das schon? Und wer fährt schon hierhin?

Bevor Sie überlegen, nach Kanada zu fliegen, schauen Sie lieber hier vorbei. Es ist nicht weit, kein Ranger nervt, Touristen kann man an einer Hand abzählen und – es ist einfach unvergleichlich schön.

SERBIEN
DAS LETZTE KAPITEL JUGOSLAWIENS

Jugoslawien ist eine multinationale Gemeinschaft, und es kann nur unter den Bedingungen der vollen Gleichheit für alle Nationen überleben, die in ihr leben.

Slobodan Milosević

Wären Tim und ich die Strecke von Ivangrad nach Skopje heute gefahren, hätten wir uns wahrscheinlich wie Weltreisende gefühlt, denn die dreistündige Busfahrt führt durch vier Staaten. Aus dem ehemaligen Jugoslawien sind bis heute sieben Länder hervorgegangen. Der Vielvölkerstaat war zuletzt wie ein Einkaufsnetz voller Tomaten, das auf dem Weg in den zweiten Stock Europas gerissen ist. Bis heute kugelt einiges hin und her. Grund waren und sind – wie ein findiger Beobachter aufschrieb – die zentrifugalen Kräfte auf dem Balkan. Genau wie in einer Zentrifuge mag sich das Leben in den letzten fünfzehn Jahren angefühlt haben, alles drängte nach außen, weg vom Kern, weg von Belgrad.

Im Nachhinein mag es für die EU gar nicht so klug gewesen sein, die Separation jeder Ethnie gefördert zu haben. So machten sich erst drei und inzwischen sieben neue Balkanstaaten auf den Weg in die EU, baten um Mitgliedschaft – und das in einem Stadium, in dem die Mehrheit der Bevölkerung der bisherigen EU-Länder keine Lust auf Erweiterungen hat. Assoziationsabkommen, Angleichung der Gesetze, das wäre in einem demokratischen Jugoslawien ein Abwasch gewesen.

Oft scheint es im Nachhinein, als habe etwas nicht anders laufen können, als es abgelaufen ist. Was den Balkan in den letzten beiden

Dekaden betrifft, bin ich der Meinung: Schlechter hätte es nicht laufen können.

Wir waren auf dem Weg nach Skopje, da von dort ein Zug ins griechische Thessaloniki fuhr, einmal am Tag gab es diese Direktverbindung um 7.55 Uhr. Ein hartnäckiges Regengebiet hatte uns die Lust am Draußensein vermiest. Also wieder ein paar Stunden in einem Bus, in dem die Toilette kaputt war, aber der Fahrer versprach, Pausen zu machen. Ich regte mich darüber auf, dass jeder faule Busfahrer sich die Frechheit herausnahm, das Klo verschlossen zu halten, aber Tim erzählte mir von einem skurrilen Unfall bei Belgrad, bei dem angeblich ein Bus gekippt und auf dem Dach langsam eine Böschung runtergerutscht sein soll. Dabei hätten alle Insassen überlebt, außer einem Mann, der sich zuvor auf der Chemietoilette befunden hatte, die, als sich der Bus aufs Dach drehte ... – ach, ich bin ganz sicher, dass diese Geschichte nur Tims anarchischer Phantasie entsprungen ist.

Gleich nach der Abfahrt fuhren wir durch Serbien. Hier verschwand später, am 5. Juni 2006, Jugoslawien offiziell von der Landkarte, als endlich auch Serbien seine Unabhängigkeit erklärte. Nachdem selbst Montenegro, mit dem es den letzten Staatenbund mit der Bezeichnung «Bundesrepublik Jugoslawien» gegeben hatte, seine Selbständigkeit vorzog, stand es schließlich alleine da und konnte nicht anders.

Das Image Serbiens ist heute im Keller, auch wenn die Ära von Ex-Präsident Slobodan Milosević, dem die Verantwortung für viele Vertreibungen und Kriegsverbrechen angelastet wird, längst vorbei ist. Zuletzt wurde er vom neuen serbischen Ministerpräsidenten Zoran Dindić an das Den Haager Kriegsverbrechertribunal ausgeliefert, was Dindić mit seinem Leben bezahlte, als militante Anhänger Milosevićs den Politiker auf offener Straße ermordeten. In Den Haag musste der Prozess immer wieder vertagt werden, da der Angeklagte unter Diabetes litt. Bevor das Urteil gesprochen werden konnte, verstarb er.

Heute sucht Serbien den Weg zurück in die Normalität. So fand der Eurovision Song Contest – der gute alte Grand Prix de la Chanson – in Belgrad statt. Dieser Umstand ist aber keine integrative Maßnahme der Veranstalter, sondern ein Glücksfall. Die Regeln sehen vor, dass in der Heimat der Gewinner der nächste Grand Prix stattfindet, und dies haben die Serben ihrer erfolgreichen Sängerin Marija Šerifović zu verdanken, die im Jahr zuvor den Titel in Helsinki holte. Auch Teilnehmer aus den verfeindeten neuen Republiken traten auf, so der lockere Rentner Kraljevi Ulice und seine Band «75 Cents» aus Kroatien.

Vielleicht kam die Show, die auf kultureller Ebene ja die Völker Europas immerhin vor dem Fernsehen zusammenbringt, aber auch ein paar Jahre zu früh für Belgrad. «Das ganze zivilisierte Belgrad ist depressiv», sagte eine Demonstrantin vor dem Rathaus, die mit anderen verhindern wollte, dass ein Rechtsextremer Bürgermeister wird.

Der Grand Prix lenkte von dieser Depression ein wenig ab, allerdings zeigte sich wie überall in Osteuropa, dass es mit einer liberalen Grundstimmung noch nicht so weit her ist: Boris Milicević, Ikone der örtlichen Schwulenbewegung, warnte anlässlich des Grand Prix mit seinen schrillen Partys: «Serbien ist kein gutes Pflaster für Schwule.»

Viele Serben sind sauer, da nun auch der Kosovo mit dem Segen der EU aus dem Staat herausgelöst wurde. Jetzt muss die serbische Minderheit in ihren Dörfern und Dorfteilen von KFOR-Truppen der Vereinten Nationen geschützt werden. Vor diesem Hintergrund mehren sich die Stimmen aus Belgrad, man habe im Moment überhaupt keine Lust auf Europa. Serbien hat sich noch nicht selbst gefunden, es ist noch nicht in einer Normalität angekommen, zu tief sind die Wunden.

Wer heute auf dem berühmten *Autoput* in den Südosten fährt, wird in Kroatien keine Hinweisschilder auf Belgrad finden, dabei ist es die einzige Millionenstadt, die man schon wenige Kilometer nach der Grenze erreicht. Warum sollte man in Kroatien auf Städte in Serbien hinweisen? Das wäre ja noch schöner. Der *Autoput* ist die legendäre

Transitstrecke von Mittel- nach Südosteuropa. Über tausend Kilometer führt sie von Ljubljana bis nach Skopje, war Route für alle, die nach Griechenland oder in die Türkei wollten. Tito ließ sie «Straße der Brüderlichkeit und Einheit» nennen, führte sie doch durch vier Teilrepubliken Jugoslawiens. Deswegen steht man heute auch viermal im Stau an Grenzen, die früher nicht da waren. Wenigstens zwingt einen das, Pausen einzulegen, denn die als gefährlichste Straße Europas verschriene Piste ist größtenteils schnurgerade. Türkische Migranten der ersten Generation, die in Deutschland arbeiteten, zerlegten hier ihre Ford Transit, bulgarische LKW-Fahrer rasten in Stau-Enden hinein, wie jener, den die Polizei verletzt und mit heruntergelassenen Hosen hinter dem Steuer vorfand, umgeben von zahlreichen Pornoheften. Der Fahrer hatte keine Zeit gehabt zu rasten und deshalb versucht, während der Fahrt ... – aber das ist zu abgründig, um es zu beschreiben. Immer wieder gab es schwere Unfälle, auch weil Schweine, Esel und Pferde zwischen die Autos liefen.

In Deutschland starben parallel zu den Konflikten auf dem Balkan all die jugoslawischen Restaurants aus. Stellten sich Deutsche in den siebziger und achtziger Jahren die Frage «Wo wollen wir heute essen gehen?», kam neben dem Griechen und Italiener auch immer «zum Jugoslawen» als Vorschlag. Mostar, Dubrovnik oder Split hießen die zahlreichen Restaurants. Kaum waren die Bürgerkriege ausgebrochen, besannen sich die Wirte auf ihre ethnische Herkunft. Poster von Jugoslawien wurden, je nachdem, durch serbische oder kroatische Motive ausgetauscht.

Doch stand der Abend beim Jugoslawen früher für die Stimmung des letzten Urlaubs an der Adria, assoziierten die Gäste mit Serben oder Kroaten nur Bilder vom Bürgerkrieg. Schnell gingen sie ein.

Heute ist Serbien in einer Phase, in der es sich die Augen reibt, den Staub aus den Hosen schlägt und noch einen Ruck benötigt, um wieder aufzustehen. In einer globalisierten Welt ist es absurd, gerade mit dem direkten Nachbarn nichts zu tun haben zu wollen. Hoffungsfroh stimmte mich, dass ausgerechnet die Bevölkerung von Serbiens ehemaligem Bürgerkriegsgegner Kroatien dem serbischen Lied mit 10 Punkten beim Eurovision Song Contest fast die Höchstzahl zusprach. Aus Bosnien-Herzegowina kamen sogar tatsächlich 12 Punkte.

Entweder sang Marija Šerifović so magisch schön, dass alle alles, was geschehen war, vergaßen – oder die Menschen können durchaus verzeihen.

KOSOVO
EINE STATUSFRAGE

Für die UCK kämpfen heißt, für die Menschenrechte und amerikanische Werte zu kämpfen.

Senator Joseph Liebermann

«Moment, wir haben ja noch nicht mal eine Fahne!», rief der kosovarische Vertreter Hashim Thaći im Februar 2008 in einem ungeheizten Sitzungssaal in Priština, denn die Staatsgründung der Republik Kosovo kam für viele etwas überstürzt. Der Diplomat Michael Steiner von der UNO, die diese Unabhängigkeit ermöglichte, rollte mit den Augen und klopfte mit den Fingern nervös auf der Verhandlungstischplatte. «Ein roter Untergrund und schwarze Adler sind tabu, kapiert?» – denn das waren schließlich Symbole der inzwischen geächteten UCK, der albanischen Befreiungsarmee, die für die Unabhängigkeit des Kosovo kämpfte und für zahlreiche Pogrome an serbischen Zivilisten verantwortlich gemacht wird. Außerdem sind rote Farbtöne und ein schwarzer Adler Symbole Albaniens, und eines war völlig klar: Der Kosovo oder das Kosovo oder einfach nur Kosovo (auch die Frage des Artikels konnte in der Eile nicht mehr geklärt werden) sollte politisch nicht in Richtung Albanien gerückt werden. Der serbische Beauftragte Boško Molkowić, der bisher nicht um seine Meinung gefragt worden war, saß zusammengesunken in seinem Stuhl und schmollte. Er war wie alle Serben vehement gegen die Unabhängigkeit des Kosovo und grummelte: «Ihr wollt ein Symbol für eure verfluchte Kosovoflagge haben? Wie wäre es mit einem brennenden Kloster?» Ein sarkastischer Hinweis auf die vielen Kirchen und Klöster, die albanische Milizen in Brand gesteckt hatten. Die Serben waren im Kosovo zwar in der Minderheit, stellten in dessen Norden aber wiederum die Mehrheit der Bevölkerung. Es war mal wieder kompliziert, wie alles auf dem Balkan. «Boško», zischten Hashim und Michael, «hat dich jemand gefragt?» Schließlich einigte man sich auf einen denkbar braven Entwurf mit den Umrissen der Provinz Kosovo und fünf Sternen, die an Europa erinnern.

Im Kosovo wiederholte sich ab 1997 das Prinzip jedes Bürgerkriegs. Zunächst strebten die Kosovo-Albaner nach Unabhängigkeit und begingen die ersten Terroraktionen gegen serbische Familien. Daraufhin versuchte Serbien alles, um den Nordkosovo unter Kontrolle zu bringen, heftige Menschenrechtsverletzungen inklusive. Nebenbei: Die Gebiete, über die wir reden, werden immer kleiner: Schon wenn Serben mit dem Panzer im dritten Gang in den Kosovo fuhren, waren sie schneller wieder draußen, als sie bremsen konnten. Gäbe es eine ICE-Verbindung von Belgrad in die albanische Hauptstadt Tirana, müsste man im Kosovo schon laut «Hier!» rufen, um das Land mit einem Blick aus dem Fenster zu erhaschen, die Schilder mit der Aufschrift «Autonome Republik Kosovo» wären genauso schnell verflogen wie die Bahnhofsschilder einer Nahverkehrsstation, an der jeder wichtige Zug vorbeirast.

Trotzdem wütete hier der Krieg noch einmal mit aller Gewalt, und die Nato bombardierte Serbien, das für massive Übergriffe und Vertreibungen von Kosovaren verantwortlich gemacht wurde, sich aber von den Bombardements zunächst wenig beeindruckt zeigte, im Gegenteil, das Schlimmste passierte nach der Bombardierung: Wie in jedem Krieg, in den eine Großmacht involviert ist, versprach die Nato chirurgische Angriffe. Aber wie der Zufall es will, stehen militärische Einrichtungen immer genau an der Kreuzung neben Schulen, Krankenhäusern und Kindergärten.

Die Nato-Bomben sorgten für viele Tote und viele Dramen. So hätten die zuständigen Befehlshaber sich zum Beispiel die Mühe machen können, den Fahrplan der regionalen Bahnstrecke nach Grdelica anzuschauen, bevor sie auf den roten Knopf drückten – dann wäre eine Nato-Rakete nicht gleichzeitig mit einem vollbesetzten Pendlerzug an der Brücke angekommen. Das Geschoss sendete mit einer an ihm installierten Kamera sogar Fernsehbilder, auf denen man sah, wie der Zug die Brücke erreichte – zu einem Zeitpunkt, als man weder diesen noch die Rakete stoppen konnte. So sah der Fernsehzuschauer in den Nachrichten die Bilder vom Zug auf der Brücke, der immer größer wurde, fast bis man in die Abteilfenster schauen konnte, dann wurde es schwarz. Es dauerte lange, bis Serbien dem Druck der Nato nachgab und sich militärisch aus dem Kosovo zurückzog.

Nun ist die neue Fahne genäht. Der Kosovo erklärte sich unabhängig, Serbien sieht ihn nach wie vor als autonome Provinz im eigenen Land. Deutschland und 45 andere Staaten erkannten den Kosovo an, viele aber auch nicht, unter anderem Russland. Was die Rolle der Serben betrifft, die im Westen als Grund allen Übels gesehen werden und in Slobodan Milosević als «Fratze des Bösen» ihre Verkörperung fanden, muss auch mal die Frage erlaubt sein, warum das Recht, unabhängig im eigenen Staat zu leben, allen gewährt wurde, nicht aber den Serben, die die Mehrheit in der Krajina stellten oder im Norden Bosniens und Herzegowinas oder auch im Norden des Kosovo.

Die Gleichung Serbien = böse wird nur von wenigen Linksintellektuellen angekratzt, wie dem österreichischen Dramatiker Peter Handke, der Milosević in der Den Haager Haft besuchte und später als Trauerredner auf seiner Beerdigung auftrat. Er forderte eine differenziertere Betrachtung des ehemaligen Präsidenten und Kommunisten, an dessen Beteiligung an Kriegsverbrechen er zweifelt, und wies auf die Gräueltaten von Kroaten und Albanern hin. Zu Untaten der Serben nahm er keine Stellung. So machte es jede Seite, jede sieht nur, was sie sehen will.

Der Skandal, den Peter Handke mit dieser Rede auslöste, zeigt aber auch schön klar, wie die Hintergrundmusik der Geschichte, die aus längst vergangenen Zeiten hohl zu uns herüberschallt, die Positionen bestimmt. Slobodan Milosević war Kommunist, alle anderen Balkanpräsidenten Nationalisten, das machte ihn für Linke schon mal sympathisch. Für Konservative wurde er genau deswegen wiederum zur Hassfigur, dem Verfall seines Reiches sah man gerne zu und tat alles, damit dieser Verfall schneller voranschritt.

Die europäische Familie hat wie jede Familie noch einige Leichen im Keller. Lädt man unbedarft alle zu einer Feier ein, heißt es, Opa Alois aus Wien setzt sich aber keinesfalls mit Tante Aleksa aus Belgrad an einen Tisch. Warum, fragt man erstaunt, schließlich hat man schon viele Jahre nicht mehr zusammen Kuchen gegessen. Tja, da gab es mal so einen Streit vor 75 Jahren, seitdem herrscht dicke Luft. Versucht man, ein guter Gastgeber zu sein und alle zum gemeinschaftlichen Essen zu überreden, gerät man schnell in die Rolle einer Mutter, die einen enttäuschten Appell in die Runde ruft: «Kinder, kann es nicht einmal harmonisch sein!?»

Im Kosovo befindet man sich auf den billigen Plätzen des Balkans. Der Blick auf die Bühne Europas ist ohne Opernglas kaum zu erkennen, aber wer hat schon ein Opernglas? Der Kosovo ist vor allem arm. Verdienen die Slowenen mit durchschnittlich 16 000 Euro pro Jahr rund 80 % des EU-Durchschnitts, müssen schon die Kroaten mit der Hälfte auskommen. Dabei gelten sie mit ihrer florierenden Adriaküste noch als reich. Zu Recht, denn Serben verdienen wiederum halb so viel wie Kroaten. Und selbst das wäre schon eine Verdopplung des Einkommens für Mazedonier, Bosnier oder Montenegriner, die pro Jahr mit rund eintausend Euro über die Runden kommen müssen. Die Kosovo-Albaner haben im Schnitt wiederum nur 500 Euro im Jahr (!) zur Verfügung. Die Arbeitslosigkeit ist hoch, die Schattenwirtschaft blüht. Kein Wunder, dass die Elektrizitätswerke in Obilić die mangelnde Zahlungsmoral ihrer Kunden beklagen und deswegen die Provinz kurzerhand in drei Zonen unterteilt haben. In der Zone A mit Bewohnern, die regelmäßig ihre Rechnung bezahlen, liefert das Werk rund um die Uhr Strom, in Zone B, einer Region, in der die Rechnungen immer viel zu spät bezahlt werden, gibt es fünf Stunden Strom, dann eine Unterbrechung von einer Stunde. Mit nur zwei Stunden Strom, auf die immer vier Stunden Dunkelheit folgen, müssen sich die Gebiete begnügen, die ihre Rechnungen nur sporadisch oder nie bezahlen, Zone C.

Dafür sind deutsche Familienpolitiker vor allem von der kosovarischen Alterspyramide beeindruckt. Über die Hälfte der Einwohner ist unter 25 Jahre alt und nur 6% über 65. Das wären für Deutschland paradiesische Zustände. Misst man den Erfolg einer Familienpolitik nur an der Geburtenrate, ist diese im Kosovo wirklich vorbildlich.

Dennoch: Es bleibt viel zu tun, von stabilen Verhältnissen ist der Kosovo genauso weit entfernt wie von einer Mitgliedschaft in der EU.

MAZEDONIEN
STREIT UM EINE WORTMARKE

Divide et impera! Entzweie und herrsche!

Philipp II. von Mazedonien

An der Wand des Busbahnhofs von Skopje, heute Hauptstadt von Mazedonien, sahen Tim und ich zum letzten Mal die Skulptur mit der schematischen Darstellung aller jugoslawischen Städte, die durch Strahlen mit Belgrad verbunden waren. Wo mag sie heute sein? Wahrscheinlich abgerissen, von Separatisten. Vielleicht haben Romafamilien, die Metall sammelten, sie mitgenommen, als sie verbeult hinter dem letzten Bussteig in den Disteln lag. Heute wäre das Kunstwerk sicher eine Rarität für Jugoslawien-Nostalgiker, auch ich würde bei eBay mitbieten. Oder es hängt in einer Szenebar in Belgrad.

Alle Busbahnhöfe, die ich in Jugoslawien sah, waren grau und bröckelig, in Skopje war die ganze Stadt grau und bröckelig, musste sie doch nach einem Erdbeben 1963 neu aufgebaut werden, in einer Zeit, in der der sozialistische Architekturstil eher schmucklos war.

Von hier bis zur griechischen Grenze ist es nicht mehr weit. Mazedonien hat es sich bei seiner Unabhängigkeitserklärung 1991 jedoch gleich mit den Nachbarn verscherzt: Als wollte man gleich neue Tretminen für die Zukunft bereithalten, hielt man es für notwendig, das neue Land Makedonien zu nennen. Dummerweise gibt es eine gleichnamige Provinz Griechenlands gleich hinter der Grenze. Die Griechen hatten zunächst nichts gegen die Unabhängigkeit der Scholle rund um Skopje, sollte doch jeder nach seiner Fasson glücklich werden, dachte man sich in Athen. Erst die Namensgebung schreckte die Griechen auf.

Auch in der neuen Minirepublik war man zunächst auf Krawall gebürstet, hat sich aber inzwischen mit Griechenland verständigt. Der Kompromiss baut auf den großen Unterschied, den manchmal schon ein einzelner Buchstabe machen kann: Makedonien wurde international als Mazedonien anerkannt, daheim in den Kneipen Skopjes sagt man aber weiterhin Makedonien – *ätschebätsch!* Unter sich sind die Mazedonier, trotz Abspaltung, aber nicht, ein Viertel der Einwohner sind Albaner, die UCK war deshalb auch schon da und hat ein bisschen rumgeballert, um zu zeigen, mit wem man hier noch rechnen muss. Immerhin ist Mazedonien jetzt schon offizieller EU-Beitrittskandidat und spielt damit in der Liga von Kroatien. Allerdings liegt man entwicklungstechnisch am falschen Ende Ex-Jugoslawiens. Ähnlich wie Montenegro könnte das Land nur die Nationalparkkarte ausspielen, es ist umgeben von schroffer Ursprünglichkeit. Aber welcher Tourist traut sich in Länder mit einer labilen Sicherheitslage? Ein Rentnerpaar aus Bayern, das hier mit dem Hymer-Wohnmobil auflaufen sollte, täte gut daran, nachts einen Campingplatz aufzusuchen.

Tim und ich fuhren lieber Bahn, kehrten dem Balkan den Rücken und streckten uns auf den schäbigen Sitzen des Fernzuges aus, der nach Osten, der Nacht, entgegenfuhr. Es waren damals die letzten, trügerisch ruhigen Monate Jugoslawiens.

Die Frage bleibt, ob mit diesen sieben neuen Staaten die Zellteilung auf dem Balkan beendet ist. Wussten Sie zum Beispiel, dass es nur wenige Kilometer neben Slowenien auch Slawonien gibt? Kein Scherz. Es ist eine Provinz in Kroatien. Wann wollen die restlichen Volksgruppen ihren eigenen Staat? Wann die Goranen, wann die Walachen, wann die Vukovanier? Ich plane schon, alle sechs Monate an dieser Stelle zusätzliche Kapitel einzufügen, vielleicht reichen eingelegte Blätter, wenn die Länder weiterhin immer kleiner werden. Entzweie und herrsche, dieses Motto von Philipp II., dem antiken König von Makedonien, bringt immer noch neue kleine Herrscher hervor. Klar ist es schöner, der König oder Präsident eines Zwergstaates zu sein als nur Angestellter in einem größeren Staat. Für die Menschen ist die immer weiter reichende Separierung allerdings nicht gut. Auf dem Balkan gibt es jetzt wieder so viele Grenzen wie im Mittelalter. Alle paar Kilometer muss man Zöllner bestechen.

Vielleicht setzt sich bei den Rädelsführern und Aufrührern mit der Zeit aber auch die Erkenntnis durch, dass sich ein eigener Staat nicht lohnt, wenn man der einzige Einwohner ist.

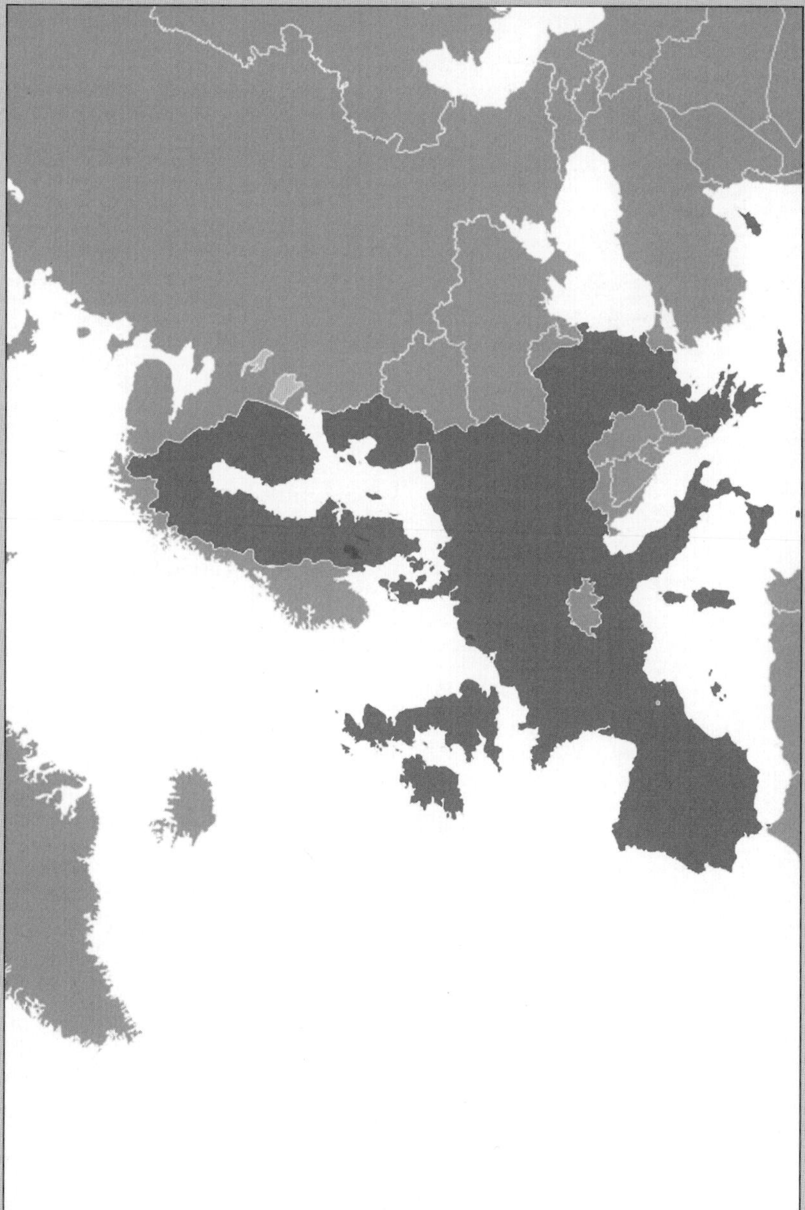

39
SCHNOY

AM ENDE ZÄHLT EUROPA

Die Einheit Europas war ein Traum weniger.
Sie wurde eine Hoffnung für viele.
Sie ist heute eine Notwendigkeit für alle.

Konrad Adenauer

Ein Blick in die Teilnehmerliste des letzten Eurovision Song Contest zeigt deutlich, wie die EU von übermorgen aussehen könnte. Schon heute sind dort Länder wie Albanien, Moldawien, Georgien oder Aserbaidschan vertreten. Dabei ist es sehr ermutigend, dass sich die zahlreichen neuen Bonsai-Staaten auf dem Balkan, trotz allem, was im Bürgerkrieg passiert ist, immer noch mögen – geben sie doch ihren Nachbarländern stets gute Wertungen. Gerade deutsche Journalisten monieren die hohen Punktzahlen, die sich Staaten mit gemeinsamer Grenze zuschieben, dabei sind gerade wir ein Beispiel dafür, dass dies nicht automatisch so sein muss. Immer wieder heißt es: «Allemagne: un point.» Sind wir wirklich so unausstehlich? Zuletzt hatte Deutschland beim Grand Prix 1942 eine echte Chance, als es mit Dänemark, Norwegen, Belgien, Holland, Österreich, Tschechien und Polen fast alle Nachbarn besetzt hatte. Seitdem geben sie uns nur spärlich Punkte, es sei denn, der deutsche Beitrag enthält ein ausdrückliches Friedensversprechen wie 1982 bei der zarten Nicole.

Flops prägen sich in der Geschichte eben immer mehr ein als Hits. Wissen Sie, wie das berühmteste Schiff der Cunard Line hieß? Genau: Titanic. Und welcher ist wohl der bekannteste Turm in Italien? Stimmt auch: der missratene in Pisa, der jeden Moment umzukippen droht. So ergeht es auch den Deutschen. Sie haben für Europa zwar viel getan, sie haben Europa aber auch viel angetan.

Wer die Geschichte etwas weiter zurückspult, sieht allerdings, dass die Deutschen durchaus Erfahrungen damit haben, wie man aus einem Puzzle ein Ganzes zusammenfügt. Aus völlig unterschiedlichen und ausgesprochen selbstbewussten Herzogtümern, Großherzogtümern und Königreichen haben sie durch Diplomatie einst eine Nation geformt, fast ohne Eroberungskriege, nur mit Verhandlungen am Tisch. Sie haben eine Menge Erfahrungen gesammelt, wie man am besten auf Leute einredet, sie unter den Tisch trinkt und zu einer Unterschrift bewegt. Früh eigneten sie sich geschickte Verhandlungsmethoden an, lernten, wie man mit einer Mischung aus Belohnungssystemen, sanftem Druck und höflicher Erpressung einen Konsens finden kann. Bis heute funktioniert die europäische Einigung nach dem gleichen mühseligen Muster, mit dem die Deutschen einst ihr Land zusammenklöppelten. Es versteht sich von selbst, dass im Europa der 27 der gemeinsame Nenner kleiner ist als in einem Europa der 15. Trotzdem wäre es ein Fehler gewesen, die Osterweiterung zu verschieben. Tschechien, die Slowakei, Polen, Ungarn und die baltischen Republiken hatten es geschafft, ihre Unabhängigkeit von Russland zurückzuerobern. Hätte die EU ihr Klopfen an der Familientür in Brüssel nicht zum Anlass genommen, die Tür auch zu öffnen, sondern sie davor stehen zu lassen, hätte dies ihre Position gegenüber Russland geschwächt, das inzwischen seinen Einflussbereich wieder ausbauen will.

Doch wo endet Europa überhaupt? Geographen verorten das östliche Ende im Uralgebirge. Das ist selbst für Moskauer eine Reise in den Osten.

Aber es ist überhaupt nicht so, dass alle Länder am Rande Europas in die EU wollen. Das kleine arme Moldawien, zwischen Rumänien und der Ukraine gelegen, findet Moskau zum Beispiel interessanter als Brüssel. In der Ukraine selbst ist zwar rund die Hälfte der Menschen für einen Weg in die EU, die andere Hälfte bevorzugt allerdings eine engere Kooperation mit Moskau. Kommen die Europabefürworter in Kiew an die Macht, drosselt Moskau im Winter schon mal gerne den Gasdruck aller Pipelines, die in die Ukraine führen, um ein typisch russisches Argument für eine engere Zusammenarbeit in die Waagschale zu werfen. Und Alexander Lukaschenko, autokratischer Präsident der Republik Weißrussland, war schon immer für eine enge Kooperation mit Russland und würde am liebsten die Sowjetunion wiederauferstehen lassen, natürlich nur mit Ländern, die freiwillig mitmachen. Lukaschenko gilt als letzter Diktator Europas: Er schaltete die Opposition aus, untersagte regierungskritische Berichterstattung und hat mehrfach die Verfassung ändern lassen, um im Amt bleiben zu können. Das könnte man eigentlich auch über den ehemaligen russischen Präsidenten und jetzigen Ministerpräsidenten Vladimir Putin sagen, doch ein Einreiseverbot in EU-Länder gab es nur für Lukaschenko. Russland gehört zwar bis zum Ural geographisch noch zu Europa, bildet aber politisch das ganz andere Machtzentrum auf dem Globus.

Während ich dieses Buch schreibe, leben die Antipathien zwischen Ost und West in Europa wieder auf. Polen und Tschechien lassen sich ein amerikanisches Raketenabwehrsystem installieren, angeblich um gegen Angriffe aus Nordkorea oder dem Iran gewappnet zu sein. Diese unsinnige Begründung wird in deutschen Medien kaum hinterfragt. Als wenn ausgerechnet Polen und Tschechen sich besonders aus Pjöngjang und Teheran bedroht fühlen müssten. Viel eher geht es darum, mit dieser Maßnahme Russland zu schwächen, das sich schon früher beschwert hatte, die Grenze der Nato käme immer näher an den eigenen Küchentisch. Zum Beispiel mit der Türkei, die auch in die EU möchte. Angela Merkel bot ihr statt einer vollwertigen Mitgliedschaft eine «privilegierte Partnerschaft» an. Partner, die sich trennen wollen, kennen diesen Zustand in Form des resignierten Spruchs «Lass uns Freunde bleiben», wenn man das letzte Mal hinter sich die Tür schließt.

Das Thema «Türkei in der EU» ist in Deutschland nicht mehrheitsfähig. Diese höfliche Formulierung benutzt man, wenn eine ignorante Mehrheit wenige Argumente, aber ein umso dumpferes Ablehnungsgefühl im Magen hat. Zwar ist die Türkei noch mindestens zwei Dekaden von einem verlässlichen Rechtsstaat entfernt, mit verlässlichen Rechten für Frauen, ethnischen Minderheiten, einer freien Presse, aber die Gründe, die an deutschen Stammtischen dagegen sprechen, der Türkei den Weg in die EU zu eröffnen, befinden sich auf dem Niveau «Das sind doch Moslems», «Dann kommen noch mehr her» oder «Och, nö!» Rein kulturell verbindet mich persönlich sehr viel mehr mit den Türken als mit den Bayern. Ich esse öfter Döner Kebab als Weißwürste, habe mehr türkische Nachbarn als bayrische, und wenn ich zwischen einem Konzert von «Tarkan» und den «Klostertalern» wählen müsste, überlegte ich nicht lange.

Fragte ich auf meinen Reisen durch Europa nach dem, was für Spanier, Rumänen, Italiener oder Litauer die Deutschen ausmache, so glichen sich die Antworten zwar, das Urteil fiel jedoch unterschiedlich aus. Das Gründliche und Ordentliche ist bei unseren westlichen Nachbarn Anlass, über die verkrampften Deutschen zu spotten. Die Menschen im ehemaligen Ostblock, die unter desolaten Zuständen litten, bewundern genau diese Zuverlässigkeit. «Wie kann ein Land nur so aufgeräumt sein?», fragt sich der Italiener mit einem gewissen Stirnrunzeln, der Bulgare mit Respekt. Dabei freut sich auch der toskanische Hausbesitzer, wenn Arbeiten von deutschen Firmen erledigt werden. Sie schrauben nichts schief an, können Arbeitsabläufe organisieren, streiken nie, und ihre Mittagspause dauert auf die Sekunde genau dreißig Minuten. Als zur WM 2006 über eine Million Fans aus dem Ausland in Deutschland feierten, fanden sie nur positive Worte. In den Stadien funktionierte jede Klospülung, nirgendwo lag Müll rum, aber das Beste – und wir Deutsche trauten unseren Ohren nicht – sei ja die Deutsche Bahn, so sauber, schnell und pünktlich. Wir waren beschämt.

Aber wir können noch viel von unseren europäischen Nachbarn lernen. Nachholbedarf haben wir Deutschen zum Beispiel, wenn ein Plan mal nicht funktioniert und sich Franzosen mit dem Savoir vivre helfen würden, dem Sinn fürs Improvisieren. Unsere Vorschriftsgläubigkeit birgt nämlich immer auch die Gefahr, dass wir Vorschriften über alles stellen. Deswegen empfehle ich Ihnen zur Übung und im Sinne einer europäischen Harmonisierung einen kleinen Regelverstoß pro Tag. Wenn Sie es wie Valérie schaffen, einen ganzen Tag in einem Strandkorb zu sitzen, ohne Miete und Kurtaxe entrichtet zu haben, sind Sie schon ein Meister. Aber fangen wir klein an. Sie haben Kinokarten gelöst? Platz sechs und sieben in Reihe zwei, das Kino ist aber mäßig besetzt, und in Ihrer Lieblingsreihe weiter hinten sind noch Plätze frei? Wagen Sie es! Und wenn doch jemand kommt und sich beschwert, reagieren Sie ganz österreichisch lässig: «Ge, was redts den doa? Setz di halt woanders hin!»

Wenn Sie morgen in Ihr deutsches Auto steigen – sofern Sie eines haben –, genießen Sie ruhig die gute Verarbeitung, die hochwertigen Armaturen, es ist Wertarbeit *Made in Germany*, es gibt nichts Besseres. Versuchen Sie im Verkehr ein bisschen italienisch zu hupen, nur aus Spaß, zum Grüßen, oder wenn Sie jemanden anflirten wollen, der oder die an der Ampel steht, hupen Sie (mehrmals kurz in unregelmäßigen Abständen), dann lächeln Sie und verschwinden, ist ja nur ein Flirt. Bringen Sie die Lust am Risiko zurück in Ihr Leben, kündigen Sie die Mitgliedschaft im ADAC und fahren Sie auf den Autoput! Kroaten und Serben werden Ihnen sicher helfen, je nachdem, wo sie liegenbleiben. Vergehen Sie sich an den Heiligtümern deutschen Gehorsams, schlendern Sie mal auf einen Altglascontainer zu, sehen Sie sich ruhig um und vergewissern Sie sich, ob auch Zuschauer da sind. Erst dann stecken Sie, auch wenn die Hand dabei zittert, eine grüne Flasche in das Loch für weiße. Und wenn Sie ein Nachbar beobachtet, machen Sie etwas Griechisches: Werfen Sie die restlichen Flaschen über die Hecke.

Ein kleiner Regelverstoß pro Tag ist Minimum. Sie müssen nicht gleich mit der S-Bahn schwarzfahren, wenn Sie das nervlich nicht durchstehen, aber vielleicht erwischen die Kontrolleure einen anderen Schwarzfahrer, und Sie haben aber ein Wochenend-, Pendler- oder Familienticket, auf dem außer Ihnen noch jemand mitfahren darf. Dann sagen Sie doch mal kurzerhand, dieser Mann sei Ihr Freund, er sei mit Ihnen unterwegs. «Das soll Ihr Freund sein? Am anderen Ende des Waggons?», wird der Kontrolleur zischen. Genau, das ist Ihr Freund, dem Sie helfen, in diesem Moment. Wenn der Kontrolleur den Schwarzfahrer fragt, ob er wirklich Ihr Freund sei, können Sie sich seiner Antwort sicher sein und sich über ein schelmisches Lächeln freuen, das Sie so noch nie gesehen haben.

Steigern Sie sich. Sie müssen nicht kriminell werden. Springen Sie im Freibad vom Beckenrand, mit einem schönen Köpper, zusammen mit den türkischen Jungen, die das den ganzen Tag machen. Sie werden sehen, niemand wird es wagen, etwas gegen Ihren kühnen Sprung zu sagen. Dann springen Sie vom Dreier, obwohl er gesperrt ist, einfach über das Schild klettern. Der Bademeister zetert? Lassen Sie ihn, bei seinem Gehalt regt er sich schnell wieder ab. Eine Arschbombe vom Fünfer, und Sie sind auch bei der anatolischen Gang der Chef.

Wenn Sie dann auf dem Weg nach Hause mit Ihrem schönen Wagen an der Ampel stehen und merken, wie Sie jemand von hinten touchiert, steigen Sie ruhig aus und machen Sie die Bewegung, die jeder deutsche Autofahrer machen darf, man braucht sich dabei nicht zu schämen: Ziehen Sie sich die Hose hoch! Dann betrachten Sie ruhig den Schaden. Ihr Unfallgegner ist ein massiger Mann in einem winzigen gelben Nissan Micra. Und ein bisschen von dem Gelb des Nissan ist an Ihrer schönen Stoßstange zu sehen, die natürlich in Wagenfarbe lackiert ist. Wenn Sie merken, wie der unvermeidliche Satz in Ihnen aufsteigt, den Deutsche in diesem Moment immer sagen müssen – «Wahrscheinlich ist das Fahrgestell verzogen» –, schlucken Sie ihn runter. Es geht jetzt um die

Meisterprüfung. Der Typ aus dem mickrigen Micra ist ein Fischer aus dem Senegal, der versucht, hier über die Runden zu kommen, nachdem EU-Trawler die gesamten Fischbestände seines Landes und damit jede Lebensperspektive vor seiner Nase weggefischt haben. Er ist nicht im Mittelmeer ertrunken und auch nicht in einem LKW unter einer Palette spanischer Tomaten erstickt. Er hat es geschafft und ist deutscher, als Sie glauben, hat er doch den deutschen Grundsatz Nummer eins umgesetzt: Wer wirklich Arbeit will, der findet auch welche. Und wenn man dafür 10 000 Kilometer wandern, trampen, schwimmen und sich verstecken muss. Nun arbeitet er in Ihrer Heimatstadt in der Küche eines italienischen Restaurants, ohne Papiere. Aber er ist stolz, denn er hat einen Job, er schickt jeden Monat Geld nach Hause. Das alles wissen Sie natürlich nicht, Sie schauen auf die Beule, Sie schauen auf ihn, und er guckt ängstlich. Eins haben Sie gelernt, bei einem Unfall, auch wenn der Schaden gering ist, muss man immer die Polizei holen, immer, allein schon wegen der Versicherung. Wahrscheinlich ist der Senegalese nicht mal versichert. Er sagt: «Sorry, Sir!», und versucht, Ihnen zwanzig Euro zu geben. Wenn Sie jetzt die Cops holen, ist er in einer Woche wieder an der Küste vom Senegal und kann den portugiesischen Fischtrawlern hinterherschauen. Aber heute ist alles anders. Sie schauen ihn an, hinten hupt irgendein Idiot, dann sagen Sie etwas, das man als Deutscher wirklich erst lernen muss. Der Fischer versteht zwar kaum Deutsch, aber in diesem Fall dennoch jedes Ihrer Worte: «Ach, das ist doch nur ein kleiner Kratzer. Vergessen Sie es. Das macht nichts. Noch einen schönen Tag.»

ZEITTAFEL
WER WURDE EIGENTLICH WANN MITGLIED IM CLUB?

1951: EG für Kohle und Stahl/Montanunion

Deutschland

Frankreich

Belgien

Niederlande

Luxemburg

Italien

➔ Europa der 6

1972: erste Erweiterung

Großbritannien

Irland

Dänemark

➔ Europa der 9

1981: zweite Erweiterung

Griechenland

➔ Europa der 10

1986: dritte Erweiterung

Spanien

Portugal

➔ Europa der 12

1995: vierte Erweiterung

Finnland

Österreich

Schweden

→ Europa der 15

2004: fünfte Erweiterung/Osterweiterung

Estland

Lettland

Litauen

Polen

Tschechische Republik

Slowakei

Ungarn

Malta

Zypern

→ Europa der 24

2007: letzte Erweiterung

Bulgarien

Rumänien

Slowenien

→ heutiges Europa der 27

DANKSAGUNG

Wer ein Buch schreibt, hat am besten keine Freunde. Sie können nicht verstehen, wieso jemand wochenlang verschwindet und auch noch gereizt ist, wenn er doch mal auftaucht. Oder man hat solche: Vielen Dank, Vanessa, für die Hilfe und Ratschläge, die sicher über das Engagement eines normalen Managements hinausgingen. Vielen Dank, Julia, für das einfühlsame Lektorat. Vielen Dank, Christian, für die anregenden Gespräche über die Schweiz, und vielen Dank, Stefan, mit dem ich einst in Griechenland war und eine besonders persönliche Geschichte von uns beiden verarbeitet habe. Ole Oltmanns danke ich für die vielen Impressionen vom einsamen Rand Europas. Vielen Dank, Carine, für all deine Geduld und Unterstützung in den Wochen, als du nur halb auf mich zählen konntest. Mein besonderer Dank gilt auch meinem Sohn Victor, der seine Geburt dankenswerterweise erst kurz nach Manuskriptabgabe angepeilt hat. Jetzt bist du da. Wie schön.

ABBILDUNGSNACHWEIS

Die Seitenzahlen beziehen sich auf die 16 Seiten im Tafelteil

S. 01 (Windmühlen und Bratpfanne) Ole Oltmanns
S 02 (Zug und Fisch im Sand) Ole Oltmanns
S. 03 (Paprika) Sebastian Schnoy
S. 03 (Schneelandschaft) Ole Oltmanns
S. 04 (Hund im Kassenhäuschen) Stefan Thurmann
S. 04 (Mann mit Tablett) Christian Bordes
S. 05 (Autowrack vor Ölpumpe) Ole Oltmanns
S. 06 (Kofferband) Sebastian Schnoy
S. 06 (griechische Ruine) Ole Oltmanns
S. 07 (Abstellhähne und Bar im Schnee) Ole Oltmanns
S. 08 (Mann vor Zelt) Ole Oltmanns
S. 08 (Kreuzfahrtschiff) Sebastian Schnoy
S. 09 (Liegestühle und Finca) Sebastian Schnoy
S. 10 (Mann im Schnee und Schlachter) Ole Oltmanns
S. 11 (Paar am steinigen Strand) Sebastian Schnoy
S. 12 (U-Bahnhof) Sebastian Schnoy
S. 12 (Mann an Steilküste) Ole Oltmanns
S. 13 (Beachvolleyballnetz) Sebastian Schnoy
S. 13 (Strandkörbe am Strand) Christian Lang
S. 14 (Kiosk mit Aufschrift «Nr. 3» am Strand) Sebastian Schnoy
S. 14 (Häuschen mit drei Fenstern und einer Tür) Sebastian Schnoy
S. 15 (Kleines Boot) Christan Lang
S. 15 (Kleine Insel) Sebastian Schnoy
S. 16 (Autos am Straßenrand) Uwe Henne
S. 16 (Mann an einsamer Promenade) Sebastian Schnoy